国家社科基金
后期资助项目

从主体的变迁到价值观启蒙
社会主义核心价值观研究

From the Changes of Subjects to the Enlightenment of Values: A Study of Socialist Core Values

郑 伟 著

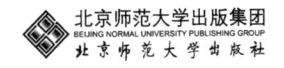

北京师范大学出版社

图书在版编目（CIP）数据

从主体的变迁到价值观启蒙：社会主义核心价值观研究/郑伟著.
—北京：北京师范大学出版社，2021.6
ISBN 978-7-303-26976-1

Ⅰ.①从… Ⅱ.①郑… Ⅲ.①社会主义核心价值观－研究－中国
Ⅳ.①D616

中国版本图书馆CIP数据核字（2021）第092531号

营销中心电话　010-58805385
北京师范大学出版社
主题出版与重大项目策划部　http://xueda.bnup.com

CONGZHUTI DE BIANQIAN DAO JIAZHIGUAN QIMENG：
SHEHUIZHUYI HEXIN JIAZHIGUAN YANJIU

出版发行：北京师范大学出版社　www.bnup.com
　　　　　北京市西城区新街口外大街12-3号
　　　　　邮政编码：100088
印　　刷：北京京师印务有限公司
经　　销：全国新华书店
开　　本：787 mm×1092 mm　1/16
印　　张：15.5
字　　数：276千字
版　　次：2021年6月第1版
印　　次：2021年6月第1次印刷
定　　价：78.00元

策划编辑：郭　珍　　　　责任编辑：张雅哲　祁传华
美术编辑：王齐云　　　　装帧设计：王齐云
责任校对：陈　民　　　　责任印制：陈　涛

版权所有　侵权必究

反盗版、侵权举报电话：010-58800697
北京读者服务部电话：010-58808104
外埠邮购电话：010-58808083
本书如有印装质量问题，请与印制管理部联系调换。
印制管理部电话：010-58808284

国家社科基金后期资助项目
出 版 说 明

　　后期资助项目是国家社科基金设立的一类重要项目，旨在鼓励广大社科研究者潜心治学，支持基础研究多出优秀成果。它是经过严格评审，从接近完成的科研成果中遴选立项的。为扩大后期资助项目的影响，更好地推动学术发展，促进成果转化，全国哲学社会科学工作办公室按照"统一设计、统一标识、统一版式、形成系列"的总体要求，组织出版国家社科基金后期资助项目成果。

全国哲学社会科学工作办公室

目　录

导　论　中华文明现代性转型与价值观启蒙 …………………………… 1

第一章　改革开放以来价值观主体的时代重塑 …………………… 10
第一节　"集体"的社会主义演变及其当代处境 ………………… 10
第二节　个体价值观的当代构成及其特征 ……………………… 25
第三节　社会主义核心价值观的最高主体：社会有机体 ……… 41
第四节　社会主义核心价值观的领导者与当代"重建" ………… 51

第二章　改革开放以来中国社会价值观环境的变迁 ……………… 62
第一节　传统社会主义价值观的边缘化处境 …………………… 62
第二节　改革开放是对"现代性原初价值立场"的扬弃 ………… 80
第三节　市场经济中的前现代价值观及其后果 ………………… 94
第四节　社会主义核心价值观建设的公共性视野及其意义 … 105

第三章　社会主义核心价值观本质上是一场启蒙 ………………… 114
第一节　改革开放以来中国价值观启蒙的支撑要件 ………… 114
第二节　中国价值观启蒙的逻辑进路 ………………………… 126
第三节　中国价值观启蒙中的"中华优秀传统文化" ………… 137
第四节　价值观启蒙视野中的核心价值观建设 ……………… 149

第四章　中国价值观启蒙的内生性要求与积淀 …………………… 163
第一节　西方价值观的"非普世性"及其逻辑建构 …………… 163
第二节　马克思与"资本主义启蒙"的相遇及其态度 ………… 174
第三节　社会主义核心价值观的"正义"形象及其表述逻辑 … 183
第四节　历史唯物主义的范式演变与价值研究的理论视野 … 193

第五章　中国价值观启蒙的领导者及其使命 ……………………… 203
第一节　"政府"在中国价值观启蒙中的作用 ………………… 203
第二节　中国共产党必须成为社会主义价值观启蒙的领导者 … 213
第三节　社会主义核心价值观必须上升为制度灵魂 ………… 224

结语:"价值观启蒙"并不意味着"无约束的价值观" ………… 235

参考文献 ……………………………………………………… 238

后　　记 ……………………………………………………… 242

导　论　中华文明现代性转型与价值观启蒙

　　从价值关系与价值观互动的理论视角来看，任何一个国家和民族的现代性转型都穿插着价值观启蒙的维度。二者不仅同时开始，而且在总体上具有"同构性"。现代性转型中的价值观启蒙，并不是与传统文化的"简单决裂"，而是在新的价值环境中，在通过批判和改造的方式推动传统文化的现代性转型，使之适应现代价值交往的需要的同时，针对不断出现的新的价值关系，给予合理的评估、指引和发展预测。从社会历史发展的现实视角来看，不同国家和民族在文化环境和社会价值关系环境上的差异，导致了这些国家的现代性转型和价值观启蒙在逻辑进程的层面都具有自身的特殊性。到目前为止，还从未发生过某个民族和国家完全"放弃"自身文明传统，完全"融入"其他民族和国家的"现代价值理念"的社会文化事件。无论是从理论还是实践的角度来看，这种一方完全"同化"另一方的事件既不现实，也不可能。在这种情况下，如果忽视了特定国家和地区现代性转型过程中价值观启蒙的"本土特色"，生硬地照搬并强制推行外来的现代性启蒙模式，就有可能导致整个社会价值认同模式的紊乱。这不仅不会导向真正意义上的现代性，而且还会导致既有文化的分崩离析和认同框架的崩溃。

　　改革开放以来，在中国奋起直追世界先进潮流的过程中，尤其是在进行中外对比的时候，不少人或多或少地倾向于这样的句式表达："与西方先进……相比较，我们在……方面还有很大欠缺。"①这种思维方式在认识论领域的确能够激励国人在现代性的道路上进行自我反思并继续前进，但如果将之机械地套于价值观领域，就有可能产生严重后果：它预设了西方文明发展的道路就是改革开放所必须要经历的环节，进而假定了西方现代社会的价值理念就是改革开放的目标追求。这种思维方式不仅会给中国特色社会主义建设带来极大的价值观风险，还会从根本上误解乃至扭曲中西价值观的本质差异。这同时也就意味着，我们在大力推进中国特色社会主义市场经济建设的过程中，必须同时坚持中国特色社

---

　　①　在理想的状态下，这种价值观自信的表述应该是："我们怎样才能够引领世界……潮流?"这种价值思维模式的培育和建设，既能够为突破体制弊端提供价值观支持，也有助于更好地实现工具理性和价值理性在社会主义现代性土壤中的良性生长。

会主义的道路自信、理论自信、制度自信和文化自信。

近代以来，我们在遭遇、接触、进入（探索）和建设现代社会的过程中，始终面临着如何应对西方价值观强势影响的问题。从历史上来看，中华文明并没有选择"是否面对"的权力，而只有"如何面对"的选项。在这种情况下，与欧陆带有"文化进化"色彩的内生性启蒙模式不同，"中国现代价值观启蒙"①在开端的阶段带有"极不情愿"的"被动色彩"——中国现代价值观启蒙文化上的开端，在起点上至少可以追溯至1840年开始的第一次鸦片战争。自此以降，传统意义上的、封建形态的中华文明开始面临现代西方价值交往规则和价值观体系的巨大冲击，其"仁义礼智信"的理想性价值观构架开始迅速解体。在这种军事、经济、政治和文化的全面冲击中，传统的中华文明并没有为"现代中国"提供一个整全的"基地"，而是被冲击成了个体伦理生活的"碎片"。虽然每一个"碎片"中都有可能折射着"传统文化的精髓"，并体现在每一个中国人的文化基因和传统记忆里。虽然近代以来许多传统文化的支持者坚信中华文明能够为西方文明提供出路和指引，但相关文化实践却始终无法在社会公共价值观领域中形成显性的"现代共识"，更无法在现代性的领域里尤其是市场经济中正式"对抗"并"超越"西方资本主义的启蒙精神。由于传统文化平台的"残缺不全"，导致了近代以来中国的每一个重大历史事件，都无法摆脱外来价值观的影子。也正是由于传统文化平台在现代性转型过程中的滞后步伐，20世纪前半期，中国价值观启蒙经常在外来价值观的影响下呈现出"过山车"式的巨大"道路转折"。

在这其中，西方资本主义启蒙的价值理念一直对中华文明现代性转型形成着巨大的价值观压力。面对这种"压力"，有人倾向于放弃中华文明的自主性而进行"全盘西化"。问题在于，即使从历史的角度来看，这种选项也不存在"可行性"。近代以来非但没有一个"统一"的西方国家来"化"中国，这些相互争夺的帝国主义列强反而倾向于选择一个分裂的中国——这会更加符合它们的"市场利益"。虽然西方启蒙的价值观成果的确进入了亚洲国家的现代性进程并在某种程度上被深度汲取，但没有一个亚洲国家在价值观的层面上被完全"西化"。历史一再证明，"全盘西化"的背后是主动选择成为"价值观的奴隶"：实际上，即使某些亚洲国家

---

① 本书中的"中国现代价值观启蒙"，主要是在两个层面上被讨论的：一是相对于一般意义上的欧陆价值观启蒙，中国自1840年第一次鸦片战争以来的现代价值观转型，它强调从封建性价值观向现代性价值观的转型；二是社会主义对中国前现代价值观的超越和资本主义价值观的扬弃，包括改革开放以来中国社会价值观的时代转型。

的政治和文化"精英"们竭力想去"讨好"西方文明，但却始终无法真正融入西方由基督教传统发展而来的"欧洲中心主义"价值立场，始终被其"殖民主义"的价值观传统所歧视，最终造成这些国家始终处于"二流"地位的尴尬境地。

在清乾隆后期，传统文化的一个重要特点就是对外封闭基础上的"自高自大"。更为严重的是，它已经成为整个权力领域的价值观共识。这种自我感觉"良好"的价值定位也一定程度上助长了民族主义精神。在这种强烈的文化认同感中，中华文明在现代性转型伊始非但不甘居于"二流"，而且还一直抱有"天朝上国"的优越感——直到这个"天朝上国"封建政权的最终倒台。如果说，19世纪下半叶中国被迫开启了学习西方科学技术的"知识启蒙"大门，其间始终交织着现代西方文化和封建传统文化的斗争的话，那么，20世纪初清政府的倒台则意味着这种"知识启蒙"所带来的"价值观启蒙"的后果：中国封建社会的结束不仅仅是一个政治事件，同时更是一个重大的文化事件、价值观事件。它意味着几千年来传统中华文明在价值立场、价值原则和价值目标等方面正式开始了国家和民族层面的现代性转型。自此，中华文明在主流价值观层面逐步从封建等级价值架构中挣脱出来，开始了面向现代形态的转型。

值得注意的是，这并不是一个传统与现代"非此即彼"的过程。就像西方启蒙运动中并不存在着绝对意义上的宗教和科学的对立那样（西方近现代科学史上很多著名的自然科学家同时也有着虔诚的宗教信仰），中国近代以来的价值观启蒙也不存在现代性价值观对传统价值观的"绝对否定"。在我们反思传统之前，我们本身就已经是传统的塑造物；在我们决心改变现实价值关系之前，我们本身就是这些价值关系的承载者。这一状态决定了一切现代性启蒙只能进行有选择的扬弃，而无法进行彻底的抛弃。正像马克思所指出的那样，"一切已死的先辈们的传统，像梦魇一样纠缠着活人的头脑"[①]。清末以来主张对中国进行"全盘西化"的价值观恰恰没有意识到，几千年来形成的中国传统文化土壤对于中国的现代性转型而言具有不可选择性。这一事实从根本上决定着"西化主义者们"在中国的文化大地上不可能培育出西方现代性启蒙的"智慧树"来。在这种情况下，任何一种启蒙的观点要想在中国生存和发展，就必须植根于对中国社会价值关系的深耕和改造，并在此基础上获得多数中国人的价值观认同（不管在当时看来作为"绝大多数中国人"的"农民"在价值观上是如

---

① 《马克思恩格斯选集》第1卷，北京，人民出版社，1995，第585页。

何的落后），而不是机械地把西方启蒙的逻辑进程作为中国价值观启蒙的必然环节，从而简单地断言"欧洲的50年胜过中国的一个轮回"①。

对于中国的现代性转型及其价值观启蒙而言，任何一种价值观要想成为主流价值共识，就必须符合中华文明现代性转型的基本框架。简言之，就是必须对中国现代性转型的社会价值土壤及其逻辑架构有着科学的、清晰的理解。20世纪以来中国社会转型、重构的过程中，始终显现着一个中国特有的、传统与现代相互交织的救亡图存和自立发展的历史逻辑。从价值观启蒙的角度回顾跌宕起伏的20世纪前半期的中国历史，我们会发现，中国人民找寻和探索现代性发展道路的过程，同时也是培育中国现代核心价值观共识的过程。在此过程中，各种不同价值观彼此交流、对话和冲突，构成着中国价值观启蒙的宏大场景。它不仅跨越中西，而且横亘古今。即使某种价值观再精致、再有说服力，但如果没有中国大众的广泛认可，中国近现代的任何一次重大社会转型都不可能取得成功。

中华文明的现代性转型，始终贯穿着"反封建"这一基本价值主线。相比较于西方文明，中华文明近代以来的"落后"直接体现在其封建性上。正是这种"封建性"的社会价值关系建构，使得中华文明在现代性转型过程中始终难以在价值观层面合理地解答现代社会中人的平等和自由问题。直到今天，在中华优秀传统文化没有完全实现创造性转化和创新性发展的情况下，这些问题又同时掺杂在中国社会主义建设的过程中，蔓延于竞争性的市场关系中，从而极易使人把封建性的遗留问题混淆为社会主义的立场问题。从外观上看，任何一种文明在现代性转型中进行的"反封建"，基本上都沿袭着"除旧立新"的基本路径。对于中华文明而言，我们可以通过文化运动乃至群众运动中"破四旧""打倒一切牛鬼蛇神"的方式去"破旧"，但困难在于，如何从中华文明内部逻辑建构的角度着手去"立新"。简言之，如果在"除旧"和"立新"之间缺乏中华文明的自我突破和自我启蒙，中华文明的反封建就无法达到"彻底"的水平。② 这种"彻底"也

---

① ［英］约翰·西奥多·梅尔茨：《十九世纪欧洲思想史》第1卷，北京，商务印书馆，2016，第6页。

② 对于中华文明的反封建，我们往往容易陷入机械的理解方式。例如有观点认为，至少在明朝中叶（15世纪），中国的资本主义萌芽就产生了，但是其发展缓慢，如果顺其自然发展，中国早晚也会进入资本主义时代。这样的逻辑模型本质上仍然是一种西方资本主义发展道路，它没有注意到为什么中国的"资本主义萌芽"在长达几百年的时间里几乎保持着"静止"的状态。如果忽视了中华文明自身的价值立场、价值原则和价值观结构，我们在发展的前景设定上便很容易将西方资本主义启蒙逻辑混淆为中华文明现代性转型的基本路径。

是社会主义理论本身的价值立场——"理论只要说服人，就能掌握群众；而理论只要彻底，就能说服人。所谓彻底，就是抓住事物的根本"①。简言之，为了实现这种"彻底"，处于现代性转型过程中的中华文明不仅需要反封建，而且需要在反封建的基础上形成现代"核心价值共识"。

从总体上来看，这种现代"核心价值共识"主要表现为以下三个方面的特点：

第一，这种现代"核心价值共识"必须能够反映近代以来中国发展现代生产力的迫切要求，从现实价值关系的层面推动现代民族和国家层面上的"自立"的实现。只有在此基础上，中国人民才能建立起现代意义上的国家认同感、民族认同感和自我身份认同感。这就要求该价值观念能够在中国当时贫穷落后、被动挨打、内战不断、价值观混乱的特殊国情下，找到能够代表中国最先进阶级的力量，在中华民族的时代崛起问题上对现代生产力的发展予以充分的价值认同。在此过程中，这种价值观念必须实现对中华传统文化中的"重农轻商"等封建价值观念的时代重构和扬弃，从价值评价的角度确立起对现代工业文明的认同感、亲切感和急切感。

第二，这种现代"核心价值共识"除了自身生产力层面的先进性，还要在内涵上具有最大的包容性。只有在此基础上，才能为中国的现代性进程提供一种最基本的、"自由"层面上的价值观环境。在中国近代以来的社会发展中，存在着不同的阶级和阶层，它们具有不同的价值立场、价值追求和价值准则。这些价值立场、价值追求和价值准则在很多层面相互冲突，制造着巨大的社会隔阂，严重影响着现代意义上的国家和民族价值观认同。尤其是在近代以来中国深受帝国主义、官僚资本主义、封建主义三座大山压迫的时代背景中，价值观隔阂极易引发社会分裂。这就要求该价值观既要提出一个能够被广泛接受的超越性价值观图景，又能够最大限度地实现原则与策略的高度统一，建立起最广泛的"统一阵线"。与此同时，这种策略的灵活性又必须建立在坚定的价值观拥护群体之上——它必须找到自己坚强的依靠力量，扎根于现实的价值关系，以防止中间势力随时倒向反动的一方。

第三，这种现代"核心价值共识"必须充分重视现代文明的公正性。只有在此基础上，中华文明的现代性转型才能形成真正意义上的"社会公共空间"，才能从根本上变"家天下"的价值定位为"全民主人翁"的社会身

---

① 《马克思恩格斯选集》第1卷，北京，人民出版社，1995，第9页。

份认同。这就必然要对封建等级的价值观念进行全面变革，并推动新的价值交往原则的普及。这就要求中国现代性转型中的"核心价值共识"必须明确反对封建价值定位中的人身依附关系，并找到有效的实践途径，真正反映新时代的主体间关系。这同时也要求该价值共识对中华文明现代转型中的主体间关系予以具体的、现实的解释，并把这种解释实践化为现实的价值关系，而不能流于空洞和抽象——这也是各进步主体在中华文明现代性转型过程中保持团结一致、形成社会合力的基本价值要求。

从以上三个维度来看，马克思主义中国化的胜利，绝不仅仅是一个偶然事件，而是中华文明现代转型的时代逻辑体现。马克思主义中国化的过程是马克思主义与中华文明在中国现实国情基础上的深度结合。这种结合摒弃了中华文明的封建形态，从现代的角度、在人的解放与发展的视野中赋予了中华文明以现代的形态；这种结合反映着近代以来中国最先进阶级的时代要求，始终坚定不移地向着一个富强民主文明的现代中国不断迈进；这种结合在坚持社会主义基本价值原则的基础上，在不同的历史阶段讲求不同的政治策略，始终代表着中国绝大多数的被压迫者的共同利益并形成了强大的社会正义感；这种结合集中代表了近代以来中国人民的共同希望：对国家和民族强大的渴望，对个人美好生活、对现代平等尊严的向往及三者的有机统一。

正是在这种时代背景中，相对于清政府灭亡时传统价值观分崩离析的局面，中华人民共和国的建立从正面的意义上树立起了中国人的现代价值观旗帜。这也是近代以来中国人第一次真正确立起的、朝向现代性的价值观认同和自信。在这之前，1949 年中国人民政治协商会议第一届全体会议所通过的《中国人民政治协商会议第一届全体会议宣言》，向全世界宣告了要建立独立、民主、和平、统一、富强的新中国。自此，中国大地上全面展开了一场完全不同于资本主义启蒙的思想文化建设，中国人开始第一次具有了现代意义上的、社会主义的、全民性的核心价值观，也真正在全民族的层面上开始了与这种价值观相对应的社会价值体系的培育、建设和普及，从而真正在全社会范围内进行社会主义的价值观启蒙。正是在这种背景下，公有制、主人翁意识、集体主义成为那个时代的价值观代名词——其中，每一个称谓都彰显着那个时代浓厚的价值理念。

经过了 20 多年艰辛曲折的社会主义实践探索，我们进行了改革开放，开创了中国特色社会主义建设的道路并取得了巨大成就。我们经常说，中国用了几十年的时间，走完了西方几百年才走完的道路。那么，在改革开放以来社会价值关系全面变革、各种价值观念激荡的思想环境中，中国的价值观建设是否也能在短时间完成一个相比较于前现代社会的"继续社会主义启蒙"的过程？这一过程与西方欧陆启蒙究竟有何不同？这种不同将导致中国目前的核心价值观建设往何处去，并且在多大程度上影响着中国的改革开放进程？这一系列相互关联的问题，就是本书所要讨论的重点。

需要说明的是，这些问题是在以下语境中被讨论和思考的：

改革开放以来，市场化的存在方式使得各种价值观主体的价值关注点、价值关系建构和价值追求都发生了巨大变化，产生了一系列挑战传统价值观底线、引起全民关注的"价值观大事件"，并给传统的社会主义宣传思想模式提出了重大挑战。公众对这些"价值观大事件"的讨论，反映着不同价值观群体的不同价值立场，体现着不同的价值观表态乃至价值观摩擦和冲突。与此同时，单纯依靠现代性层面上的法律建设并不能解决市场经济体制中的所有问题。即使在社会主义法律语境中，现实的公民作为"自然人"首先也是一种"主体性"的存在（法律层面上"自然人主体资格"具有广泛性和平等性）。在现实生活中，这种"主体资格"的社会生成离不开价值观层面的主体性支撑。价值观的结构是一个人看待世界的基本框架，价值观原则是一个人社会行为的基本操守。社会主义社会中的"主体性"首先应该以能够独立进行价值观思考为前提。这种价值观的独立思考必须建立在对以往人类历史的科学认识和批判的基础之上。只有在共同的历史认识的基础之上，关于当下和未来的价值观共识才有可能真正达成。

问题恰恰在于，改革开放以来，社会主义的核心价值观建设同样表现出了一个实践探索的历史发展过程——它不可能一下子就达到理想层面的坚固程度和普及水平。与之相对应的是，它在探索、培育和建设的过程中不可避免地会遭遇到市场体制中的各种其他价值观的巨大冲击。例如，随着近几年中国商业文化特别是娱乐文化的发展，"脑残粉"作为一种价值观现象也引起了一定关注：这些偶像崇拜者对于某些"名人"或"品牌"极度痴迷，疯狂追求，以至于失去正常意义上的个人理智和价值判断能力。如果说"脑残粉"是一种个体现象，那么作为一种价值观模式，当作为对象的"偶像"变为"发财致富"的时候，这一模式在"传销"这种违法犯罪现象中则表现为更具组织性的群体行为。因此，从价值观的角度来反思改革开放以来的思想文化建设，或许最关键的问题并不在于——相比较于西方发达资本主义国家，我们在整个社会交往层面"开放"到了什么程度,而在于——我们是否真正能够在社会主义的立场上进行独立的价值观思考和判断并最终形成了我们自己的价值共识?这种社会价值立场的明晰、独立的思考和判断能力,相比较于传统依附式价值思维模式,本身就预示着一种真正意义上的社会主义价值观启蒙。在这样的社会价值观环境和时代使命中进行社会主义核心价值观培育和建设,我们就必须认真梳理、分析和总结各种价值观群体的"价值关系建构和时代生成",探索如何在全社会范围内达成社会主义核心价值观基本共识并真正全面践行的有效路径。

改革开放本身也是对传统马克思主义的视野丰富和视角提升。马克思主义的价值立场本身就是对人类进步和发展进程的"敞开"——"一部马克思主义发展史就是马克思、恩格斯以及他们的后继者们不断根据时代、实践、认识发展而发展的历史,是不断吸收人类历史上一切优秀思想文化成果丰富自己的历史"[①]。改革开放就是在不断发展的世界历史进程中对一切进步成果的开放性思考和借鉴。在传统马克思主义尤其是苏联模式的价值定位中,市场作为资本主义的"经济发源地",是剥削性价值关系的来源,因此对资本主义的扬弃同时就意味着对市场剥削关系的消灭。20世纪,新生社会主义国家建立后,通过快速消灭市场因素而建立起来的计划经济体制,并没有带来预想中的社会物质财富的极大丰富,甚至也没有取得在生产力发展质量方面较之于资本主义的绝对优势。在这种情况下,中国特色社会主义市场经济体制的发展和完善,实际上对马克思主义研究提出了新的使命:在市场问题上,社会主义意识形态不再仅仅对其剥削本性进行揭露和批判,同时它还要通过现实的、制度化了的价值交往原则对其监督和规训,使之契合于丰富和发展社会主义生产力的方向。如果说上述观点我们在改革之初就已经意识到了的话,那么,"市场本身也是一种价值观"则是在改革开放进入攻坚阶段以后才逐步显现出来的。特定的价值观必然建立在特定的价值关系基础之上。市场经济中逐利性的价值关系,伴生出了大量非社会主义的甚至是极端功利主义的价值观念,对社会主义核心价值观共识的达成造成了巨大困难。在这种情况下,在整个社会层面上用社会主义价值立场端正财富创造和分配的基本价值定位,用社会主义核心价值观引领改革开放,就成为一场不折不扣的社会主义价值观启蒙。

---

① 习近平:《在纪念马克思诞辰 200 周年大会上的讲话》,北京,人民出版社,2018,第 9 页。

社会主义核心价值观要真正成为中国价值观启蒙的旗帜，就必须解决"内化于心""外化于行"这一关键问题。要真正实现这一从价值理念到价值实践的跨越，首先就要回答"入谁的心""化为谁的行"这一根本性的问题，就要进行价值观主体的群体区分。在资本全球流动的时代，我们不可能要求那些在中国的跨国资本集团自觉践行社会主义核心价值观，但是我们可以将社会主义核心价值观上升到制度规定的层面，在促进生产力高效发展的情况下，将社会主义的价值理念体现在社会主义市场经济体制的具体规定之中，创造出较之于资本主义社会更加透明、公正和良性运转的价值交往规则。这能够为中国经济的进一步转型营造出一个全面体现社会主义核心价值理念的市场环境——在资本主义抽象价值观止步不前的地方，社会主义核心价值观的全面践行，能够更好地显示社会主义的制度优势。这种制度优势不仅体现在国内资本要素的健康流通方面，同样也能体现在营造国际一流营商环境的努力中——社会主义核心价值观融入制度建设，能够服务于"加快出台外商投资法规，完善公开、透明的涉外法律体系，全面深入实施准入前国民待遇加负面清单管理制度"[①]的全过程。在这一过程中，同样需要注意的是，传统社会主义语境中的各种"集体"发生了市场经济的转向，资本性的价值存在方式使得这些价值观主体不可能再承担起"价值观中枢"的角色。在这样的时代环境中，改革开放的领导者——中国共产党——就必须承担起中国价值观启蒙领导者的角色和使命，为社会主义核心价值观的践行者提供充分的制度支持。

综上所述，本书的观点是：社会主义核心价值观本身是对近代以来中国价值观启蒙的"再提升"。这种"再提升"是在中国找到了适合自身国情的社会主义建设道路的基础上，从价值观和价值交往的层面对改革开放以来出现的一些深层社会问题的"价值批判""价值规训""价值观引导"和"价值症结解答"。就它的针对性和冲击力来看，无论是相对于资本主义价值观还是残存的封建主义价值观，它都是一场不折不扣的现代社会主义意义上的"价值观启蒙"——它将传统意义上的中国20世纪启蒙推向了新的高度，是从价值观领域对邓小平所提出的"什么是社会主义、怎样建设社会主义"的必要诠释，是对当代中国人精神家园的价值观界定。

---

① 习近平:《共建创新包容的开放型世界经济——在首届中国国际进口博览会开幕式上的主旨演讲》，北京，人民出版社，2018，第7页。

第一章　改革开放以来价值观主体的时代重塑

改革开放以来关于价值观问题的探讨，首要的前提是确定价值观的主体问题，即"谁的价值观"的问题。只有在这个基础上，我们才能围绕特定主体的时代内容进行相关价值观概念的深度阐发：某些主体由于哪些原因、发生了什么样的价值观变化？从逻辑上来看，改革开放以来最先发生变化的"价值观主体"应该是"集体"——这一变化从根本上改变了传统社会主义模式中个体对集体的依附性存在，把"个体"抛入了市场价值关系体系，从整体上推动着社会价值交往系统的巨大变迁。

第一节　"集体"的社会主义演变及其当代处境

从价值观的角度来看，"集体"并不仅仅是一种组织形式，由于渗透着某种人类协作的理念，它同样能够成为价值观层面上的"抽象主体"，并在不同的形式中表现出不同的价值立场、价值规则和价值追求。在现代社会，作为与个体关系最为密切的社会公共主体，"集体"在整个社会价值结构中起着一种上传下达、居间联系、多向交流的"枢纽"作用。从这个意义上说，任何现代国家和社会的核心价值观建设，都不能无视作为中介性因素的集体主体的作用和影响。在社会主义计划经济体制向社会主义市场经济体制转变的过程中，集体在一定范围和程度上发生了性质、功能和价值定位的变化，成为导致社会价值观多元化的直接原因。

一、马克思主义哲学视野中的"集体"

"集体"并非马克思主义的"独创"或"首创"。作为一种社会组织形式，它存在于迄今为止人类文明的所有阶段。作为一种概念，它在马克思之前就已经被广泛使用。例如，巴枯宁就曾探讨过"集体"，杜林也曾经谈及"集体所有制"。从马克思哲学的视野来看，"集体"是由一定数量的人群所构成的、有组织的、分工明确的社会协作形式——它不仅是人类文明的一种客观的历史现象，而且还随着人类社会的发展而具有不同的形式，并受到特定社会制度的制约。从总体上看，马克思至少在以下四种语境中使用了"集体"概念。

第一，基于人类血缘关系而建立起来的社会组织。最早的"原始群"组织，是"人类社会的原始群状态，没有婚姻和家庭；他们之间的关系是：一方面，是共同生活和相同的营生（如战争、狩猎、捕鱼）；另一方面，则是母亲及其亲生子女之间的骨肉关系。后来，从这种原始群状态中，由于这种状态逐渐自行瓦解，就发展出氏族和家庭"[①]。上述表述虽然出现在马克思晚年的《人类学笔记》中，但是类似的理论推测早在《德意志意识形态》中就已经出现了："这个开始，同这一阶段的社会生活本身一样，带有动物的性质；这是纯粹的畜群意识，这里，人和绵羊不同的地方只是在于：他的意识代替了他的本能，或者说他的本能是被意识到了的本能。"[②]从这个层面上来看，群居、氏族和血缘家庭[③]，都具备最初意义上的"集体"的含义。在这种"原始群"组织中，现代意义上的伦理关系最多表现为一种萌芽状态，生理意义上的生存和生产的功能在最朴素的层面上混杂在一起。随着生产力的发展，特别是新的社会协作方式的出现，文明意义上的"家庭"伦理才逐渐生长出来并在形式上不断演进和更替。

第二，私有制社会中带有明确交往界限的"特殊利益共同体"，其典型代表是资本主义语境中的"民族国家"和政党组织。马克思曾经在资产阶级民族国家的层面上使用过"集体"概念——"德国人民深深感到必须消除可恨的疆土分裂状态，因为这种状态分散和抵消了民族的集体力量"[④]。正是众多封建邦国的割据状态，阻碍了德国国内市场的统一和发展，妨碍了资本主义的发展，使得整个国家无法在生产力的层面形成协作发展的状态。马克思也曾在政治团体的层面上使用过"集体"概念——"留下来的山岳党议员，为了保全名誉，本应集体退出议会"[⑤]。此处的"集体"，是在具有鲜明的政治立场和身份特征基础上的"统一行动"。与"原始群居"状态相比较，私有制社会中的"集体"，特别是资本主义社会中作为"特殊利益共同体"的"集体"，一般具有明确的政治和经济目标，具有明确的交往原则和群体界限——它们被打上了私有制、阶级和国家机器的标签，代表着特定阶层或集团的利益。

[①] 《马克思恩格斯全集》第45卷，北京，人民出版社，1985，第207~208页。
[②] 《马克思恩格斯选集》第1卷，北京，人民出版社，1995，第82页。
[③] 《马克思恩格斯全集》第45卷，北京，人民出版社，1985，第352页。
[④] 《马克思恩格斯选集》第1卷，北京，人民出版社，1995，第522页。
[⑤] 同上书，第440页。

第三，资本的社会组织形式。在资本主义社会中，"资本是集体的产物，它只有通过社会许多成员的共同活动，而且归根到底只有通过社会全体成员的共同活动，才能运动起来"①。生产资料资本主义私有制使得这种"共同活动"在资本主义社会中不仅成为可能，而且成为必需：正是一部分人除了自身劳动能力之外的"一无所有"，才使得他们必须成为"雇佣工人"，参与到资本主义生产的大系统中来并成为其中的一分子。在这一过程中，资本的竞争性存在方式使得"资本性"的集体不断采取新的方式和方法以提高劳动生产率——"社会的经济发展，人口的增长和集中，迫使资本主义农场主在农业中采用集体的和有组织的劳动以及利用机器和其他发明"②。问题在于，作为一种社会协作形式，资本主义生产的"集体"组织形式是与私有制、异化、压迫等阶级社会痼疾密切联系在一起的——它打着国家或社会利益的名义为少数剥削者服务，在价值观领域表现为对受压迫阶级的意识形态蒙蔽。

第四，社会主义语境中现代工业无产阶级谋求"人类解放"的组织形式。社会主义语境中的"集体"，其成员来自现代工业革命中的产业工人阶级——"随着工业的发展，无产阶级不仅人数增加了，而且它结合成更大的集体，它的力量日益增长，它越来越感觉到自己的力量"③。这种"无产阶级"的一个典型特点就是掌握着现代工业生产技能却无缘于生产资料所有权，由此造成了在整个社会价值关系结构中受剥削和受压迫的处境。现代工业无产阶级的发展是一个数量上由少到多、力量上从小到大、组织上从松散到严密有序、集体意识上由不自觉到自觉的历史过程。特别是在与资产阶级的经济和政治斗争中，无产阶级革命组织不仅自身采取了"集体"的形式，而且团结整个无产阶级组成一个"全世界无产者，联合起来"④的大集体，真正超出了以往"集体"的民族和国家的界限。这就意味着，社会主义语境中的"集体"无论是在经济还是在意识形态层面都不仅代表着现代工业无产阶级的要求，而且肩负着超越资本主义社会形态的历史使命——"在集体所有制的基础上来改变社会结构"⑤。

在马克思主义的立场中，"集体"的使用语境与马克思社会发展阶段理论在逻辑上是一致的，并且预示着人类社会的发展方向：在阶级社会

---

① 《马克思恩格斯选集》第1卷，北京，人民出版社，1995，第287页。
② 《马克思恩格斯选集》第3卷，北京，人民出版社，1995，第127页。
③ 《马克思恩格斯选集》第1卷，北京，人民出版社，1995，第281页。
④ 同上书，307页。
⑤ 《马克思恩格斯全集》第1卷，北京，人民出版社，1956，第575页。

中,它与私有制、剥削、异化等问题共同根源于人类社会的特定生产结构,反映着特定时代的进步和缺陷。作为一种社会协作形式,"集体"对其缺陷性关系的时代扬弃又预示着社会不断发展的历史空间。最终,在马克思哲学的理想语境中,在生产力高度发达的状态下,"集体"最终会演化成共产主义意义上的"联合体"——"在那里,每个人的自由发展是一切人的自由发展的条件"①。正是在这种消除了个人利益与公共利益对立并实现了价值追求完全一致的价值环境中,"集体"在价值观层面才能够上升到"集体主义"的历史高度。

二、计划经济体制下的"集体主义"积淀

20世纪的社会主义国家,并没有建立在马克思本人所设想的"生产力的巨大增长和高度发展"②的基础之上,反而是建立在资本主义欠发达甚至是半殖民地半封建状态的落后或相对落后的生产力发展水平之上。在这种时代条件下进行的社会主义建设,随时面临着"极端贫困的普遍化……全部陈腐污浊的东西又要死灰复燃"③的社会风险。为此,大力发展社会主义生产力,成为所有新生社会主义国家的"基本任务"。为了实现社会生产能力的社会共有并扬弃资本主义生产方式的弊端,生产资料的社会主义改造和以此为基础的大规模工业化建设,就成为20世纪新生社会主义国家的必然选择。在这种价值关系全面"社会主义化"的时代环境中,所有的"集体"都是建立在生产资料社会主义公有制基础之上的。这种社会价值关系及其价值立场的"整齐划一",为整个社会范围内"集体主义"价值观的生成和普及创造了坚实的条件——它不仅造就了超级稳固的"集体主义"的价值观模型,并且真正上升为整个社会的主导性价值共识。从总体上来看,作为一种价值观的"集体主义",对于扫除全社会范围内的剥削性价值观念和相关价值交往规则,发挥了无与伦比的巨大作用。

第一,"集体主义"在全社会范围内真正克服了几千年来所形成的"个人主义"价值本位,在社会价值交往层面第一次彻底改变了以往剥削性社会关系中人与人之间的对抗性价值关系,在全社会范围内实现了价值观和价值交往原则的高度统一。改革开放以来,因为社会协作形式的变化,出现了很多关于"集体主义"的误解。其中具有代表性的观点是:"集体主义"不强调个人利益,从而与马克思的"'思想'一旦离开'利益',就一定

---

① 《马克思恩格斯选集》第1卷,北京,人民出版社,1995,第294页。
② 同上书,第86页。
③ 同上书,第86页。

会使自己出丑"①的立场发生了矛盾。上述观点没有看到，传统的集体主义价值观在利益关系层面通过个人依附于集体的方式消除了剥削社会中的对抗性价值关系，在价值逻辑上流畅地解决了个人与社会、现实与未来等维度的统一性问题。生产资料社会主义改造完成以后，整个价值关系层面的社会主义性质为"集体主义"创造了最基本的土壤。在这样的价值框架中，个体在经济层面上必须全面依附于集体才能获得必要的生活资料。通过这种途径，个人利益与集体利益实现了"绝对同一"——"有且只有"通过集体的发展，个体才有可能实现生活水平的提高。这种框架同样反映在意识形态层面，通过对阶级意识的强调来实现对"集体主义"的深度认同：对剥削性社会关系及其苦难状态进行揭露和批判，在全社会范围内对生产资料私人占有的价值规则进行否定性评价，从而为"集体主义"的全面普及创造出必要的价值观环境。

　　社会主义计划经济体制下的"集体主义"，从根本上有别于前社会主义社会中"虚幻的共同体形式"：从个体与集体关系的理想状态来看，所有的参与者都遵循着一种近乎"平均主义"的行为规则，任何的贪污和腐败不仅是对集体利益的侵害，也是对每一个个体的利益侵害——更为重要的是，这种"侵害"在传统"集体主义"的语境中被提升到了"你死我活"式的"阶级斗争"的层面。正是在这样的价值关系和价值定位中，个体利益与集体利益无论在经济层面还是在价值观层面都是根本一致的，集体的发展同时也就意味着个体的丰富——"个人和集体之间、个人利益和集体利益之间没有而且也不应当有不可调和的对立。不应当有这种对立，是因为集体主义、社会主义并不否认个人利益，而是把个人利益和集体利益结合起来。社会主义是不能撇开个人利益的。只有社会主义社会才能给这种个人利益以最充分的满足。此外，社会主义社会是保护个人利益的唯一可靠的保证"②。在这种价值关系序列中，个体无条件服从集体是必然的逻辑结果和自然而然的价值选择。同时，在现实的生活中，传统的集体也确实承担起了一切力所能及的保障个体生存和发展的各方面的责任，于是出现了一个个"大而全""小而全"的"小社会"。正是在这种"集体主义"的价值观模型中，"集体"才能作为社会主义价值观的主体而存在。一定程度上，我们甚至可以这样认为，"集体"在传统社会主义的价值语境中具有了价值观意义上的"独立人格"：作为一种"社会主体"，

---

① 《马克思恩格斯全集》第2卷，北京，人民出版社，1957，第103页。
② 《斯大林选集》下卷，北京，人民出版社，1979，第354～355页。

它不仅表现为个体现实利益的最终代表，而且还表现为个体的价值归宿。"集体主义"正是"集体"的"独立人格"的价值观表现。

第二，在传统社会主义时代中，"集体主义"在全社会范围内全面确立了"劳动光荣"的价值评价体系。虽然中华文明一向以勤劳为美德，但艰苦恶劣的劳动条件使得整个社会评价体系和职业向往实际上并不以"劳动"——特别是"体力劳动"——为荣。特别是在封建等级式的社会评价体系中，"体力劳动"往往与被压迫阶级联系在一起。在古希腊时代，即使从求知的层面来看，"体力劳动"也是与"上层文化"无缘的，正如亚里士多德所指出的那样，"人的本性谋求的不仅是能够胜任劳作，而且是能够安然享有闲暇。这里我们需要再次强调，闲暇是全部人生的唯一本原。假如两者都是必需的，那么闲暇也比劳作更为可取，并且是后者的目的"①。这种现实层面上的价值关系不平等及其所引起的价值处境的分化，决定了整个社会价值评价体系不可能将受剥削和受压迫的劣势状态作为首要价值追求。实际情况是，在生产资料私有制的剥削性社会协作体系中，"分工不仅使精神活动和物质活动、享受和劳动、生产和消费由不同的个人来分担这种情况成为可能，而且成为现实"②。这种"现实"在社会评价领域内的表现是，"不劳而获"（剥削）和"高人一等"（压迫）成为社会公共价值追求。

在计划经济时代的社会评价体制中，"劳动者""劳动""职业"和"国家"在价值立场上是"直接同一"的——它们共同面向"集体主义"的价值追求。劳动者作为国家和社会的主人，其劳动已经摆脱了受剥削和受压迫的社会关系。劳动者自身的发展与集体、国家的发展在逻辑上是直接一致的——朝向"共产主义"社会。在这种情况下，"集体主义"获得了更高层面上的价值观支撑——"爱国主义"。"爱国主义"成了"积极工作"的直接价值观动力——在"爱国主义"的烘托下，劳动在社会评价的层面上第一次具有了"光荣"的色彩。在这样的价值评价系统中，劳动本身作为谋求个人私利手段的价值定位被消解了，其作为谋求个人生存的传统顾虑被集体的现实保障措施打消了，其正面作用特别是"社会奉献"的层面得到了极大强化。

正是在"集体主义"的语境下，社会主义的"劳动光荣观"才真正地建立了起来并在全社会范围内迅速普及开来，社会主义的"主人翁"精神才

---

① 苗力田主编：《亚里士多德全集》第9卷，北京，中国人民大学出版社，1994，第273页。
② 《马克思恩格斯选集》第1卷，北京，人民出版社，1995，第83页。

在社会生产领域得到了切实体现。它不仅是社会主义工业化发展的现实需要，同时也是个体层面的爱国情怀得以现实化的迫切需要。正是由于"集体主义"的价值观牵引，在中华人民共和国成立后的一二十年间，中国共产党领导下的全体人民无私奉献，中国才完成了由落后的农业状态向工业体系初步建立的状态的转变。即使在社会主义市场经济体制相对完善的今天，"集体主义"的价值理念仍然在整个社会主义价值观系统中承担着价值基础的作用，并以"共同富裕""社会共享"的当代外观表现出来。

第三，在落后国家和地区建设社会主义的过程中，"集体主义"作为一种价值观念，实际上成为沟通历史和未来的"现代性桥梁"，构成了中国社会公共价值观从农业社会状态向工业社会状态转型的"中介"。从历史发展的层面来看，任何一个国家和民族在其现代性转型的过程中，都不同程度上面临着前现代价值观念的激烈对抗。清末"洋务运动"以来，中国现代化过程中的每一进展，同样也遭受到"文化保守主义者"的强烈质疑和激烈阻挠。1865年，英商杜栏德在北京宣武门外造一里多长的小铁路，最终因群情骇怪，由步军统领饬令撤毁[①]——对外来侵略的强烈抵抗和对本土文化的保守气息始终缠绕在中国近代救亡史中。在这一过程中，无论是"救亡"还是"图强"，所面临的一个重要挑战就是：如何在社会主流价值观的领域，确立起对现代工业生产和生活方式的认同。

中华人民共和国成立后"集体主义"价值观的盛行，有效实现了基于社会主义共同利益之上的现代性认同，并在一定程度上被赋予了理想社会衡量标准的角色。在马克思主义的视野中，中国社会的发展与现代工业文明的发展找到了契合点——以全体人民的共同和长远利益为基准的社会主义工业化建设。这种契合点不仅仅是一种发展社会生产力的客观需要，同时也是社会主义制度较之于资本主义制度优越性的时代表现。它给传统中国社会展现了一幅前所未有的、全民参与、全民共享的理想社会图景。正如20世纪50年代中国流行的那句经典口号那样："社会主义，楼上楼下，电灯电话。"正是在这样的价值观环境中，中国近代以来的保守主义文化传统对现代大工业的"价值观敌视"才被彻底压制和解构。我们甚至可以这样认为，"集体主义"为中国近代以来的现代性价值观启蒙彻底扫清了价值观上的传统障碍，为中国的现代化大发展奠定了坚实的价值观基础。直到今天，它仍然为社会主义的现代性提供着源源不断

---

① 白寿彝：《中国交通史》，上海，上海书店出版社，1984，第232页。

的合法性论证。

第四,"集体主义"在立足当下的同时也提供了一种超越性价值指向,使社会全体成员在发展的未来向度上达成了清晰、坚固的价值观共识。传统社会主义语境中的"集体主义",不仅仅表现为一种对个体现实行为的指导和规训,更重要的是,它在基础性价值关系的层面为整个社会提供着一种总体性、超越性的价值理念。虽然"集体主义"并不排斥社会整体层面上的功利性,但是其当下行为始终是朝向未来价值理想的——作为未来社会发展阶段的"共产主义"社会实际上是作为并不遥远的社会发展目标贯穿在集体和个体的共同价值诉求中的。一方面,"集体主义"的出发点是集体的总体利益,而不局限于某一具体个体的直观感受;另一方面,当下的总体利益也不是价值判断的最终标准,而是以共产主义社会理想为最终目标的长远利益的最大化。在此过程中,当下整体利益的功利性实际上是服务于未来社会的,个人的当下奉献是为了创造下一步的美好生活的——"因为根据马克思主义的基本思想,社会发展的利益高于无产阶级的利益;整个工人运动的利益高于工人个别阶层或运动个别阶段的利益。"[①]这就造成了一种既重视当下利益又不拘泥于当下利益的超越性视角。这种价值超越性视角又进一步影响着个体的价值观定位,从而在总体上表现为一种高度意识形态化了的集体功利主义外观。这种集体功利主义起到了全面联结个体与社会主流价值观的纽带作用,维系着个体主体与社会抽象主体之间的依附与指导关系。

作为距离个体最近的抽象价值主体,"集体"通过个体利益与集体利益在价值立场、价值规则和价值目标层面上的高度统一,无论是从物质还是精神方面,对个体都表现为全面的掌控和关照,从而形成了"集体主义"的价值观模型。在传统计划经济体制中,集体主义不仅是个体的价值行为准则和价值评价依据,而且实现了与整个社会主义国家意识形态的同构。正是基于这种同构性,传统的"政企不分"的集体建构才成为现实。传统集体主体本身就是社会政治组织和经济组织的合一,集体不仅行使着一定程度上的政治职能,同时也作为基本的社会生产劳动单位和政治管理单位而存在。在这种情况下,集体就成为个体意识形态的直接领导者和价值观归宿——它不仅能够传达国家和社会主体的意识形态纲领,而且还化身为现实的承载者;它不仅能够监督和评价个体具体行为及其意识形态表现,而且还能把它作为衡量个体在集体中地位的重要标准。

---

① 《列宁全集》第4卷,北京,人民出版社,1984,第192页。

在这种情况下，个体要获得社会的承认，实现自身的人生意义和社会价值，服从和服务于集体成为必要的价值关系前提。正是在这样的逻辑关系中，个人对社会的"无私奉献"才在人类历史上第一次成为一种被全社会广泛认可并真正得到践行的核心价值观念。

总之，在传统计划经济时代，集体作为与个体联系最为紧密的抽象价值观主体，其自身的功能设置和制度设计，为其在价值观方面对个体的全面掌控和引导确立了坚实的基础，为整个社会在价值观方面的整体一致发挥了重要作用。然而，计划经济体制下以"集体主义"为代表的抽象主体也正是由于这种经济功能和政治功能的高度合一，特别是在价值观领域对个体主体的高度控制，极易造成大规模的盲从，造成个体对社会生产力创造性作用发挥的迟滞。由于上述原因，在中华人民共和国成立后的一段时间里，作为经济组织形式的"集体"没有实现相比较于资本主义生产力发展的绝对优势。改革开放以来，在"以经济建设为中心"的价值定位中，集体的社会协作形式重新把重心转向经济建设，转变为发展市场经济、发展社会主义生产力的有力主体。在这一过程中，集体本身也发生了重大变化，"集体主义"也面临着新的使命，从而对新时代条件下的核心价值观重塑产生了重要影响。

三、改革开放以来集体的时代变化

改革开放以来，我们多倾向于使用"多元化"这样的表述来形容思想文化领域特别是价值观领域的新局面，并把这种"多元化"直接归因于个体的层面——认为是个体层面的功利主义行为方式和价值评判方式从底层扰动了整个传统社会主义的价值观框架。实际上，个体价值观的变化只是这种"多元化"态势中的一个环节、表现和结果，而不是直接驱动因素。从社会价值结构的层面来看，"多元化"和由此引起的"复杂化"态势直接来源于"集体"的时代转型。正是由于"集体"在市场经济体制中发生了构成及其性质的重大变化，引起了个体价值关系时代处境的相应变化，并造成了个体价值观的相应变化。

从总体上来看，相对于传统的计划经济时代，改革开放以来的集体不仅出现了功能的变化，而且发生了构成和价值定位的变化。从价值关系的层面来看，当我们把市场和计划都作为经济手段的时候，市场的核心要素——"资本"——也随之被赋予了一种完全不同于甚至是颠覆了传统计划经济体制解读模式的价值定位：社会主义市场经济充分肯定了"资本"在社会财富创造过程中的积极作用和正面地位，鼓励其在社会主义经济系统中的合法生长,并把这种合法生长视为发展社会主义生产力的必要手段。在这种价值定位中,"招商引资"成为各地区发展经济的基本措施,获得了前所未有的重视,并取得了巨大的成果。随着新兴的资本性集体在市场经济中的大量涌现,资本所有者的社会地位空前提高。这不仅从总体上改变着"集体"的传统面貌,还改变着整个社会的价值观架构——它直接打破了传统计划经济体制下的集体在整个社会价值观系统中的"中介"地位。在以资本运作为基础的商业化集体中,集体表现为诸多个体主体以经济利益为协作前提和以利润为价值目标的系统整体,并且具有了市场经济体制所赋予的抽象独立人格及其代表——公司及法人。在这样的商业协作系统中,资本性的集体不再(也无法)肩负传统体制下的、全社会范围内的、具有强烈意识形态色彩的价值观规范和指导的角色,而是转变成资本价值增值的角色——它以获取利润为主要价值导向和追求。这恰恰是传统集体主义价值观模式所根本反对的。市场经济在各地区和各行业发展程度的差异,造成了不同行业和领域中价值观态势发展的不平衡:在某些仍然带有强烈传统色彩的领域,集体主义的奉献精神仍然被大力提倡并发挥着巨大作用;与此同时,在商业文化比较发达的行业中,功利性评价方式则被大力提倡。

改革开放以来传统集体的转型和新型集体的出现,特别是"私利"意识在全社会范围内的再度出现和蔓延,一定程度上对传统社会主义制度下的(个人对集体绝对依附的)"集体主义"价值观模式起到了"瓦解"的作用。问题恰恰在于,在传统社会主义社会中,"集体"同样作为一种具有抽象人格的价值主体而存在,并承担着社会主义价值立场和价值规则的"示范"作用。在基于资本的集体协作模式中,集体与个体从根本上不再是指导与被指导的价值观依附关系,而是一种契约性的利益依附关系。这种利益依附关系在从计划经济体制向社会主义市场经济体制的转型过程中,极易在社会舆论的层面引起比较性的评价。在围绕资本所生长起来的价值关系土壤中,传统社会主义体制中的"集体主义"价值观很难获得以往快速生长的价值观环境。在社会价值关系土壤发生巨大变化的新时代环境中,很多企业试图通过企业文化建设的途径,在自己的小圈子里模仿或建立类似于传统"集体主义"的价值观认同模式和价值观依附关系,并试图使之导向资本性的牟利目标。问题不仅在于,在整个社会价值关系剧烈转型的过程中,由于在社会整体层面缺乏社会核心价值观共识的支撑,单纯通过资本操作或奖惩制度是不可能建立起传统社会中的超越性价值观共识的。更关键的问题在于,以市场契约和私利定位为基础的商业文化，一旦试图超越劳动链条之中的协作关系，就会使自己的价值观口号被人与人之间的对抗性关系所消解。因此，市场经济中企业文化建设的逻辑结局，要么是一言堂式的"老板文化"，要么是直接倡导利益对立的"狼性文化"——它不可能真正为被雇佣者提供超越性层面的价值归属。

不同个体在价值观方面所表现出的多元化态势，与市场经济体制中资本性集体的价值观定位密切相关——它切断了传统社会主义模式中最高层面上的"国家/社会主体"与"个体主体"之间高度统一的价值观联系，通过契约式的雇佣劳动把个体的价值关注点转移到防范生存风险的货币手段上来。在市场经济体制中，资本性集体对个体的评价更多地是以资本增值和利润的增长为判断准绳。与之相对应的是，个体对资本方的要求和期待也更多是利益方面的：双方的彼此认同从根本上是基于利益衡量的准绳并在此基础上形成了市场经济中的功利性价值观共识。在社会主义计划体制向市场体制转型的过程中，个体与资本性集体不是一种真正平等的契约关系，而是一种雇佣与被雇佣的关系——传统的社会主义意识形态教育将之定位为不公正的"剥削"。个体在现实的价值关系上处于弱势地位，而在自我评价方面也是以"雇佣劳动者"而不是"主人翁"的形象出现的。

不仅是新兴的资本主体，传统的集体在市场经济中也发生了巨大的功能分化——政企分开。它明确区分了政府和企业在社会经济体制中的不同地位，在经济运行中实行国有资产所有权与经营权的分离，使企业成为自主经营、自负盈亏、自我发展、自我约束的法人实体和市场竞争主体。传统计划经济下的集体实际上演变为市场经济体制中的两类集体——政府主体与国有企业主体。这种分化，使得政府在新的时代环境下"有限"承担起了传统集体在社会核心价值观中的中介地位。① 这种"中

---

① 这种"有限"的中介地位所面临的一个重要挑战是，它如何在市场经济体制中处理好价值观引导和社会服务定位之间的关系问题，以及如何在社会交往规则领域推动整个中国的社会主义现代性进程问题。"政府"承担起了在社会核心价值观建设中的主要责任，这种责任既包括价值观的引导(但不是领导)，又包括现实的不同主体之间的复杂价值关系的梳理。在传统的计划经济体制下，在社会价值观领域，"政府"事实上是以一种"集体主体"的面目出现的。或者说，正是因为存在着计划经济体制下"一大二公"的社会价值观关系，"政府"依托与各种传统"集体主体"的同一性关系，特别是与社会主义执政党的关系，才能成为价值观主体。在市场经济的环境中，"政府"的这种价值观角色遇到了巨大挑战：资本性的集体对政府提出了创造良性资本盈利环境的要求，而社会个体在涉及自身利益时仍然以传统政府的定位提出相关要求。这种情况意味着：在社会主义市场经济体制中，政府无法行使价值观领导者的角色，必须由社会主义执政党来执行这一角色。

介地位"使得政府成为社会主义市场体制的规则守护者和制定者。在"发展生产力"这一基本价值定位中，它不仅要维护雇佣劳动者的合法利益，同时也要维护资本所有者的合法利益。相比较于传统社会主义社会中政府主要采用政治性身份认同的方式，这必然会引起整个社会价值评价系统的巨大转变。与之相对应的，即使是国有资产性质的集体，在市场经济中也必须遵循市场化的运行方式，亦即在承担自身社会责任的同时最大限度地实现资产增值和利润最大化。

相比较于计划经济时代，市场化的存在方式使得（除政府以外的）集体主体的价值取向和评价方式均发生了重大变化和转向。在价值观领域，这表现为改革开放的参与者对现实利益及其增长速度的高度重视——不仅商业性的集体对利润表现出了高度的肯定和追求，功利性的评价标准在政府系统中也得到了极大提升。从整体上来看，社会主义市场经济体制的发展，再度从根本上重构了传统社会主义社会的价值关系及其交往原则。在这其中，资本的市场化运作及其谋求不断增值的本性决定了其价值定位始终是追求资本增值和利润的最大化，而不是传统的未来社会理想。在微观领域，货币关系成为社会评价体系的基本构成要素并获得了社会公共评价体系的认可和支持。这种货币关系一方面加快了财富在全社会范围内的流通，促进了商业价值的实现、生产力的发展；另一方面，货币在商品社会中的一般等价物的地位又给它增加了价值观上的吸引力，极大改变了社会微观领域内个体的价值定位和追求。

总之，在社会主义市场经济体制中，"集体"已经无法继续像在传统社会主义社会中那样直接承担社会核心价值观的"中介"角色，其价值定位更多的是社会财富的增值，而不是超越性的价值理想。正是在这种时代背景下，维系社会价值观稳定的基本途径是把社会利益的蛋糕不断做大，在确保各种主体的利益不受损害、收益不断增长的基础上，实现各种社会主体对中国特色社会主义发展道路的价值观认同。这种方式也隐藏着巨大的价值观风险：那就是单纯地以利益关系来评价社会改革的进程。如果经济的发展遇到意想不到的挫折，整个社会评价系统就有可能发生巨大的转变。与这种风险相伴随的机遇是，集体的市场转型并不意味着集体的社会核心价值观中介功能的完全丧失。相反，价值观引导（而不是领导）的功能落在了新时期执行政治功能的"执政党"身上。在这种情况下，如何处理个体主体、不同形式的集体主体之间的复杂关系，实现多元主体之间的价值共识，树立基于社会主义基本价值立场的核心价值观并将之细化为具体的价值交往原则，规训社会主义市场经济的价值关系，就成为新时期的一项历史使命。

四、"集体"的时代变化对核心价值观建设的影响

"集体"的时代变化，特别是公司的大量出现，直接改变了社会主义经济的构成要素和框架，把利益关系提升至社会公共评价的首要地位。现代商业集体构成方式的重大变化，不仅解构了计划经济体制下个体对集体乃至整个社会体制的全面依附状态，而且还把价值观上的无条件认同转变为基于利益考量的主体间认同，从而为特定情况下某些领域中个体对其他主体的质疑和批评创造了社会公共空间。在此过程中，传统社会主义价值理念中对未来共产主义社会的"政治信仰"在一定程度上也随之淡化。上述时代价值环境的变化，使得如何在社会主义市场经济体制中牢固树立关于社会主义的"政治信仰"，成为事关中国特色社会主义建设和改革开放意识形态安全的时代使命。尤其是对于社会主义执政党而言，"理想信念是共产党人安身立命的根本，是共产党人的政治灵魂"[①]。在社会主义市场经济体制中，这种关于改革前景的"政治信仰"的建立，必须要靠整个社会核心价值观共识的达成。这一目标的实现并不仅仅是一个"理性计算"的结果，而是跟整个社会主流价值观的时代转型和不同主体价值观模型的时代重构有着密切的关联。在中国改革开放"剧烈"发展的时代背景中，不同阶层的价值观出现了分化，不同年龄段之间的价值观呈现出了巨大的差异，同一群体不同时间段的价值观也发生了巨大变化。[②] 社会主义市场经济体制发展和完善过程中所出现的上述现象，在根本上是由集体形式的时代转型所驱动的。

第一，集体形式的时代变化对传统社会主义价值观中以"主人翁"定位为支撑的人民群众（特别是体力劳动群体）的自我认同模式造成了严重冲击。在传统的计划经济体制中，高度集中的国家所有制和社会主义性质的集体所有制，使得"人民群众"成为社会全部物质财富特别是生产资料的抽象主体。在这一基础上，通过全面依附和融入集体，个体在获得了"人民群众一员"自我定位的基础上，完整地获得了社会"主人翁"的身

[①] 习近平：《在纪念刘少奇同志诞辰120周年座谈会上的讲话》，北京，人民出版社，2018，第10页。

[②] 在核心价值观稳定的社会状态中，相对于特定个体来说，价值观的结构一旦形成，就会具有极强的稳定性。从传统计划经济体制向社会主义市场体制的过渡，在短短的二三十年内就取得了巨大的成果，整个社会价值关系发生了巨大变化。这对于那些接受了传统社会主义价值观教育的群体来说，必然要经历价值观结构上的重大调整，甚至在某些人那里引起价值观错位和混乱，并使得一部分人从传统的"大公无私"的价值观模型走向另一个极端。

份标识。可以说，正是这种"主人翁"的价值观定位，构成了改革开放前的传统社会主义价值观的核心支柱，并成为对传统社会主义价值观自觉认同的价值关系前提。随着市场经济的发展，个体与集体的契约关系更多的是一种经济联系，而不是价值观层面的同构性。资本集体的市场定位及其营利性的价值归宿，从现实的实践关系上解构着个体对集体在价值观领域内的传统依附纽带。随着现代集体在个体生活保障方面措施的全面收缩，个体被推入了以货币为主导的风险社会，又进一步切断了这种传统依附纽带。甚至在不同的经济领域内，对这种传统依附纽带的评价，也出现了巨大的分歧。

更为严重的是，从传统计划经济体制下对"资本"的负面评价，到市场经济体制对资本价值和作用的充分肯定，是在非常短的时间内完成的。社会主义核心价值观虽然能够发挥对社会主义市场经济体制的有力指导，但它本身尚处于培育阶段。这极易造成社会中的一部分人仍然恪守传统社会主义价值观，而新生代整体上又未形成统一的价值观共识的情况，从而引发代际价值观隔阂和新生代不同群体之间的价值观鸿沟。除此之外，我们在培育社会主义核心价值观的过程中，还必须从理论上回答这样的问题：社会主义市场经济体制中的资本是否仍然具有"剥削"的本性？如何处理资本与社会主义价值立场和导向的关系？只有从理论上对上述问题做出根本性的回答，新时期社会主义核心价值观才能在社会价值认同方面达成最大的共识。

第二，新兴集体的市场本性为社会价值观领域拜金主义的兴起产生了直接的推动作用。市场经济体制中的集体虽然发生了性质上的重大转变，但是仍然构成了绝大多数个体最基本的公共存在空间。市场在价值观领域对利润的绝对推崇，与市场经济对资本的重视，在逻辑上是一致的。资本性集体的价值定位，直接影响到了生存于其中的个体的价值定位。这种"影响"与传统计划经济体制下的"依附"存在着本质不同——前者意味着社会超越性价值维度的丧失。由此产生的一个重大时代特点是：社会主义市场经济体制的发展，伴随着社会整体层面私有产权意识的空前高涨，人们开始重新以自身现实利益为准绳来处理相互之间的关系。对于这一问题，在社会主义核心价值观培育和建设的过程中，我们还必须回答这样的理论问题：一部分人先"富"起来，其最终意义上是否是私有产权意义上的剥削性富裕模式？是否意味着导向一种"私有财产神圣不可侵犯"的社会价值定位？这些问题的理论上的澄清，对于改革开放的社会主义立场和相关的制度建设，具有重要的奠基性作用。

传统社会主义的价值观念,其价值立场、价值规则和价值导向,已经不能完全适应社会主义市场经济体制建设的新环境。在这种情况下,传统社会主义的价值理念越发无力应对市场经济发展所不断出现的新环境——其本身也需要转型。由于传统社会主义价值观在市场经济某些领域中正面作用的"失语",整个社会评价体系进一步加剧了对货币在市场经济中规避风险的作用的重视——对资本的重视、对货币积累的重视,随之成为市场经济体制中各种主体的首要价值定位。这种经济关系上的价值定位,也直接反映在个体价值观领域,并滋生出了拜金主义的负面影响。在信息媒介高度发达的时代,层出不穷的"炫富"事件一方面表现出了对财富的畸形的价值观定位,另一方面也进一步凸显出改革开放新时代进行核心价值观培育和引导的必要性和紧迫性。

第三,集体性质的多元化对执政党在核心价值观建设中的"中介"作用提出了新的挑战。传统集体价值定位的时代转变,并不意味着所有计划经济体制下的集体主体都发生了全面的市场化转型——传统集体的政治功能和价值观引导职能集中转移到了执政党身上,执政党开始全面承担起了传统集体主体的价值观建设和引导职能。在社会保障机制还未高度完善的情况下,在相当一部分个体主体的生存保障还是来自市场经济体制下的雇佣劳动或资本运作机制的情况下,在集体主体与个体主体同时多元化的情况下,无论是运用行政手段还是经济手段,其处理问题的复杂程度均今非昔比。在此过程中,即使是某些局部性的行为失误,都极有可能引发社会舆论在价值观领域内的不满与不信任。

在新的时代环境中,执政党发挥价值观领导作用的一个重要载体就是政府——政府在具体的价值关系调解中,实现了对社会价值交往原则的引导。政府价值观引导经验的积累,同样表现为一个历史发展的过程。同改革开放伊始社会主义市场经济建设"摸着石头过河"一样,社会主义执政党和政府的角色转变和实践经验的积累也表现为一种实践探索与经验积累——从邓小平理论,到"三个代表"重要思想,再到科学发展观、和谐社会、习近平新时代中国特色社会主义思想,一定层面上都表现为二者对自身价值定位在认识上的深化和实践上的深入。也正是在这个意义上,中国特色社会主义也逐渐表现出不同于资本主义的现代性进程——中国共产党领导下的、以"执政为民"为价值观本位的政府,开始全面承担起了社会主义核心价值观建设乃至中华文明现代转型的历史责任和职能。

总之,在"集体"剧烈转型的时代背景中,政府虽然不能成为一个独立主体，但中国共产党领导下的政府实际上分担着一部分核心价值观培育的职能。一方面，政府依靠自身的社会权力协调个体与其他集体的关系，在实现社会财富增长的基础上，既保障集体的合法权益，又要切实保证个体的合法权益，并为个体提供现实的价值归属感；另一方面，在个体主体与最高社会抽象主体之间，政府又要发挥意识形态的职能，既要实现服务于人民的价值观定位，又要确保人民群众对社会主义核心价值观形成深度认同。只有这样，才能在社会主义的旗帜下，形成具有强大凝聚力的社会主义核心价值观体系。

第二节 个体价值观的当代构成及其特征

在一个价值关系结构和超越性目标都相对固定的价值观环境中，传统的宣传思想工作很容易达到理想的效果，整个社会的价值观共识也会表现出空前稳定的状态。在这种情况下，传统社会主义虽然并没有正式提出类似于"社会主义核心价值观"的称谓，但作为一种价值观的社会主义理念体现在每一个人的每一个行为中，成为整个社会交往的自觉价值操守。改革开放以来，集体性质的变化，一方面为生产力的快速发展创造了必要条件，另一方面也直接导致了个体主体性层面上社会主义维度的淡化——后者进一步放大了非社会主义价值观的影响力。这也是市场经济体制中价值观多元化和复杂化现象的直接诱因。在这样的时代环境中，为了确保社会主义市场经济体制的"社会主义"价值导向，核心价值观的培育和建设必须关注个体价值观的时代变化轨迹，在进行个体价值观结构分析的基础上，探索社会主义价值观共识达成的有效途径。

一、个体价值观的当代构成

人的本质，"在其现实性上，它是一切社会关系的总和"[①]。马克思的上述论断同样适用于对人类社会价值观的分析。价值观反映着其承载者对其社会关系的作用和意义的自觉定位与评判。这种定位与评判不仅反映着个体的价值感受，而且在一定程度上也反映出特定时代的价值结构及其特征。相比较于传统社会主义时代中个体对集体的绝对依赖状态，改革开放以来个体与集体的关系在价值观层面上呈现出了一种日趋松散的态势。这种态势一开始表现在物质利益关系层面——个体的经济独立

---

① 《马克思恩格斯选集》第1卷，北京，人民出版社，1995，第56页。

性日趋增强。随着社会主义市场经济的发展，随着个体日益融入市场经济体制，其独立性也日益表现在思想文化和价值观层面。由于个体具体价值关系处境的不同以及价值观环境的不同，最终造成了个体价值观构成的高度复杂性和矛盾性。从总体上来看，这表现为以下四个方面：

第一，个体社会生活环境的差异化态势日趋明显。在社会主义市场经济体制中，不同的个体在社会分工体系中所处的不同位置，使得不同社会领域之间的个体在物质生活和精神文化生活中的处境差异极大，并有造成巨大价值观隔阂的社会风险。从客观的经济发展环境来看，这种差异本身有其客观的社会历史原因——它是由于市场经济在不同地域、不同领域发展的不平衡引起的。与此同时，这种差异的形成也存在现实政策的原因——"一部分人先富起来"所造成的一部分人在市场经济体制中占据优势地位的后果。如果说，上述两种原因在社会主义市场经济中是被预先估测到了并计划在下一步"共同富裕"的发展中逐步解决的话，那么"富二代"现象的产生则是一种新的社会挑战。它不仅使得"先富带动后富"的时间开始跨越一代人乃至几代人，还使得"贫富"出现了"代际传承"的问题，并有可能带来社会阶层固化的严重后果。这一问题，集中显现在近年来全社会疯狂抢夺优质教育资源、住房资源等社会稀缺资源的市场行为中，并在一定程度上加剧了社会公共价值观焦虑。

这不仅为社会个体当代价值观面貌的总体刻画造成了极大困难，而且还形成了不同领域之间个体价值立场的巨大差异。这进一步增加了达成社会价值观共识的难度。在以"竞争"方式分配社会资源的市场经济体制中，价值关系处境上的差异性和以此为基础的价值观差异性造成了不同群体之间客观和主观层面上的"双重"隔阂。这种双重隔阂使得社会公共价值观交流平台的建立面临着巨大挑战，很容易导致不同领域的个体在宏观层面对共识性价值观的不信任和漠视。特别是优势群体借助于经济途径在一定程度上规避社会价值共识约束的可能性的存在，进一步加剧了这种态势的复杂性。在这种情况下，建立一种全社会范围内、并能为绝大部分个体主体自觉拥护的社会主义核心价值观，既是一项必需的使命，同时也面临着巨大的挑战。

第二，个体价值观建构中同时贯穿着多重维度，并存在发生冲突乃至对立的可能性。社会主义核心价值观必须建立在社会公共价值观领域关于社会主义的共识之上。虽然在不同的社会领域中，不同个体的存在处境和价值立场都有很大不同，但在全社会范围内建设社会主义核心价值观之所以成为可能，是因为在个体主体性的领域仍然存在着社会主公共性的基本维度，从而为达成社会主义价值观共识提供了基本条件。与之形成鲜明对比的是，在当下社会主义市场经济体制中，在社会主义的基本维度之外，还存在着多维的公共价值关系——市场化的存在方式、前现代生活方式乃至西方生活方式，这共同构成了个体价值观养成中复杂的多维化影响。

在新的时代环境中进行社会主义核心价值观建设，所面临的一个重要挑战就不仅是如何在个体的多维公共性存在中确保社会主义维度的主导地位，同样重要的是如何处理好社会主义的价值观共识与其他维度的价值观影响之间的关系。例如，在我们用"中华优秀传统文化涵养社会主义核心价值观"的过程中，如何处理中华传统文化中的价值理念与社会主义核心价值观的关系问题？在我们发掘传统文化资源并"涵养"社会主义核心价值观的过程中，如何实现传统与现代价值立场的逻辑对接？[①] 这些问题的探讨并不意味着要恢复计划经济体制下个体与集体高度从属的管控关系，或者"原汁原味"地重建中国传统文化的"本来面目"，而是要在市场经济体制下个体与社会之间的多维利益关系中树立社会主义价值观的主导作用。

第三，个体认知养成与现实价值取向之间也存在着发生错位的社会风险。在改革开放的过程中，中西意识形态的对立并未消失，国家意识形态安全的环境也并未得到根本性的改善。在这种情况下，社会主义的意识形态教育不仅必要，而且必需。在学校教育阶段，个体在社会认知领域接受着系统全面的关于资本批判的知识和意识形态教育。从价值观的角度来看，关于资本主义剥削和阶级压迫的马克思主义理论教育总体上塑造着一种要"扬弃"市场经济体制的价值取向。即使是在我们的教材中，"计划和市场都是经济手段"[②]的工具性定位，也并没有从根本上明确回答社会主义市场经济体制最终要如何具体应对"资本剥削"的问题。这就造成了意识形态教育中的一种近似于矛盾的处境：一方面在价值观上从发展生产力的层面肯定了基于资本运作的市场经济体制，另一方面又从知识论和价值论的视角批判了资本剥削和随之而来的社会不平等问题。二者的关系在市场经济中不是"非此即彼"，而是"同时有效"的。这种状况更易加剧个体价值判断中的模式混乱。

从现实的角度来看，即使是在学校教育阶段，目前意识形态特别是

[①] 关于传统文化与社会主义核心价值观的关系问题，详见第三章第三节。
[②] 《邓小平文选》第3卷，北京，人民出版社，1993，第373页。

价值观教育的途径和效果也无法跟传统计划时代相提并论。其中一个重要的原因在于，个体在进入学校之前，其所在的家庭早已被卷入市场化的存在状态。这也就意味着个体不再像传统计划经济时代那样处于一种社会主义集体掌控下的单一价值观环境。学校阶段关于资本批判的意识形态教育，在校园以外的社会环境中，极易受到市场经济中功利主义价值评判模式的消解。从这个角度出发，各种与金钱相关的校园问题才能得到全面诠释。即使从一般性的层面来看，当个体正式走出校园环境之后，随之就不得不参与市场化的生存竞争——市场成了他自我实现的主要领域，货币或资本成为评价其成功与否的重要标准。这种关注点的变化极易使个体的市场化感受与以往教育中所形成的、关于资本批判的认知产生巨大冲突并发生价值观逆转，最终转化为对社会主义认知体系和价值体系的不信任。更为严重的是，市场经济中的某些极端反道德行为经过商业媒体炒作都能带来极大物质收益的社会现象，会更大规模地推动这种不信任感的社会传播，使得宏观层面上的关于达成社会主义价值观认同的努力受到严重影响。

第四，个体价值评价系统中"物"的功利性维度的迅速上升。改革开放以来之所以会有"道德滑坡论"观点的不断涌出，其根源在于，相比较于传统社会主义社会，新时代环境中"以物的依赖性为基础的人的独立性"[①]维度重新兴起。这也就意味着，相比较于传统社会主义社会，在社会主义市场经济体制中，"物"的层面作为一种社会交往关系，特别是资源分配和占有的权力关系，在人们的价值评价体系中占据了更高的比重，成为社会交往和评价的基础性维度。这种"物"的维度背后实际上是一种有待全民反思的"身份认同"问题：某些广告中大肆宣传"贵族意识"和"精英意识"，仿佛购买了这些商品就能获得"高人一等"的社会地位，"钻石代表高贵……每个物品都指向一个社会的身份、等级。人们正是在对物品的消费中彰显自己的身份、等级、地位和差异的，消费成了划分阶级等级、区分异己的标准，人靠其所消费的物品划分出高低贵贱和不同风格，消费事实上已经成为一种分类体系，对人的行为和群体认同进行着符号化和归约化"[②]。也正是在这种社会评价氛围中，炫富和攀比才成为某些人乐此不疲的游戏。用鲍德里亚的话说："这种消费不是为了满足个

---

① 《马克思恩格斯全集》第46卷上，北京，人民出版社，1979，第104页。
② 张天勇：《社会符号化——马克思主义视阈中的鲍德里亚后期思想研究》，北京，人民出版社，2008，第29页。

人的经济需要，而是发挥着散播声望和彰显等级的社会功能。"①这种广告文化的泛滥，同样会给新时代环境下的社会主义核心价值观带来严重冲击，乃至扭曲改革开放的总体设计思路。在以消费水平确定社会身份的评判模式中，先富和后富就不再是发展的逻辑序列上的"先后"问题，而是被歪曲为身份的"高低贵贱"的问题，并使彼此的社会身份鲜明对立起来。

市场经济中功利性社会评价维度的上升，一方面实现了主体间物质交往层面关系的简单化，从而使前现代的人身依附关系得到了极大消解，推动了现代社会中个体的独立思维和创造能力；另一方面这种基于利益的协作关系也会引起不同主体间社会主义价值认同关系的淡漠。在这种情况下，一部分社会个体的投机和拜金主义行为，就容易营造出一种物质利益至上的社会假象。问题在于，单纯物质财富的巨大增长并不能被直接等同于社会主义市场经济的价值目标，因为它在一定程度上会使一些人形成"个人私利至上"的价值评价标准，使得他们无论从事何种社会实践，不是尊重社会的公序良俗，而是片面追求"先人一步"，进而追求个人利益的最大化——"抓住机会，抢占先机，甚至不择手段，就成为许多人追求财富、追求社会地位的手段，因此，相对稳定的价值体系和道德标准难以深入人心"②。官僚主义、形式主义作风和权钱交易的现象，也极易使这种淡漠感与对社会主义的价值认同发生关系，从而引起个体主体对社会主义的信念质疑。

总之，在传统社会主义向中国特色社会主义转型的过程中，中国不仅经历着一种宏观层面上的时代巨变，在微观的个体主体领域，也存在着一个复杂的转变过程。社会主义市场经济体制所带来的价值关系巨变，使得传统社会主义行之有效的行政性和政治性干预往往陷入形式主义的困境。对这一微观过程的梳理、把握和可能施加的"社会主义"引导，是微观层面社会主义核心价值观培育成功的最终保障。当我们去建设社会主义核心价值观时，同时也要求我们就下列问题进行澄清：在计划向市场转变的过程中，我们教育宣传中大力强化的"社会主义"公共性维度在个体价值观领域是如何被"漠视"的？

---

① [法]让·鲍德里亚：《符号政治经济学批判》，夏莹译，南京，南京大学出版社，2009，第3页。
② 潘维、廉思：《中国社会价值观变迁30年》，北京，中国社会科学出版社，2008，第201页。

二、个体价值观生成中的选择性"漠视"

在计划经济向市场经济转型的过程中,个体的存在方式与价值理念均发生了重大转变。实际上,这种转变本身并不能成为价值观多元化问题的主导原因——因为在这一过程中我们的社会主义宣传教育从来没有停止过。更深刻的问题在于,市场经济的新局面从根本上改变了整个社会的认知结构,从而使得个人价值观生成过程中的价值标准发生了根本性变革。相对于以往的社会认知和价值观生成模式,这在一定程度上被演绎成了一场大规模的价值观启蒙。这种社会主义启蒙所面临的挑战在于,由于社会主义维度在整个公共性领域的淡化,导致了时代转型大潮中的个体主体在价值观重塑过程中对"社会主义"维度进行了选择性"漠视"。这种"漠视"的背后,恰恰是社会主义核心价值观培育和建设过程中所面临的严峻挑战。从个体价值观的现代生成来看,这种选择性"漠视"主要表现为以下几个维度:

第一,社会主义价值理想超越性层面的淡化。超越性社会理想的一个重要特点就是稳定性和持久性,它不仅构成了一个民族、社会和国家的长远价值追求,而且还从根本上对整个社会价值观系统的波动起着类似于"定海神针"的作用——它能够以长远的价值目标来引导当下的价值原则,规训价值观冲突。在中国封建社会,"大同社会"在某种程度上也是作为一种超越性社会理想而存在的。这种价值理念在当时的社会中之所以无法实现,根源在于压迫性的社会价值建构从根本上解构着人的平等和自由——它无法提供社会和谐的基本价值土壤。即使在这种情况下,"大同"社会也始终作为一种超越性理想贯穿在中国传统文化的脉络中,提供着基本层面上的"向善"的维度。在中国半封建、半殖民地社会结束、中华人民共和国成立以后,建立在科学社会主义理论基础之上的"共产主义"作为一种超越剥削和压迫的崇高价值理想在全社会范围内一度占据了绝对主导的地位,并激发了全国人民建设社会主义的热情。即使有"十年动乱"的干扰,传统社会主义建设仍然为改革开放奠定了必需的社会主义生产力和生产关系前提。问题在于,传统的计划经济体制无法从根本上解决"每个人的自由全面发展"与"所有人自由全面发展"之间的张力,无法找到激活社会生产要素活力的最优途径,最终造成了社会生产力发展速度较之于资本主义相对缓慢的被动局面。

改革开放以来,我们在社会主义超越性价值理念方面也经历着一个实践探索的过程。基于改革开放实践探索而提出的"小康社会""和谐社会"等社会发展目标,更多的是直接围绕改革开放的物质成果以及社会交往层面而设定的。一方面,这种设定有着强烈的现实针对性和可行性,能够及时解决改革开放以来所出现的新的社会重大问题,从而快速获得全国人民的价值观认同并转化为共同行动。另一方面,我们在社会公共价值观层面上并没有有效地明确其与"共产主义"的关系,从而使得"共产主义"社会理想在社会公共话语体系中处于一种近乎"沉默"的状态。或者说,我们在终极社会理想层面一度出现了"不否定但也不宣传"的"长远维度上的未来空场"。这种"空场"在个体价值观领域内便表现为约束个体行为的基础价值标准的模糊乃至缺失,成为个体价值观混乱的意识形态根源。实际上,这种"空场"在市场经济的价值环境中,哪怕是在很短的一段时间里暂时性出现,也容易引起社会公共舆论的巨大误解。

第二,对人民民主专政的漠视。任何一个国家中的公民,不仅是一种经济上的存在,同时还是一种政治上的存在。人民民主专政不仅从根本上规定着中国政党制度的核心价值和制度精神,而且还从根本上论证着社会主义核心价值观相关概念的"社会主义"性质——"我国是工人阶级领导的、以工农联盟为基础的人民民主专政的社会主义国家,国家一切权力属于人民"[1]。如果离开了人民民主专政,我们就无法理解社会主义核心价值观中的"民主"与西方"民主"之间的本质区别。如果离开了人民民主专政,我们就无法从社会主义核心价值观中推导出对中国共产党领导的价值观认同。从这个意义上来看,对社会主义的拥护不仅表现在经济领域内对发展生产力的价值观认同,而且表现在政治领域内对我国基本政治制度的深度认同。

恰恰是在这一领域,由于历史和现实的原因,我们在核心价值观领域几乎对作为中国的人民民主专政的理论基础——"阶级斗争"理论——保持着一种近乎"失声"的状态。在科学社会主义理论体系中,阶级是一种基于社会经济事实的社会历史现象,而不是一种单纯的意识形态斗争。阶级本身来自自发形成的社会分工体系,对阶级社会的扬弃必须以生产力的高度发达为前提,这本身就构成了社会主义社会的历史使命和时代精神。"以阶级斗争为纲"的传统社会主义阶级斗争扩大化的惨痛教训,在一些人那里变成了一听到"阶级"便"谈虎色变",认为一旦研究和讨论马克思主义的这一领域便会处于一种道德和政治上的"洼地"。实际上,

---

[1] 习近平:《在第十三届全国人民代表大会第一次会议上的讲话》,北京,人民出版社,2018,第6页。

问题在于如何看待阶级斗争并对之进行适当定位，而不是要不要"阶级"视角的问题。如果不要阶级视角，那么便是要改变人民民主专政的国体，最终是否定马克思主义政党的领导。在这一方面，改革开放以来某些西方自由主义、反社会主义的理论观点就是最好的证明。也正是在这一领域的"沉默"，成为个体的社会主义政治认知和热情发生淡化的原因之一。

第三，个体主体基本价值定位层面上对社会主义维度的漠视。市场经济所造成的个人的功利化生存方式，使得人们空前重视物质利益在现实生活中的重要作用。我们在承认私有财产，尤其是多种所有制共存的合法性的同时，并没有在价值观层面理顺其与社会主义价值立场之间的关系，更没有关注到被卷入非社会主义所有制的个体的主观价值感受的变化。社会公共价值观领域超越性的宏观目标和社会政治归属感的淡化，会极度放大市场经济的功利性交往规则，进一步在个体自我认同领域造成对"社会主义"维度的漠视。如果这一问题得不到根本解决，社会主义法治建设就会遇到巨大阻力。任何一个社会的法治精神，并不仅仅是对规则强制性的被动接受，更重要的是公众对特定制度理念的自觉认同。

正是在这种情况下，虽然我们的宣传思想工作从未停歇，工作力度也在不断加大，但社会各个层面上的"屡禁不止"、各种"黑"等现象仍然层出不穷、花样百出。尤其需要我们注意的是，这些有悖社会主义基本价值立场乃至有悖现代文明基本交往规则的现实参与者，在校园阶段均接受过社会主义思想政治教育的系统洗礼，被认定"合格"（及以上）并被颁发毕业证书。这些现象究其价值观原因，并不是参与者缺乏对社会主义法律和相关规定的基本了解。这些知识性的内容在义务教育的阶段就已经被知悉。更为重要的是，他们在自身价值观深处对社会主义公共规则秉持一种"漠视"乃至"嘲弄"的态度，甚至以此为荣。我们以往在讨论这些社会现象时，往往用"少数人"或"极少数人"来形容这个群体。如果从价值观角度来分析，这部分人的行为实际上反映着当下社会环境中"反社会主义""反社会主义政党"的意识形态和社会行为产生的原因：正是在把一己私利放大到凌驾于所有价值准则的情况下，社会主义的价值立场才被驱逐出这些人的价值观视野。另外，从贪官大多外逃到资本主义国家这一现象本身也能反映出对社会主义价值维度漠视所产生的严重社会后果。

第四，对作为社会公正原则的"社会主义"维度的漠视。在建设中国特色社会主义的过程中，"一部分人先富起来"——"先富带动后富"——"最终实现共同富裕"的发展生产力、建设社会主义的路径实际上都是围绕"中国特色社会主义"这一价值理想设置的。从中国特色社会主义发展逻辑的层面来看,"一部分人先富起来",必须服从于"中国特色社会主义"关于"消灭剥削,消除两极分化,最终达到共同富裕"①的价值目标。从现实的层面来看,由于相应的制度引导和价值观引导还处于实践探索阶段,少数人在"先富起来"以后,在市场经济的功利性原则影响下,极易将个人利益与改革开放的逻辑对立起来,从而漠视社会主义的价值立场。

随着改革开放的不断深入,国家也不断通过各种途径进行二次收入的调节,以求实现全社会范围内的基本分配公平。从理论上看,通过分配调节一定程度上能够把社会整体范围内的分配正义问题限制在可控的范围之内,但如何与马克思哲学中的"解放正义"实现逻辑上的对接,仍然有待于进一步的理论探索。在现实实践中,我们面临的问题在于,在"一部分人"中的"少数人"享受了"先富"起来的制度福利后,他们非但没有带动"后富",反而"炫富""移民",在带走中国社会财富的同时把他们致富过程中所带来的一系列环境和社会问题留给中国。在这种情况下,关于社会不同群体、地域在通往"富裕"道路上的"步骤公平"实际上受到了严峻挑战。这些问题的存在为社会各领域的各种不确定性提供了现实的基础。它所造成的最严重的后果是,当人们批评和反对社会不公时,一部分人的愤怒,其焦点不仅是因为某些人违背规则非法牟利,同时更是因为自己没能加入到不正当牟利的队伍中去。

总之,社会主义核心价值观的培育和建设,必须在个体价值观养成的公共性维度内重新树立"中国特色社会主义"的价值基础。在这一过程中,社会主义价值基础的重建并不仅仅是一种理论上的分析,更不是要回到传统计划经济的时代中去,而是要围绕上述"漠视"所带来的现实后果,针对特定的"反社会主义"或"非社会主义"价值观进行有针对性的中国特色社会主义核心价值观建设。

三、个体价值观层面"社会主义"维度淡化的可能后果

社会主义市场经济体制的发展和完善,始终伴随着资本市场的日益活跃和愈发自信。与之形成鲜明对比的是,在改革开放以来个体主体价值观的重塑过程中,其在解放思想的同时又一定程度上伴随着社会主义层面的"价值观迷茫"——如何面对传统社会主义的价值理念以及如何在新的社会价值环境中坚持社会主义的价值立场。要在社会微观领域内实

---

① 《邓小平文选》第 3 卷,北京,人民出版社,1993,第 373 页。

现社会主义核心价值观的真正落地，就必须关注这种"价值观迷茫"的现实危害——这是个体层面上的作为一种价值立场的"社会主义"维度淡化在社会交往微观层面的直接表现。正是社会个体层面上的社会主义价值立场的淡化，使得新时代环境下的社会主义核心价值观培育和建设面临着一系列的挑战和抉择：

第一，封建迷信的再度猖獗。改革开放以来，虽然我们引入了市场经济体制，但是我们仍然坚持社会主义的基本制度而没有倒向资本主义的国家体制。这就意味着我们没有把经历完全意义上的"资本主义"作为改革设计的环节，而是把资本主义赖以发展生产力的"市场经济"作为一种工具性手段来发展社会主义生产力，丰富人民群众的物质生活，从根本上解决"人民群众日益增长的物质文化生活需要同落后的社会生产之间的矛盾"。从这个角度上来看，中国特色社会主义建设，实际上仍然是在尊重中国国情的基础上谋求跨越资本主义"卡夫丁"峡谷的尝试。这同时也意味着，由于资本主义对封建主义历史斗争环节的缺失，我们实际上是在一个封建性色彩极强的历史基础上进行社会主义建设的。

当个体层面社会主义价值定位出现模糊淡化的时候，首先复苏的就是封建主义的传统价值观。值得注意的是，改革开放以来，封建迷信等活动的再度兴起，正是从个体领域开始的。封建迷信逐渐从一种偶然性的个人行为重新蔓延为一种"习俗"或"传统"：它成了个体生活中所有重大事件的必备步骤，例如算命和看风水。在一些著名旅游景点，上述现象不仅登堂入室，而且还受到了保护。与此同时，在算命、看风水等一系列迷信现象之外，还有封建家长制、男尊女卑、一言堂，以及面向每一个社会个体的、隐藏在社会媒体领域背后的、以品味为噱头的、为推销奢侈品而宣传的"上等""皇家""贵族"等"等级"式的消费观念。简言之，在市场经济中，原先由于非市场原因被打压下去的封建主义价值观念呈现出了强力复苏的态势。

第二，"封建迷信"以外的前现代价值观的快速"补位"。任何社会的价值观念都不可能背离传统文化的积淀。中国特色的社会主义核心价值观最终要建立在对传统文化的继承改造和创新发展之上。改革开放以来，"什么是社会主义，怎样建设社会主义"问题的重新提出，在概念上意味着对社会主义的再理解，在社会主义价值立场和价值追求上则意味着社会主义价值观的重塑。在改革开放以来的时代转型中，市场经济的兴起和社会主义价值立场的淡化，使得以阶级区分为前提的传统社会主义价值观基础发生了崩溃，而新的社会主义价值观基础正处于生成过程中，这种现状从根源上造成了个体价值观混乱的局面。在个体价值观领域，不同的价值观获得了不同的拥趸者群体，但由于缺乏社会基础价值观的明确支撑，不同群体之间产生价值观隔阂的社会风险日益加强。

与此同时，市场经济的风险性存在方式所导致的个体危机感和不安全感，使得相当一部分人前往各种前现代价值观中寻求精神安慰，由此导致了各种传统价值观正在以前所未有的速度和规模在个人主导价值观领域进行"补位"。在这种"补位"的过程中，一方面，传统价值观获得了广泛的拥趸者和资金支持，呈现出快速发展、个别领域甚至是爆发的状态。这种状态的一个典型案例是，伴随着北上广房价的高涨，终南山附近因为"隐士"的增多也开始出现"一房难求"的现象，二者恰恰表现出了对待现代性的不同态度：拥抱和拒绝。另一方面，前现代价值观在市场化过程中所导致的社会问题的不断出现，特别是对传统文化中的某些领域加以神化和近乎扭曲式的市场宣传行为，进一步加剧了事态的复杂化。例如，某些气功"大师"和武学"大师"近乎动画片想象式的表演及其随后被揭穿的闹剧，进一步造成了对待传统问题的评价分化。在此过程中，值得注意的是，前现代价值观扩张对象的相当一部分恰恰是传统社会主义社会中那些坚决秉持社会主义世界观的人们。这种现象的不断重复发生，实际上也在警示我们：需要对我们一直奉行的社会主义宣传途径和效果进行深刻反思。

第三，"现代消费理念"的快速扩张，急切需要社会主义价值立场的引导。随着市场经济的快速发展，西方资本主义的价值观也在一定程度上呈现出了快速扩张的态势。这种快速扩张是内因和外因多方面综合作用的结果。从价值关系的角度来看，"消费时代"的来临，在新生代群体中从根本上解构了"左三年、右三年、缝缝补补再三年"式的"艰苦奋斗""勤俭节约"的价值理念，代之以以"文化"和"品味"为价值导向的市场消费理念。当"小资"式的"轻奢"生活方式成为新生代的生活理念的时候，对资本主义消费方式的价值观认同就成为可能。在这种情况下，我们有必要去思考：社会主义的"消费观"应该建立在什么样的价值原则之上？

资本主义价值理念的快速扩张，如对西方抽象"人权"等价值观的认同，并非仅仅是西方资本主义国家自觉宣传的结果。这种现象之所以在社会主义内部存在市场，一个重要的原因在于，社会主义的优越性尚未在实践层面上被完全呈现出来。更为严重的是，现实社会生活中存在着的一些根深蒂固的封建主义残余，仍然在严重损害着"社会主义"的形象。在社会主义公共交往领域中，相当程度上存在着的封建主义残余很容易被个体误解为是"社会主义"的，特别是这些残余与社会权力交往发生关系的时候。例如，我们以往经常诟病的门难进、事难办、脸难看的官僚主义现象，社会上仍然存在的权钱交易的违法事件，乃至日常关系中的以出身为标准的拉帮结伙现象，它们本身就是封建主义的——甚至还没有达到现代文明社会的基本水平。与此同时，在发展市场经济的过程中，社会个体往往将理想的市场秩序在某种程度上等同于理想的资本主义状态，将西方现代文明本身等同于资本主义制度。这种在现实和认知错位基础上进行的对比更容易进一步扩张资本主义抽象价值观的国内市场。

第四，普世主义价值观外表下的本土身份贬低。面对层出不穷的各种普世主义价值观，我们很难将它们划归为某种单一的政治立场——不能笼统地说它们全部是资本主义或封建主义价值立场的反映，但我们可以把这些观点划归为"非社会主义"的。马克思主义从根本上是排斥普世主义的——它虽然强调生产力对生产关系"归根结底"意义上的决定作用，但是并不否认其他历史要素的作用，并且它从不承认某种已有文化或价值观能够跨越历史发展阶段和社会现实差距而具有强制普遍性。

正是由于上述本质差别，普世主义价值观本身就会导致贬低乃至消解社会主义的价值认同，最终背离马克思主义的价值立场。从表面上看，普世主义价值观所宣扬的观点对所有国家、民族、社会和个人都是"友好"的，实际上，它恰恰没有真正认识到为什么不同国家、民族、社会和个人会在历史中形成自身的独特性以及这种独特性背后的社会历史原因。依靠某种抽象宣教来实现社会和解的普世主义价值观，从本质上是对社会主义核心价值观的基本理论基础——马克思主义社会历史观——的漠视和放弃，是对社会主义国家政治理论的漠视和放弃。一方面，普世主义价值观的现实倡导者本身就是对自己国家和民族的历史与身份的放弃，是对自身"本土身份"的贬低；另一方面，普世主义价值观的倡导者实际上在倡导一种"价值观霸权"——他们把"价值观是否合法"这一社会历史问题归结到了自身个人意志的层面并在很多情况下以此牟利。

总之，在社会主义核心价值观培育和建设的过程中，个体价值观领域社会主义维度的淡化，造成了非社会主义价值观的大行其道。对于这些不同领域、不同性质的非社会主义价值观，一方面我们应当采取不同的价值定位和方法论策略，有针对性地结合新的时代环境开展对策研究；另一方面我们也发现，个体价值观的这种时代变化，相当程度上是由于其被卷入了一场缺乏社会主义主导价值理念的思想转变过程之中。从这个意义上来看，重建个体价值观领域的社会主义维度，并不能直接对个体开展价值观灌输或道德训诫，而是要在个人、社会和国家根本利益一致的情况下，通过法律和制度建设营造出符合社会主义立场的价值关系土壤。其中，最根本的是如何使得社会主义核心价值观真正成为全社会的引导力量。

四、"先富"背后的"非社会主义"价值观诱惑

进入21世纪以来，经常有观点指出：改革开放进入了"深水区"。这种观点的一个基本立意是：如果说，改革开放初期，我们还能依靠近似于"试错法"的途径，通过经验总结的方式推动社会主义建设的话，那么，随着改革开放的深入，我们必须在"结构"性的层面上推动社会主义建设。在这种形势下，如果缺乏社会主义基础理论和中国特色社会主义理论体系的指导，中国的改革开放就很容易犯下原则性的错误，并导致严重的社会后果。在改革开放初期，当我们强调"一部分人先富起来"以后，整个社会的阶层结构发生了重大变化。以往的理论研究，往往集中关注"先富"和"后富"在逻辑上的先后关系，但随着"先富"目标的初步实现及其出现的新问题，我们有必要从理论上澄清"先富"实现后的价值观诱惑，从而为整个社会价值观的总体稳定提供必要的理论视角。从总体上来看，这一视角主要体现在以下五个方面的问题之中：

第一，如何使"先富"不在"土豪"和"文化精英主义"之间进行摇摆？"白猫黑猫，抓住老鼠就是好猫"的比喻性论断主要是在发展社会主义生产力的工具性层面上被使用的，而不涉及社会主义与资本主义的意识形态区别。市场经济初期"想干""敢干""能干"的这一部分人在致富的过程中，整个社会也处在剧烈转型期，共识性的市场交往规则尚处在发展和完善的过程中，这就极容易造成"成败论英雄"的功利主义的评价方式。在这样的情况下，先富群体中的一部分人不仅很容易忽视改革开放的直接目标设定——"共同富裕"，而且还容易在某种程度上把"先富"看成是社会特权的标识。从价值关系的角度来看，在一个竞争性的社会里，如何把"合作"上升到首要的层面，实现一种"共同"的物质解放，极大地考验着社会主义的制度设计。在这一制度建设的过程中，改革开放过程中"先富"起来的少数人，不自觉地滑入了两个极端——"土豪"和"文化精英主义"。

改革开放以来出现的很多新生称谓，本身都带有社会公共价值评价的色彩，一定程度上显示出社会公众对某个社会新生现象的价值观表态。例如，"土豪"称谓的概念演化史，至少经历了这样几个环节——"万元户""暴发户""大款"和"土豪"。在20世纪80年代初期，相比较于当时人

均几百元年收入的状态，10000元的个人存款近乎天文数字。在"万元户"这种称谓背后，是一种量化的衡量方式和价值观层面的羡慕不已。相比较之下，90年代以后社会财富的引领者开始被冠之以"暴发户""大款"等称谓。相比较于"万元户"的称谓，这些"大款"和"暴发户"显然在财富的占有量上远远超越了改革开放初期人们的想象，但这些称谓背后并没有显现出相应的社会公共价值观赞许，相反，其中反而掺杂着复杂甚至纠结的公共价值观评价：对致富的渴望以及对富裕后"无拘束"生活的伦理困惑。与这一时期总体同步的，还有"小姐"一词的陨落：它从对具有良好品行的女性的尊称一下跌落至对从事色情服务业的女性的称谓。与之相对应的，则是"二奶"这一新词汇的兴起——它直接对现代社会的基本家庭伦理造成了严重冲击。直到当下时兴的"土豪"概念的兴起，彻底阐释了"有钱任性"的价值观本质：金钱万能论。在某种程度上，我们甚至可以这样认为，从整体上来看，先富起来的社会群体，在社会主义价值观领域中并没有像在财富创造领域中那样出色。

与之相对应的另外一个极端是"文化精英主义"。如果说，"土豪"这一部分先富起来的人纵情于欲望的宣泄的话，"文化精英主义"群体则更钟情于依靠某些抽象理念编织一个理想主义的社会模型并试图将之"推广"至改革开放的全过程。如果说，"土豪"这一群体的价值观倾向于"不受拘束的任性生活"的话，那么"文化精英主义"则倾向于用一种或忧郁或亢奋的姿态直接否定社会主义价值理念，在价值理念的层面强烈对抗社会主义制度。相比较于"土豪"对财富的量的占有，"文化精英主义"群体并不占据财富的绝对优势，他们更多地属于现代社会中的中产阶级——他们一般从事与思想文化相关的行业，在很多方面甚至能够影响到社会公共舆论的走向。例如，面对中国北方"雾霾围城"的严峻环境形势，"文化精英主义者"往往要求采取"直接关停"所有污染源的"立刻解决"方案，并高声呼吁环境污染对子孙后代乃至全人类的危害。这种貌似激进的"正义"面孔恰恰无视这样一个事实：大面积"立刻关停"会立刻使至少上亿人陷入生存危机。而政府的关停一批、整改一批、转型一批的模式在他们看来仍然是一种"绥靖主义"的态度，并将之与社会公共利益对立起来。从总体上来看，"文化精英主义"的价值理念与资本主义的抽象人权观是同构的——它的最终的逻辑导向是"人权神圣不可侵犯"和"私有财产神圣不可侵犯"。在这种情况下，如何在培育和建设社会主义核心价值观的过程中，使截至目前改革开放过程中"先富起来"的这一批人能够真心认同和自觉践行社会主义核心价值观，成为确保改革开放社会主义方向的重大命题。

第二，如何使"先富"不成为一个特殊阶层，并不使之在政治上上升为"资产阶级"？按照马克思主义的分工理论，在社会生产体系中处于相同或相似地位的不同人，会自发或自觉形成共同的利益集团并通过政治的途径来维护既得利益。在这种情况下，我们必须认真地讨论：改革开放以来的利益既得者如何能够突破市场经济中资本剥削和牟利的本性，继而承担起"带动后富""共同富裕"的时代责任？从这个意义上来看，社会主义市场经济绝不是一种放任的自由经济，更不是完全资本主义意义上的市场经济，而是始终贯穿着改革开放"原初价值立场"的市场经济。恰恰是改革开放所推动的整个社会价值观的转型，这种原初机制立场极易在功利主义和竞争至上的社会评价系统中被淡化，从而使得"先富"群体在自我定位方面容易陷入以下两个误区：

一是"先富"群体的"自我封闭"。随着社会主义市场经济的不断发展，财富关系在整个社会公共评价体系中的地位日益提高。货币作为一种社会权力特别是资源分配权力，在整个社会交往体系中不断被推向更高的神坛。与之相伴随的，则是各种富人俱乐部、会所以及各种各样的"圈子"。这是一种社会抽象财富量筑起的"看不见"的围墙。如果说，改革开放初期"先富起来"的那些人总体上还和周围普通社会环境融合在一起的话，那么经过市场经济几十年的发展，"先富起来"的这一部分人通过高房价把自身局限在一个围墙之内，并使所有的社会资源向自身靠拢。在这种情况下，改革开放要避免"先富"发展成为一种"阶层固化"，首先就要将社会主义的基本价值立场全面融入社会主义市场经济的制度建设之中，使得社会资源的分配并不能单纯通过货币的方式过分向某一地段或某一群体聚拢。如果社会主义国家的资源分配完全市场化，那么"还没富起来的人"非但不可能成为"后富"，而且他们的后代也很难实现"后富"的目标。简言之，如果没有社会主义的价值立场作为制度建设的指引，严重的两极分化问题就有可能再度成为现实。一旦"先富"群体实现了"阶层固化"，与之相对应的社会公共权力机构也有可能自我封闭，从而产生"富二代""官二代"等依靠血缘关系占据社会优势地位的阶层和群体。与之相对应的，则是社会阶层的隔阂和对立。当社会环境整体不利于部分"先富"群体时，"移民"和"财富转移"就成了必然的逻辑结果。

二是割断自身与"后富"的价值观纽带。如果这种情况发生，"先富带动后富"就成了一个巨大的难题。如果没有社会主义核心价值观作为一种价值观纽带，"先富"就很难承担起"带动""后富"的责任。只有从社会主义核心价值观的角度，我们才能更好地理解"先富"这一改革开放政策设定的价值目标：通过让一部分人先富起来，证明社会主义市场经济体制的可行性，进而使全社会受益。正是在这种逻辑推演过程中，"先富"者群体并不是仅仅使自己摆脱贫穷，而且作为社会主义的一员，其借助于社会主义政策扶持致富后，本身就具有反馈全社会的时代义务。也就是说，只有从社会主义基本价值立场的角度，我们才能诠释"先富"和"后富"之间的逻辑关系，否则就会变成资本主义国家中"富裕"和"贫穷"的两极对立。如果离开了社会主义核心价值观的指导，改革开放的先行者就极易变成"恐惧和没富起来的人生活在同一个世界里"的群体。在这样的环境中，一部分还未富起来的人在市场经济的竞争性环境中，就很难获得社会认同感。加之不利的社会地位和看似无望的上升通道，很容易使得一部分人产生反社会的价值观，或自暴自弃，或铤而走险。

第三，从当下阶段来看，如何使得"先富"能够接受乃至最终认可"社会主义核心价值观"，是改革开放能够沿着社会主义方向继续前进的重要前提。市场经济本身提供的价值观选择就是多元的。当少数"先富"们把自己的后代在很小的时候就送进"国际学校"或直接去国外接受西方教育时，他们就已经完全脱离了社会主义价值观教育的国家序列。这就为这一新生群体的社会主义认同提出了新的命题。如果无视这一新现象，当这一年轻群体返回国内继续在中国市场上进行资本运作时，他们的自我定位理念、价值追求和行为操守就有可能与社会主义的价值立场发生冲突。在这种情况下，不仅是对社会主义核心价值观的认同，乃至其对中华人民共和国公民身份的认同，都面临着严峻的挑战。从资本主义的价值立场上来看，个人获得社会财富，所有者对其拥有完全的支配权。在中国特色社会主义建设的过程中，我们一方面承认"公民的合法私有财产不受侵犯"，另一方面我们也需要从理论上研究如何在公共价值观领域确立私有产权意识和社会主义生产能力社会共有这一终极价值指向的关系问题。相比较之下，我们同时也有必要深思：在社会主义市场经济体制中先富起来的群体，为什么他们的后代在国外高消费的时候，国内社会会产生巨大反响？从价值关系的角度来看，从"先富"到"暴富"的过程中，社会主义的核心价值观究竟能发挥什么样的作用？

只有从社会主义价值立场来理顺先富和后富之间的关系，战胜贫穷才不会仅仅成为社会主义国家层面的责任，而是会变成全体人民的共同责任和义务。改革开放过程中由于社会主义核心价值观的一度缺失，才使得"先富"和"后富"在某些层面和领域的关系出现了畸形。这不仅使某些"先富"者群体丧失了基本的社会主义立场和视角，而且也使"没富起来"中的一部分人丧失了对社会主义的信心。一旦丧失了社会主义的价值立场，剥削社会中人与人之间的对立关系就会在市场经济中蔓延并获得价值观上的合法性论证，社会主义的道德、法律和意识形态就会遭到全面蔑视，甚至社会主义公民的基本素养都有可能受到严重伤害。正是在这种情况下，乞讨现象大规模卷土重来，并且变成了一个欺骗性的行业。当一个社会中的某一部分人开始把同情作为获利的手段时，就更加显示出进行核心价值观建设的紧迫性和必要性。

总之，从社会主义的价值立场来看，改革开放的目的绝不是要制造出一批"超级富豪"，而是要共同战胜贫穷，最终导向现代社会生产能力的全民共有、改革开放成果的全民共享。从社会主义价值立场来看，无论是"绝对贫困"还是"相对贫困"，都是改革开放所要竭力避免的。在此过程中，我们需要注意的是，"后富"有可能是社会的弱势群体，但并不必然是社会主义核心价值观的代表性力量。前者也同理。在整个社会剧烈转型的过程中，我们迟早要对如下问题做出回答——共同富裕，最终是不是私有制基础上的个人财产权的狂欢？对这一问题的解答，必须首先澄清社会主义核心价值观的最高主体——它究竟与资本主义抽象价值观背后的剥削性价值归宿有何本质不同？

第三节　社会主义核心价值观的最高主体：社会有机体

在马克思哲学视野中探讨社会主义价值观的最高主体，关系到社会主义价值观的基本定位：在最根本的意义上，这是谁的价值观？对这一问题的探讨，前提条件之一就是澄清社会主义核心价值观逻辑起点的定位：是从个体出发还是从集体出发？而对逻辑起点的定位又会关涉另一个更加关键的问题：在马克思哲学中进行社会主义核心价值观问题研究，其价值立场应该是个人主义还是集体主义？如果绕开上述问题，社会主义核心价值观的直接内容表述，很容易陷入把某一概念或原则抽象化、永恒化的理论误区——这恰恰是马克思在批判德国古典哲学时所一再反对的。从根本上来看，社会主义核心价值观合法性的理论根源，并不能被直接归结于个体主体或某些集体主体。社会主义核心价值观之所以能够上升为整个社会主义制度的价值观灵魂，是因为它是整个社会主义有机体的最高层面上的价值观反映。从这个角度来看，我们可以把"社会有机体"作为社会主义核心价值观的最高主体(下文中简称"最高价值观主体"①)。

一、作为"最高价值观主体"的"社会有机体"

在马克思哲学中,一种价值观能否成为核心价值观并被人们广泛接受,直接来源于人们对它的"价值感受"——它是否是"合理"的。从价值观的角度来看,"合理"与"不合理"是同一社会历史发展过程的不同侧面,具有不同的参照物。二者在不同历史发展阶段有不同的表现和特征,并不能直接对此绝对化。在古代社会,一部分人比另外一部分人"高贵"的等级式价值观能够被社会绝大多数人所接受,在现代社会则不然。这种重大区别在价值观上来源于对"合理"中的"理"的不同定位。对此,我们不能简单地用一种价值观作为评判其他价值观的最终依据,而要分析这些价值观所内涵之"理"的社会生成——"社会不是坚实的结晶体,而是一个能够变化并且经常处于变化过程中的有机体"②。"社会有机体"这一表述,一方面在主体界定层面上契合了历史唯物主义的宏观视野,映现了马克思主义关于生产力与生产关系的基本立场;另一方面又能在社会发展层面上反映出作为"理"的某种特定"时代精神",解答为什么不同时代具有不同价值观主体及其不同的核心价值观的根本原因。上述设想如果成立,至少要对以下四个方面的质疑做出回答:

第一,"最高价值观主体"为什么不能是"个体主体"抑或马克思哲学中"现实的个人"?马克思在《德意志意识形态》中把"现实的个人"定位为"全部人类历史的第一个前提"③,但这种个体主体式的逻辑前提仅仅是建立"历史科学"过程中"纯粹经验"④层面上的基石之一,它非但不能被直接等同于"历史科学"的逻辑框架,并且本身就内嵌于特定的社会历史之中:这些"现实的个人""是在一定的物质的、不受他们任意支配的界限、前提和条件下活动着的"⑤。在分工的自发阶段,"这种力量压迫着人,而不是人驾驭着这种力量"⑥。在这样的历史阶段中,"最高价值观

---

① 本部分集中进行"社会有机体"作为社会主义核心价值观主体的理论论证,关于社会有机体与中国社会主义核心价值观的本质关联,我们将集中在后文联系中国价值观启蒙的总体框架进行分析。
② 《马克思恩格斯选集》第 2 卷,北京,人民出版社,1995,第 102 页。
③ 《马克思恩格斯选集》第 1 卷,北京,人民出版社,1995,第 67 页。
④ 同上书,第 67 页。
⑤ 同上书,第 72 页。
⑥ 同上书,第 85 页。

主体"必然以独立于个体的社会面貌出现：个人的活动只有符合社会历史的发展趋势，符合当时社会的价值需求，才会在社会意义的空间中获得正面的姿态，成就自身的社会价值。与此同时，正如恩格斯在关于"历史合力论"的观点中所指出的那样，无数个体之间的行为和价值取向又在社会实践的过程中对社会经济和政治发展产生着现实的作用，在社会公共价值导向的层面上表达着超越性的价值理想和社会追求，形成个体和社会在价值观上的互动。从"现实的个人"出发，我们能够看到社会历史发展的具体表现，但在其之上，是整个社会生产力的宏观结构。从这个意义上，我们可以说，在没有实现马克思所设想的完全意义上的"世界历史性的、经验上普遍的个人"[①]状态之前，"现实的个人"或个体主体，作为缺陷性社会关系的承载者，在社会核心价值观的问题上必然要受到宏观社会政治经济结构的制约，不能被直接等同于社会的丰富性本身。

第二，"最高价值观主体"为什么不是推动历史发展的先进"阶级"或者其他集体主体？在马克思关于无产阶级革命的学说中，工业无产阶级本身就是现代生产方式的产物，是由一定的社会生产和生活机制所造就的，而不是这种社会生产和生活机制本身。无产阶级革命的目的不是把自身的社会地位和历史阶段强加给全世界，而是一个在消灭剥削性社会关系的"现存状况的现实的运动"[②]中扬弃自身。在此过程中，无产阶级革命的目标并不是僵化和固定的，而是朝向"每个人的发展是一切人的自由发展的条件"[③]这一终极价值指向的。在此意义上，特定历史阶段中的特定集体有可能成为核心价值观的"领导主体"，而不能被直接等同于"最高价值观主体"，因为它们本身都是特定社会关系的产物。只有依托于一定的社会在某个历史阶段的特定使命，我们才能去评判某个集体的行为和价值立场是不是符合当时的核心价值取向。这其中就隐含着关于"价值观的最高主体"的界定：它并不是一个个体概念，也不是一个狭义上的集体概念，而是一个决定着人的本质是"一切社会关系总和"意义上的"社会有机体"概念。

第三，"最高价值观主体"能否直接等同于"财富的所有者"？从经济基础与上层建筑的关系来看，"价值观"主要属于意识形态的领域，是一种多元价值观，而"财富"则是一种基础性的价值关系。主流价值观隐藏在社会发展的结构中，是特定阶段主流社会关系本质属性的直接反映。

---

① 《马克思恩格斯选集》第1卷，北京，人民出版社，1995，第86页。
② 同上书，第87页。
③ 同上书，第294页。

虽然马克思指出，"任何一个时代的统治思想始终都不过是统治阶级的思想"[1]，是经济关系在政治关系上的反映，但是，特定时代的财富所有者的集体行为只有符合隐藏在社会有机体中的主导价值关系，它的价值观才有可能上升到主导价值观的高度，成为整个社会价值观的代表。社会的生产关系发生了结构性变化，人们的生活方式和行为方式相应地也会发生不同程度的变化，以适应自身物质存在方式的变化，呈现出财富所有者群体的新分化。也只有从这个角度，我们才能去分析为什么某种特定时代的"财富所有者"及其创造财富的方式在另外一个时代反而会获得负面评价的社会历史现象。

第四，如果"最高价值观主体"是"社会有机体"，那么国家扮演着什么样的角色？在马克思哲学的视野中，国家是维护统治阶级利益的"暴力机器"。在阶级社会中，国家本身就是"社会有机体"的维护者和组织者，是核心价值观的权力之翼。从这个角度来看，核心价值观一向是"威严"的。在阶级社会中，这种威严形象一般不是来自正面意义上的个体的道德示范，而是来自社会有机体层面上的法律惩罚和伦理道德惩戒。任何狭义的集体和个体都要依附于特定的"社会有机体"才能获得自身存在的意义空间。从这个意义上看，国家的意识形态合法性也是依靠特定历史阶段的社会有机体建构才得以确立的。从历史唯物主义的视角来看，社会生产框架的结构性变动，新的生产关系和推动生产力发展的先进阶级的产生，同时也就意味着旧的社会关系和旧的国家机器的价值观面貌的更替，并必将迎来生产力结构、社会关系、国家组织和意识形态的深刻变革，促成社会有机体的结构性更替。

综上所述，在马克思哲学的视野中，"最高价值观主体"只能是特定的"社会有机体"，它并不是一种个体行为，也不是集团行为，而是直接反映着整个"社会有机体"所内生的"时代精神"。单纯地从道德层面、社会学层面、政治学层面进行关于马克思哲学视角中的核心价值观问题探讨，非但不能直接呈现马克思哲学对德国古典哲学和整个资本主义时代精神的时代扬弃，反而容易陷入一种抽象普遍主义的思路，无法解决逻辑和历史的统一性问题。

二、"最高价值观主体"的"生成模式"

从"社会有机体"的视角来看，不同国家和文明的冲突，并不局限于

---

[1] 《马克思恩格斯选集》第1卷，北京，人民出版社，1995，第292页。

利益冲突、制度博弈或宗教信仰摩擦。从更深的层面来看，它也是世界历史进程中"不可通约"的"最高价值观主体"之间的模式冲突。这种冲突根源于其"模式生成"过程中的历史独特性：作为"社会有机体"的"最高价值观主体"，在历史发展过程中，形成了自身独特的文化底蕴、社会结构和认同模式。

　　第一，从起源上来看，作为"最高价值观主体"的"社会有机体"，其自身独特的文化底蕴造就了其在文明开端上的独特性。这种不可通约性的独特性在文化上典型地表现在任一民族关于自身起源的史前神话传说中。在史前神话传说这一独特的文明孕育期，特定文明主体就已经开始了自身文化色彩的渲染。这种渲染，从真实性的角度，无疑都带有"荒谬"的成分，但从内容上来看，"最高价值观主体"恰恰植根于这种"荒诞"的文明泥土之中并逐渐形成了特定的文化认同乃至社会认同模式。在文明继续发展的阶段，虽然经历着对原初荒谬性的不断再认识，但即使是"启蒙"，也无法消解文明起源内容上的"荒谬"所带来的认同感。西方的创世说，中国的"女娲造人"神话，在这些貌似荒诞的宗教故事或神话传说背后，都反映着一个社会有机体自我认同的最初模式——在这其中，人与自然、人与超自然、人与自身、人与人之间的关系第一次被系统建立起来了。依托这种模式建立起来的关系，特定的人群才能在实践和文化上逐渐成为某种文明共同体，进而演变为"社会有机体"意义上的"最高价值观主体"。

　　第二，从结构上来看，作为"最高价值观主体"的"社会有机体"，是由财富的生产者建构并由财富占有者直接主宰的。社会核心价值观的变迁正是直接来源于二者的不一致。迄今为止的"最高价值观主体"并不是某一个特定的群体，而是由不同社会集团构成的、以财富占有者集团为核心的社会有机体。任何一个时代的"最高价值观主体"本身都是特定社会生产和生活方式的"历史生成"。这种状态也能够从马克思哲学经济基础与上层建筑、社会意识与社会存在的关系中得到"框架性"的说明。从历史唯物主义的立场来看，新的社会财富生产方式的出现一般会改变社会有机体内部的结构性力量对比。从价值观的视角来看，核心价值观内涵的历史更替，并不是某一代主体自觉改变了自身的认识，更多的情况是，随着时间的推移，新生代的关于社会核心价值的理解逐渐取代了传统的理解。简言之，随着时间的推移，旧的价值关系和价值观在社会历史发展中也发生了一个"自然更替"的过程。在正常的情况下，这是一个缓慢、稳健的社会历史发展过程，是社会有机体内部的自我更新和微调。

只有在"最高价值观主体"处于转型期或生存危机的时候,才有可能发生强烈的模式巨变。

第三,从凝聚力上来看,"社会有机体"在特定的社会认同模式中贯穿着特定的社会认同标准。这种标准的生成,虽然在"终极原因"①的层面上服从于生产力对生产关系、经济基础对上层建筑的决定作用,但并不意味着我们可以用一个统一的"公式"来简单涵盖其所有特性——它同样受到特定的文化风俗、法律制度、历史发展偶然性的影响。这也就意味着,在总体的结构体系之中,同样充满着偶然性和随机性,以及横亘着不可回溯的历史单向性。所有这一切,共同构成了作为"最高价值观主体"的"社会有机体"的不可重复性和不可复制性。前者是相对于历史而言的,后者是相对于其他文明主体而言的。就特定的"社会有机体"而言,其所内嵌的"核心价值观"是一种连续行为,它寓于特定文明历史延续的生产行动之中,也寓于"人类自身的再生产"和"社会关系的再生产"密切交织的过程之中。正如,"人们自己创造自己的历史,但是他们并不是随心所欲地创造,并不是在他们自己选定的条件下创造"②。在这一过程中,先前的社会关系会通过代际传承的形式在一定程度和范围内传递下来,从而保持公共价值观的历史稳定性。从这个意义上看,对于不同的文明模式而言,只有一种文明影响或渗透至另一种文明,而不存在一种文明清洗掉自身所有的传统底蕴、无条件地复刻某些文明的道路。

第四,从总体图景上来看,无论何种"最高价值观主体",必然始终追求某种自认为是"和谐"的"世界图示",从而或多或少地带有认同层面上的自我中心主义的倾向。这种"世界图示"通过刻画作为"主体"的社会有机体与周围世界的关系从而确立自身的地位。在这幅"世界图示"中,"最高价值观主体"在意义的层面上一般处于图示的中央位置。对于不同时代或不同主体而言,其差别在于,这种"世界图示"是依靠认识论途径还是价值论途径来实现这种构建的。在古代社会,这主要是依靠外部价值赋予的途径,通过宗教或神话来确立特定民族、国家与超自然神灵之间的紧密关系,从而"确认"其在世界上的"中心位置"。在现代社会,基于大工业而发展起来的科学技术重构了整个世界的"世界图示",并使相关价值评价建立在认识论的基础之上。与此同时,基于功利主义的认识论途径在实现社会财富飞速增长、人类知识水平不断进步、神话宗教的

---

① 《马克思恩格斯选集》第 3 卷,北京,人民出版社,1995,第 705 页。
② 《马克思恩格斯选集》第 1 卷,北京,人民出版社,1995,第 585 页。

知识话语权逐步瓦解的同时却很难再现或替代古代社会的意义性的宇宙图示。即使是在价值观的层面，市场经济也无法通过货币的量的累积的途径实现意义层面超越性的质的突破的目标。在某些领域，这种现代社会的超越性层面上的意义空场，不得不依赖于前现代宇宙图示的补充。这也是为什么几乎在所有现代市场经济的国家中，其超越性信仰在一定程度上仍然需要本民族前现代价值观填充的原因。

总之，从人类文明史的角度来看，"最高价值观主体"在根本上是"社会有机体"，它的历史形成本身必定存在着不可通约的因素——"最高价值观主体"始终植根于特定国家和民族的历史和现实。在人类文明的起源阶段，就已经埋下了价值传承的地基。它不可选择，也很难被立刻改变——它一直寓于特定"社会有机体"在特定历史阶段的文明立场之中，体现在现实的物质财富和精神财富的生产之中。在此，也只有从"社会有机体"的角度，我们才能继续推进马克思哲学视角中的现代价值观问题研究：如何看待全球交往中的价值观交往？特别是，如何看待全球冲突中的主流价值观冲突？

三、"最高价值观主体"的相对边界

马克思哲学视野中的"最高价值观主体"，需要放在以现代生产方式为主导的全球化背景中去考量。从"社会有机体"的角度看，作为一个历史生成的动态过程，特别是近现代以来"世界历史"进程的开启，"最高价值观主体"之间并没有明确的"绝对边界"。然而，在没有达到马克思哲学意义上"世界历史性的个人"这一阶段之前，不同的社会有机体之间的差异又不可能被完全打破，因此"最高价值观主体"之间又存在着一个稳定的"相对边界"。这种"相对边界"之间的冲突至少包含着两个层面：一是资本主义社会关系在全球扩张中面对前现代社会关系，特别是面临封建性社会关系时所表现出来的相对进步性，这意味着对前现代价值关系的"扫荡"和对前现代价值观的冲击，并导致了前现代价值观在现代世界中主导地位的瓦解；二是资本主义社会关系在全球化过程中所表现出来的自身局限性，这意味着超越资本主义的新价值关系和价值观念诞生的契机。在这两个层面中，实际上包含着众多的、不同文明发展阶段、不同存在形式的"最高价值观主体"，存在着不同阶段和不同形式的"相对边界"。为了使这些不同的主体之间在交往关系上处于一种总体正向的态势，客观上就需要明确不同价值观层面上的"社会有机体"之间的"相对边界"。

第一，在现代世界，社会有机体的"相对边界"在物理空间层面上对应着国家的领土边界并上升为国家独立的基本价值立场。在高度强调领土意识的现代世界层面上，理想状态上的价值观认同边界就是国家的边界。国家的边界是一般意义上的国家认同的直观标识物。国家边界的稳固与否，直接关系着特定社会有机体的"健康"程度。特别是在亚洲地区，不同的领土边界之内，意味着由不同的语言、生活习俗和价值观所构建起来的不同国家和民族意识。即使是在广受中华传统文化影响的东亚地区，它也不能被直接定义为单一的"价值观主体"。从反面的案例来看，在边界争议地区（特别是有人居住区），往往会伴随着社会价值观的分裂，产生着不同的群体认同。这些不同的群体认同反过来又会进一步加深不同文明主体对自身"价值观"要求的合法性论证。在此过程中，如果以自身狭隘利益为标准的某些国家借助于暴力途径来非法要求自身的物理边界，情况会变得更加复杂。

第二，社会有机体的"相对边界"在价值观领域具有更大的宽泛性。价值观的多元和边界并不直接就是"最高价值观主体"的边界。前现代社会中不同民族和国家之间不同程度上都存在着价值观的差异，但其主导价值观无一例外地都被赋予了某种"神圣伦理"的外观，从而表现出不容质疑的强制性。即使是在现代社会，特定民族和国家即使在价值观上存在着激烈的冲突，但是在交往领域仍然存在着某种程度上的可能性和途径。这种可能性和途径本身就来自于双方"边界"一定程度上的契合。从这个角度来看，面对不同文明群体之间的由于生活、传统和价值观等方面的差异所导致的标准的不一致，虽然可以通过民族交流缓解，但是不可能被完全消除。虽然同一地区不同国家之间有可能在文化上存在着共同的因素，但是在特定国家内部，由于本民族历史发展的特殊因素，往往具有一定的地域性文化。地域性文化和习俗的存在，使得一定民族和国家的文化，特别是现代文化中，都包含着一个对待本国基本的认同态度。这种态度可以是正向的，也可以是负面意义上的。从这个角度来看，"最高价值观主体"的国家边界和文化边界不一定是重合的，但都是围绕着同一个"社会有机体"展开的。从这个角度来看，同一个国家内部各种文化的凝聚力越强，特定主体的文化边界就越明显，这个国家和文明的凝聚力就越强。

第三，"最高价值观主体"的"相对边界"也可以表现在政治层面——法律和制度上。从社会有机体的视角来看，特别是近代社会以来，随着市场经济的发展，"政治国家的建立和市民社会分解为独立的个体——这些个体的关系通过法制表现出来"①。不仅各种价值观主体自身经历着一个自我演化的过程，而且特定社会有机体的政治制度也经历了一个自我演化的过程。这一过程始终贯穿着资本主义私有制特别是资本的主导性作用。在这一过程中，"最高价值观主体"的自然边界开始越来越被赋予了超出自身物理层面的私有制的色彩："在私有财产和金钱的统治下形成的自然观，是对自然界的真正的蔑视和实际的贬低。"②这一切又是通过现代资本主义法律和政治的渲染固定下来的："在这个自私自利的世界，人的最高关系也是法定的关系，是人对法律的关系，这些法律之所以对人有效，并非因为它们是体现人本身的意志和本质的法律，而是因为它们起统治作用，因为违反它们就会受到惩罚。"③

第四，从"主体"间的关系来看，不同"最高价值观主体"之间虽然不可绝对通约，但是却存在着一个交流边界层面上的"压力差"。也就是说，不同主体之间的交流不是平等的。处在文明发达阶段的"最高价值观主体"往往掌握着主动权，而相反一方则往往处于被动的地位。正像马克思所指出的那样，资产阶级"它的商品的低廉价格，是它用来摧毁一切万里长城、征服野蛮人最顽强的仇外心理的重炮……一句话，它按照自己的面貌为自己创造出一个世界"④。我们也能够从这个角度去理解：为什么马克思没有在现代资本主义法权范围内去探讨诸如资本主义价值观视野中的自由、平等等社会理念"完全实现"的可能性。从中我们也可推断"社会主义价值观"与"资本主义价值观"的关系，除非"世界历史"完全实现，否则"资本主义价值观"是不可能真正实现"自由"和"平等"的。

综上所述，在现代社会的阶段性发展中，国家的领土边界就是"最高价值观主体"理想意义上的边界，主流价值观就是"最高价值观主体"的表现，法律和制度就是其时代屏障。"最高价值观主体"的群体边界一定是文明层面上的，而不仅仅局限于器物或功能层面上。核心价值观的内容就来自于社会有机体自身的历史发展阶段和时代处境。也正是在这个意义上，一切文明和价值都同社会有机体相关。如果这一边界被外部因素强制打破，则有可能会引起特定社会群体的极端式反抗。这种反抗有可能是国家层面的，有可能是民族层面的，也有可能是信仰层面的。

---

① 《马克思恩格斯文集》第1卷，北京，人民出版社，2009，第45页。
② 同上书，第52页。
③ 同上书，第53页。
④ 《马克思恩格斯选集》第1卷，北京，人民出版社，2012，第276页。

四、"最高价值观主体"相对边界缺失的后果

随着西方工业文明向全世界的扩展,作为一种经济交往模式,市场已经在一定程度上实现了"全球化",并与"现代性"这一问题紧密结合在一起。面对现代性转型过程中的地区冲突乃至国家冲突,我们往往从经济、政治、文化等层面将其视为现代社会发展的"负资产",抑或把它们作为现代文明发展中的暂时性代价来看待。然而,我们又发现,除非争议地区建立起新的国家,并获得了经济、政治和文化上的全面独立,否则这些冲突就不会有停止的可能。即使有些冲突地区建立了独立国家,但是除非这些国家在"社会有机体"的层面上实现了文明的新融合,否则非但不会迎来真正的和平状态,还会不断产生各种形式的极端主义思想。如果沿着价值观视角并联系马克思社会有机体的思想,我们可以把上述问题称之为最高价值观主体边界缺失所导致的后果。

最高价值观主体的边界变化,在理想状态下应该是一种社会发展的"自然史的过程"①,是由社会经济形态的发展所推动的整个社会有机体的自然演化过程。作为马克思哲学视野中的"最高价值观主体","社会有机体"的最大特点是,它不像德国古典哲学那样从抽象的理念出发,而是从社会历史本身出发。这一点尤其值得我们注意,因为当我们接触来自国外关于价值观的研究成果时,我们往往会发现对方虚构了一个抽象的、理想的、同一性的价值观主体,并以此作为普世价值观的理想模型。这种模型的建构,并不符合马克思哲学"逻辑与历史的统一"的基本立场。在现实的社会历史发展过程中,甚至不存在原子论意义上的价值观个体——"不管个人在主观上怎样超脱各种关系,他在社会意义上总是这些关系的产物"②。在最宏观的层面,"价值观主体"存在只能以"社会有机体"为基本单位。特定的个体或群体必须依附于特定的"社会有机体"才会获得某种"价值观标签"。

对于正处于从前现代向现代转型的发展中国家来说,最基本的层面是保持转型期"社会有机体"的相对稳定。除非在国家和民族生死存亡的重大历史关头,如果转型在短期内通过社会"思想革命"的方式快速实现,则有可能会引起某一代社会群体价值观的崩溃、混乱乃至迷茫,就有可能使整个社会陷入动荡。为此,我们在建设中国特色社会主义的过程中,

---

① 《马克思恩格斯选集》第 2 卷,北京,人民出版社,1995,第 102 页。
② 同上书,第 102 页。

必须注意西方模式与发展中国家在文明背景层面上的一系列不匹配的"异质性"因素。这种"异质性"因素直接来源于各个"社会有机体"的历史文化传统。实际上,任何"社会有机体"的历史传统,都构成着其自我认同文化基石。我们甚至可以这样认为:价值观的秘密就隐藏于"社会有机体"的历史传统中。由于"最高价值观主体"的历史独特性,我们可以去宏观断定历史发展的时代趋势,但是从横向的角度来看,我们不能简单断言以哪个主体的标准作为全球标准。甚至连下述观点都值得深度商榷:通过话语协商或公共交往,实现全球范围内单一价值观标准共识的制定。这种想法,就如同希望全球文明采取同样一种模式、全球各地历史都遵循同样一套进路那样不可靠。相比较之下,中国"求同存异"的外交政策更加适合"全球价值观"问题的讨论。

总之,从马克思哲学的视角来看,"最高价值观主体"应该是特定文明形态下的"社会有机体",其核心价值观应该是一种"缺陷性的社会"的自我补偿和纠正机制。在阶级社会中,这是对其社会关系中的剥削、压迫和意义缺失的有限补偿。与此同时,在"社会有机体"的视野中,经济层面的原因并不能成为不同"最高价值观主体"本质区别的充分条件。即使在实行市场经济的不同国家中,它们之间存在的更多的是关于方法论规则和手段的共识,而不会是某种核心价值观的无条件分享。在这种情况下,并不存在理想意义上的"完美模型"。从这个意义上来看,西方涉及核心价值观问题的价值观外交,更多的是一种文化意义上的霸权主义,它的后果往往是导致价值观被侵略地区的社会畸变。

第四节 社会主义核心价值观的领导者与当代"重建"

改革开放以来整个中国社会价值结构的变化,是一种全面的、系统的社会主义自我改革和调整,是现代中国在"社会有机体"层面的自觉转型。这一转型不仅外部困难重重,而且内部矛盾巨大。这在客观上就要求转型的领导者必须具有明确的格局意识,并能超脱一己私利。纵观中国近代以来现代性转型的全过程,唯一没有自身利益制约的社会政治主体只有"中国共产党"。在这种情况下,中国共产党不仅要代表社会主义中国的共同利益,而且还要承担社会主义核心价值观的先行者和领导者的双重角色。

一、中国共产党价值观领导角色的"历史发生"

中国共产党价值观领导角色的发生是与中国近代以来的现代性转型

紧密结合在一起的。"五四运动"前后，相比较于资本主义立宪道路和民主共和道路之前的失败尝试，中国近代以来的现代性转型又出现了一个新的选择项——社会主义道路。在这种情况下，中国共产党领导的新民主主义革命，所面临的一个重要挑战是，如何能够真正克服以往中国资本主义现代性转型失败的模式：在一个半殖民地半封建性质的社会中，同时有效应对内部封建势力、外部帝国主义势力的阻挠？与资本主义革命不同的是，中国的社会主义道路还要面对不成功的资产阶级革命所产生的官僚资产阶级的极度仇视。在这样一种传统私有制和等级观念浓厚，又由于帝国主义入侵所带来的社会各阶级激烈对抗、人与人之间的对立状态空前激化的时代环境中，社会主义道路的实现不仅极度缺乏有力的社会价值土壤，同时更缺乏善意的价值观环境。从总体上来看，中国共产党在革命战争和解放战争期间所坚持的军事斗争和文化斗争两条战线，都是紧紧围绕着中国现代发展道路的选择进行的。无论是哪条道路，中国共产党都成为中国主流社会价值秩序和价值观当之无愧的建设者和领导者。

当我们讨论革命战争年代中国共产党价值观领导角色"历史发生"的时候，我们不能仅仅将注意力集中在文化宣传领域，同时也需要注意到军事斗争和文化斗争的顺利推进是与马克思主义中国化的进程密切结合在一起的。马克思主义中国化的一个独创性思路就是，立足于中国工业发展滞后、工人阶级相对弱小的历史事实，采取"农村包围城市"的革命策略。从"正统"马克思主义的角度来看，产业工人阶级是扬弃资本主义社会的主力军。要组织和发动产业工人阶级，必须以现代工业城市为中心。在此过程中，坚持将农民纳入自身的同盟军阵营。问题在于，在中国半封建半殖民地的社会环境中，中国大城市同时出现的是产业工人阶级弱小和反动集团势力强大的状况。在这种情况下，中国共产党建党后的历次城市武装起义最终都以城市的丧失而告终。"农村包围城市"的道路，实际上是毛泽东思想指导下，中国近代以来现代价值观启蒙思路的一次"颠覆"——它将中国以往现代改革派所忽视乃至抛弃的农民阶级及其农村价值关系作为中国现代性改革的"根据地"。为了建立这种根据地，就必须对传统农村的封建价值关系特别是土地所有制关系进行根本性的改造。

中国共产党领导的土地革命，不仅满足了中国农民对土地的价值渴求，还进行了全面的农业价值关系改造。这种价值关系改造的一个突出效果是——全面铲除了封建土地所有制关系及在此基础上农民对地主阶级的人身依附关系。它的另一个突出效果则是真正建立起了农民阶级在中国现代性转型过程中的主体性意识——它使得农民真正意识到自身受剥削、受压迫的时代现实，并自觉地在中国共产党的领导下成为一个"现代阶级"。更为重要的是，农民阶级在中国共产党的领导下分得了土地，同时也就意味着他们在社会发展道路的基本立场上同国民党政权的完全决裂。因为在国民党政权的价值评判体系中，土地的所有权是属于地主阶级的——未经地主阶级同意的所有土地分配，都是"不合法"的。为了保卫土地革命的成果，农民阶级开始在中国共产党的领导下成立相应的政治和军事组织，宣传和践行中国共产党的方针政策。从这个意义上来看，土地革命同时也就意味着将国民党政权置于"农民阶级"的对立面。在农民阶级、工人阶级充分认同社会主义道路的情况下，中国共产党创造出了中国历史上第一只"不拿群众一针一线"的军队，并形成了与以往军队的鲜明对比——"中国军队的纪律，传统就很糟。在明清两代，当兵的人有兵籍，属于准贱民，因此道德约束很差，打仗往往就是士兵发财的机会。所以，民间之防官军，甚于防土匪，所谓'匪来如梳，兵来如篦'的民谣，并不是子虚乌有"[1]。从这个意义上来看，土地革命是中国近代以来第一次成功的大规模现代性转型。更加重要的是，其转型的目标并不是资本主义的现代性，而是社会主义的现代性。

在土地革命开始之前，国民党貌似也提出了顺应资本主义发展潮流的"三民主义"，但其致命缺陷在于——试图通过"和解"的方式来处理自身与封建士绅阶层、帝国主义势力关系的国民政府，非但不可能实现自己的口号，还会被这种反动价值关系所最终俘虏。更何况，在一个半殖民地半封建的中国，不可能有发达且独立的民族资产阶级，更无法建立独立的现代资产阶级政党。没有独立的现代资产阶级政党，关于资本主义价值理念的制度建设就会成为反动势力的"摆设"。正是在这种情况下，虽然辛亥革命建立了一个名义上"民主共和"的资本主义国家政权，但是却连资本主义形式民主的假象都无法做到，反而充斥着贿赂式选举和军阀割据。与此同时，在一个从旧的社会有机体向新的社会有机体剧烈转型的历史过程中，"三民主义"的口号本身也是存在巨大模糊性的。"民族""民权""民生"中的"民"缺乏明确的群体或阶级区分，在具体制度设计和政策执行的过程中，极易被地方士绅势力所劫持，最终将农民驱离在外。最终，在一个农民占绝大多数人口的国家，一个忽视了"农民"的"三

---

[1] 张鸣：《北洋裂变：军阀与五四》，北京，东方出版社，2016，第269页。

民主义"不可能获得中国农民的支持。从现代性的层面来看,"由于历史进程和社会条件的制约,辛亥革命虽然没有改变旧中国半殖民地半封建的社会性质,没有改变中国人民的悲惨命运,没有完成实现民族独立、人民解放的历史任务,但开创了完全意义上的近代民族民主革命,打开了中国进步闸门……以巨大的震撼力影响力推动了中国社会变革"[①]。这种变革的实质性进展,是中华人民共和国的建立,是社会主义道路的胜利、马克思主义的胜利和社会主义价值观的胜利。在这一过程中,中国共产党在价值观上的优势从根本上来源于与中国社会发展趋势的高度一致。

中国共产党领导的土地革命运动,是中国近代以来最激烈也是最有效的通向社会主义的价值观启蒙——它正式打开了中国马克思主义价值观启蒙的现实之路。正是在土地革命的基础上,中华人民共和国成立以后的社会主义生产资料改造和随后的社会主义工业化运动才会顺利进行。土地革命对当时中国社会的基础价值关系进行了根本性重构,彻底扬弃了一切封建和反动势力对中国自然经济进行控制和利用的可能。正是在这种对旧中国社会有机体进行革命性改造的过程中,中国共产党的时代先进性淋漓尽致地表现出来,并获得了当时社会的基础性力量——农民阶级——的坚定支持。从价值关系上来看,"农村包围城市"战略,同时也是对旧中国落后的社会价值土壤全面"翻犁"并进行基础性改造的战略。

随着中国革命事业不断取得一个又一个的成功,中国的农业价值关系也迅速经历着社会主义现代性的洗礼。在这一过程中,如果说"阶级意识"在土地革命的支撑下迅速使得"中国工农联盟"成为中国革命和建设的主体的话,那么,获得了主人翁意识的中国农民阶级开始将自身的价值追求与社会主义的理想图景结为一体。在这种情况下,"五四运动"中的"民主"与"科学",在中华人民共和国成立以后被系统转变成了人民当家作主基础上的"工业现代化"与"农业现代化"。因此,有学者认为,马克思主义启蒙的道路,实际上已经超出了"五四模式"——"马克思主义,或者说列宁主义,或者中国化的列宁主义在中国的影响,其实不是通过'五四',而是通过后来的革命发生的作用。但这种革命能够成功,有很多原因。可以说,即使没有'五四',也很可能一样有这样的效果"[②]。

中华人民共和国成立以后,中国共产党作为执政党,获得了前所未

---

① 习近平:《在纪念孙中山先生诞辰150周年大会上的讲话》,北京,人民出版社,2016,第2页。

② 张鸣:《北洋裂变:军阀与五四》,北京,东方出版社,2016,第3页。

有的价值观威望。作为一个体量巨大的社会主义国家,中国在社会主义国家阵营中也具有很高的国际影响力。1953—1956年生产资料社会主义改造的初步完成,标志着我国通过生产资料公有制正式走上了社会主义发展道路。如果说,在革命战争和解放战争期间,中国现代性转型的主要任务是消除一切反对社会主义现代化道路的直接对抗力量的话,那么,生产资料社会主义改造以后,我们在价值关系层面上面临着一个新的时代使命——如何从一个农业社会占主体的国家直接过渡到以工业社会为典型标志的现代社会主义国家?

从革命战争时期到和平建设时期的过渡,本身就贯穿着巨大的价值关系、价值结构转型,同时也贯穿着巨大的价值观转型。在这一过程中,中国共产党领导下的人民政府的一系列发展社会主义生产力的举措,本身就是对当时整个社会价值交往原则和主流价值观的"再重建"。虽然期间发生过重大挫折,但是中华人民共和国成立初期集中一切力量发展经济的计划经济体制还是为中国走向现代化打下了初步的也是不可或缺的基础。正是在这种坚持中国共产党的全面领导,实行社会资源国家控制的社会环境中,整个社会价值观才呈现出"整齐划一"的局面。问题在于,社会主义现代性的价值原则和立场,追求的是人的自由发展基础上的自由人的联合体,而不是简单的个体对集体的单方面依附。当"阶级斗争为纲"的社会主流价值观设定无视现实的社会发展需求(特别是人民群众日益增长的物质文化需求同落后的社会生产力形成了巨大矛盾)的时候,整个社会陷入了动荡、狂热和内乱的境地,社会生产力遭受了极大破坏。从这个方面来说,计划经济时代主流价值观关于社会主要矛盾设定的偏差,对于改革开放前的社会状态产生了极大的副作用。

在社会主义国家内部发展市场经济的观点虽然并不是中国共产党的首创,但毋庸置疑的是,中国的市场经济体制在全世界社会主义国家内是最成功的。从价值观的角度来看,计划体制与社会主义市场经济体制都是关于中国社会主义建设往何处去的"价值观判断"。在马克思本人的设想中,全部社会生产能力由全社会共同所有的未来社会预期,必须建立在社会生产力高度发展的基础之上。问题在于,中国社会主义建设是在社会生产力极度不发达的情况下进行的,因此社会主义建设首先要尊重这个认识论上的事实。与之相对应的是,改革开放的"价值观判断"正是建立在"解放思想、实事求是"的基本认识论原则之上的,它坚持了一种认识论基础上的价值观判断。在此,是从"应然"到"实然",还是从"实然"出发导出"应然",就成为改革开放前后中国核心价值观模式建构的重大不同。正是基于从"实然"到"应然"的价值判断,改革开放过程中中国共产党领导的人民政府才针对出现的新问题不断调整国家治理方式,不断发展和完善中国特色社会主义理论体系。从这个角度来看,邓小平理论、"三个代表"重要思想、科学发展观、习近平新时代中国特色社会主义思想等重大理论思想的提出,本身就是对社会核心价值观的一种指导。

从历史发展的宏观维度来看,自从中国共产党成立以来,其核心价值观并不是一成不变的,而是始终在社会主义的价值立场上,根据中国社会发展的阶段性变化,处于一种不断"营建"的过程之中。中国共产党在中国核心价值观领域内的领导地位,恰恰根源于对中国社会发展不同阶段及其使命的清醒认识和本质把握。这既是一种历史的生成,也是一种主动的价值观选择。相比较于对社会主义的传统理解,改革开放以来的社会主义核心价值观建设,更多意义上带有一种"重建"的色彩:在一个真正开始步入现代性的国家中,基于对历史和现实的尊重,不断导向一种具有社会主义性质的现代核心价值观并使之上升到制度灵魂的层面。

二、核心价值观视野下的政府权力定位

随着市场性集体在核心价值观领域内"中介"作用的式微,政府在整个社会价值关系调节系统中的枢纽地位日益明显。然而,作为国家机器的政府并不能作为一种独立主体承担起领导核心价值观建设的历史使命,也无力承担全面引领社会主义价值关系的时代责任。从价值关系的层面来看,中国政府是中国共产党领导下的权力组织,它是中国共产党的价值立场、价值原则和价值观追求的实际执行主体之一,但绝不能代替中国共产党在社会主义中国的价值观领导者角色。在从计划体制向社会主义市场经济体制飞速过渡的时代环境中,无论是从组织建构还是权力运行的层面来看,政府都要并且也正在经历着一个系统的转型。在这个过程中,政府与群众在物质利益交往层面的关系变得异常复杂并充满矛盾,甚至在个别地方曾经一度演变成一定范围内的群众和相关部门的对抗性冲突,严重影响到这一地区党群关系的和谐。从总体上来看,要在全国范围内成功地培育和建设社会主义核心价值观,就必须使社会主义核心价值观成为政府权力运行的基本价值原则,进而通过政府权力运行规训整个社会的价值交往关系,为新时代良好的政群关系和党群关系的确立奠定坚实的价值观基础。

只有使社会主义核心价值观全面体现在社会主义权力运行之中并细化为具体的行为规则,社会主义的权力机构才能与资本主义国家管理机

构从本质上区分开来，才能从价值观领域真正彰显社会主义国家政权的时代优越性。在核心价值观培育的时代环境中，正是少数人的人民群众立场的淡化，公款吃喝、公车私用等铺张浪费行为才在相当长的一个时期中得以蔓延，甚至个别地方曾经一度打出了"接待就是生产力"的口号——在这样的价值评判方式中，请客送礼、挥霍浪费，都是对地方"GDP"的"贡献"。这种现象并不能单纯通过党的宣传教育和政府文件学习的方式得以根除，而必须使执政党所立足的社会主义基本价值立场上升为政府权力运转的基本原则并渗透到政府部门的每一个具体行为中——通过制度化的途径，从根本上对政府权力运转形成社会主义价值观的规训和指导。一旦政府作为一种价值观表率的形象在全社会建立起来，就能够在现实的权力行使过程中对"人民群众"形成良好的社会主义价值观熏陶。与此同时，这也能为相关公务人员的社会交往创造一个健康的社会价值关系环境，形成廉洁政府和人民监督的良性互动。

在发展中国特色社会主义市场经济的过程中，前现代的、计划经济时代的、资本主义的、中国特色社会主义的各种因素交织在一起，使得社会成员的生存方式变得空前多样。正是在这种复杂关系的处理中，中国特色社会主义在核心价值观领域才发展出不同于资本主义的现代性——"社会主义价值观并不是等待我们去发现的某种先验存在，犹如社会主义是人们在认识和掌握历史必然性基础上的一种自觉运动，社会主义价值观是基于历史运动、历史规律，以及人们价值实践的一种自觉建构"[①]。与之相对应的是，当下在思想文化领域也出现了一个价值观空前多元化的时代——其中鱼龙混杂，良莠不齐。一系列具有社会负面影响的重大事件的发生，在一次又一次挑战着国民道德底线的同时，更使我们认识到全面建设社会主义核心价值观的重要性和迫切性。面对突发社会事件，中国共产党领导下的政府在处理不同主体之间现实利益关系的同时，也意味着对不同价值关系的梳理、定位和引导。在此过程中，政府的行为本身就体现出一种基本的社会主义价值观导向，意味着社会主流价值观的表态。

政府权力规训过程中的时代挑战及其对核心价值观建设带来的影响，绝不意味着向过去的"回归"。价值观的前提始终是现实的价值关系。"价值观与价值始终是关联着的，二者均不能单独得到有效解释。一方面，

---

① 吴向东：《重构现代性：当代社会主义价值观研究》，北京，北京师范大学出版社，2006，第19页。

因为价值的存在，才有了关于价值的意识，即价值观；另一方面，人们又总是通过一定的价值观形成某种价值需要，创造和获得价值。"经济性集体主体的时代转变，是搞活市场经济、推进中国特色社会主义建设的必要条件，是把全社会范围内的体现现实价值的利益蛋糕做大的前提。"坚持社会主义，首先要摆脱贫穷落后状态，大大发展生产力，体现社会主义优于资本主义的特点。"①只有在社会主义生产力快速发展、人民群众生活水平稳步提高的前提下，才能最大程度地在价值观领域树立起社会主义制度的牢固地位。正是在中国共产党的领导下，整个社会的权力机构才能发生工作重心的重大调整，真正从"以阶级斗争为纲"转变为"以经济建设为中心"，计划经济体制下的管理型政府才能真正向社会主义市场经济中的服务型政府转变——正如党的十八大报告提出的那样：要按照建立中国特色社会主义行政体制目标，深入推进政企分开、政资分开、政事分开、政社分开，建设职能科学、结构优化、廉洁高效、人民满意的服务型政府。

培育和建设社会主义核心价值观，必须坚持自上至下的逻辑。在整个社会主义价值体系中，"中央怎么做，上层怎么做，领导干部怎么做，全党都在看"②，全民都在看。这不仅要把全体党员变成核心价值观的践行者和示范者，同时也要把政府全体工作人员变成核心价值观的践行者和示范者，并且以能否体现社会主义核心价值观作为衡量政府工作效果的重要指标，最终实现对于核心价值观的全民认同。核心价值观建设绝不仅仅是中国共产党这一党派或政府机关中的共产党员单方面的责任。实际上，通过政府公共权力的行使，通过政府各项制度设计、公共事务处理、宣传引导等方面的工作，能够凸显社会主义价值定位，进行价值关系引导和意识形态引导，在全社会范围内树立正确的价值观导向，发挥其在核心价值观建设中枢纽性的"中介"作用。从这个意义上来看，传统的集体的价值观作用，一定程度上转移到了当下的"政府"身上，但更多的是转移到了执政党身上。与之形成鲜明对比的是，"政府"成员自身也正在经历一个现代性价值观与社会主义价值立场双重洗礼的过程。在这一过程中，社会公平等问题开始进入社会公共的视野并激发对权力运行的阳光环境的呼唤。而这一问题的解决，从根本上离不开执政党的直接表态和行为落实。

---

① 《邓小平文选》第 3 卷，北京，人民出版社，1993，第 224 页。
② 习近平：《在党的群众路线教育实践活动总结大会上的讲话》，北京，人民出版社，2014，第 8 页。

三、社会主义核心价值观建设必须变成一项"历史运动"

核心价值观的建设,绝不仅仅是一种理论或价值观的"灌输式"的单向宣传。核心价值观的建设必须立足于现实的价值关系并对其加以合理的规训和引导。这是一项由最高抽象主体——社会有机体的性质决定的,由社会主义执政党主导的,由政府通过社会权力体制全面扩散至整个社会的系统工程。它客观上要求在宏观的国家政策和具体的社会事件中通过现实的价值关系处理全面体现社会主义核心价值观的问题。只有这样,才能在现实利益和长远利益统一的基础上,从具体的价值关系梳理和宏观的社会指导层面进一步推进社会主义核心价值观建设。

第一,把反封建作为社会主义核心价值观建设的一个重要突破口。在中国特色社会主义建设和发展的过程中,要更好地发挥传统文化对建设中国特色社会主义精神文明的积极作用,对封建主义残余的反思和清理是一个必经的过程。对这一问题的反思和清理,一方面能在公共舆论方面剥离资本主义意识形态对社会主义"落后"的攻击,更清楚地意识到封建因素对于现代价值交往的阻碍作用;另一方面也能使社会个体在这一过程中更加深刻地体会到社会主义的优越性和自身的时代处境,从而增强对社会主义核心价值观建设事业的自觉性。与此同时,如果我们在反封建的过程中明确倡导健康、现代的社会主义生活方式,客观上也有助于在社会主义市场经济体制规则的建立过程中更好地贯彻社会主义的价值立场,巩固社会主义精神文明建设的已有成果。这不仅有助于为个体创造良好的生活和工作环境,还能在引导个体在形成合理的现代生活方式的过程中确立个体公共性维度中社会主义价值观的主导地位。

第二,坚持人民民主专政的公正形象,塑造符合中国国情的"政治认同感"。从意识形态的角度重塑全社会对"社会主义"本身的自觉性,能够为改革开放新时代社会价值共识的形成创造坚实的条件。建设社会主义核心价值观,一个重要的前提性工作是明晰社会主义国家政权存在的理论合法性。如果我们在这一不仅关涉社会主义运动本质而且关涉社会主义国家形象的问题上保持沉默,我们就有可能在意识形态领导权的问题上丧失话语权,有可能陷入一种任人诽谤的境地。人民民主专政与社会主义的价值立场并不矛盾,它们都是在不同领域试图对以谋求剩余价值为最终归宿的资本市场进行种种的约束、规训和超越,它本身就是试图超越资本主义市场经济制度和价值定位的历史运动。在这一过程中,营造人民民主专政的"政治认同感",不仅有助于社会个体在面临其他竞争性价值观时确保对社会主义国家政权的拥护,而且客观上也能引导随着经济实力的增强而不断壮大的"民族认同感"的健康发展,使其不至于退回到"前现代"意义上的、盲目自大的"民族主义"泥淖。

第三,引导全社会建立朝向社会主义的"财富观"。党的十八大以来的反腐工作之所以深得民心,并获得了公共话语层面上的全民一致赞同,其原因不仅在于对非法获利的深恶痛绝,更在于这种态度背后所反映出的全体人民对"公正"的社会主义财富观的向往。相比较于传统社会主义,我们是在市场经济环境下倡导社会主义的价值立场的。一方面,坚持社会主义权力运行的公正性,持续推进反腐,有助于确立个体对社会规则公正性的信心,为更好发挥社会主义核心价值观主导地位和引导能力开拓更大的空间。另一方面,在社会个体的现实生产生活中,与其关系密切的社会公共空间往往是新兴的经济实体,为此,我们不仅要关注规则的制定者层面,也要加大对社会主义市场经济本身的监管,使得侵害社会主义权力公正性的市场主体承受更大的成本和代价,使社会个体在现实的日常行为中时刻都能感受到财富背后的社会主义公正性。

第四,坚持中国特色社会主义发展定位中的"步骤"公正和程序设计。中国特色社会主义的发展是一种有计划、有步骤的发展,其经济发展的每一个阶段,都需要与之相适应的制度设计的支持——其每一环节均应对中国特色社会主义的最终理想负有责任。当改革开放成功实现了"一部分先富起来"以后,有必要通过持续的制度设计和相关机制的设置,在全社会范围内明确"先富"本身的社会历史责任,为真正树立和强化"先富带动后富"的社会责任意识提供完备的制度保障。与此同时,为了实现这种改革开放的"步骤公正","可持续发展"仍然是"发展"的第一要务——它能够在树立个体对民族和国家的长远前途信心的同时为"步骤公正"的实现奠定坚实的经济基础。这一过程能够吸引越来越多的社会成员树立对社会长远发展红利和自身未来前途正向规划的信心,真正在全社会个体的层面建立起热情四射的"中国梦",使得社会个体自觉主动参与到社会主义核心价值观的建设过程中来。

总之,随着中国特色社会主义建设在物质文明层面取得的巨大时代成就,中华民族进入了历史上从未有过的物质繁荣期。这种时代繁荣的取得,本质上在于我们在"市场经济"问题上用认识论上的工具性定位代替了价值观上的意识形态区分标准。与此同时,我们也面临着一个怎样在市场经济条件下理解社会主义的问题,亦即在抛除了市场与计划的价值立场区分、淡化了阶级立场的新时代环境中,怎样能够在市场经济的基础上定义社会主义制度的问题。从根本上来看，邓小平关于社会主义本质的定位，同时也是关于社会主义价值关系的定位。只有在这种价值定位的基础上，中国特色的社会主义建设才不会偏离社会主义的方向。在此，社会主义核心价值观的培育和建设，是一项全面系统的、既关系到社会主义经济建设又关系到社会主义政治建设的"文明事件"——这一"文明事件"是需要每一个社会主义社会的个体自觉参与的"历史事件"。正是在这种"历史事件"中，中国在建设社会主义市场经济体制中才会在既具有"中国特色"的同时又坚持社会主义的价值理想，才会使社会核心价值观建设由"宣传普及"转变为一种"历史运动"。

第二章　改革开放以来中国社会价值观环境的变迁

改革开放以来，中国整个社会价值关系发生了巨大变化，传统的价值观念特别是其超越性价值理想，在社会整体层面上被不断再审视乃至被淡化。不同阶层、不同代际之间，都不同程度上出现了价值观隔阂和冲突，甚至同一主体不同时期之间都存在着价值观念层面上的矛盾。西方经历了几百年才形成的现代社会观念，在中国被压缩成了几代人甚至是一代人的价值观历程。在这种情况下，社会的文化融合特别是价值观融合愈发成为一个重大时代挑战。与之相对应的是，某些西方发达资本主义国家在全球范围内强推价值观外交，也给我们造成了一定压力。在这种国内外价值观环境下，社会主义核心价值观作为一项时代使命被正式提上改革开放的精神文明建设议程。

第一节　传统社会主义价值观的边缘化处境

改革开放以来，我们在价值观领域能够明确感受到"传统社会主义价值观"在市场经济体制中被逐步淡化和冲击的事实。针对这一问题，我们的争论始终没有停息过。道德滑坡论者认为整个社会正处于"礼崩乐坏"的边缘，乐观主义者认为现代性的自由本身就是一种进步，伦理道德体系的崩溃正是一场"解放"——沿着这种逻辑，某些极端自由主义者甚至走向了社会主义交往规则的对立面，如主张卖淫嫖娼"非罪化"，等等。这些问题的出现和由此引发的社会争论，对于整个社会主义精神文明建设而言，即使我们拿不出一揽子式的解决方案，但至少可以表明面对这一过程的姿态。在新时期社会主义核心价值观还处于培育阶段的形势下，这一过程势必在一定范围和程度上引起社会价值观的混乱和冲突，并或多或少地表现为一场"公共价值观认同危机"[①]。在此过程中，现实实践

[①] 面对传统社会主义价值观在市场经济中被淡化的现实，有观点将之称为"社会主义价值观边缘化危机"。实际上，"社会主义价值观边缘化危机"的称谓并不能很好地反映中国改革开放以来带有启蒙色彩的价值观变迁史。更准确的表述应该是：传统社会主义价值观被边缘化的现实处境，进一步增加了社会主义中国克服公共价值观认同危机的难度。

中不断出现的一些反传统社会主义的极端现象，也进一步显示出社会主义核心价值观建设的重要性和紧迫性。

一、传统社会主义价值观的基本内涵及其问题

在传统的计划经济时代，我们虽然没有明确提出"社会主义核心价值观"这样的概念，但是它作为一种社会价值共识的确客观地存在着。我们甚至可以这样断言，虽然任何时代都有自己的核心价值观，但相比较之下，传统社会主义价值观，无论是影响深度还是影响广度，中国历史上还没有能够与之比肩的时代价值观。需要注意的是，传统社会主义价值观是在中国革命，特别是中华人民共和国成立初期社会主义建设的特定环境中形成的：中华人民共和国成立后20多年的计划经济体制所造就的占绝对优势的公有制价值关系，从根本上巩固着这种核心价值观；外部敌对势力的直接威胁和国内阶级斗争扩大化的路线，又进一步激发了斗争性维度在意识形态领域中的主导地位。从总体上看，传统社会主义核心价值观具有以下基本内涵：

第一，在价值评价的标准层面，政治性、革命性等价值观标准成为价值关系判断的基本依据，决定着人们对事物的美或丑、进步或落后的评价结果。特别是在十年社会动乱中，政治性和革命性作为一种基本价值观准则更是得到了极端化的强调——"在公开场合和公共言论中，区分好人和坏人（群体边界）的基本标准，是他们对制度体制的政治态度及平日的政治言行表现"[1]。简言之，政治性与革命性不仅构成了传统社会主义社会基本价值判断的准绳，甚至构成了全部真善美判断的基本内容，由此成为传统社会主义价值观的核心。

从马克思主义认识论的层面来看，简单地将政治性和革命性作为价值评判基本标准的这一做法，存在着重大的认识论风险，并有可能造成近乎致命的后果。任何一种价值判断都具有主体性的因素，这种主体性的因素既存在着历史形成的客观性，也存在着个体的主观性。马克思在对以往人类社会进行社会历史批判的过程中，首先就是在认识论的基础上建立了基于实践视角的"历史科学"。从这个层面上来看，马克思主义的价值论评判必须建立在科学的认识论基础之上——简言之，只有在真实反映现实并尊重现实的基础上，才有可能形成正确的价值判断。传统

---

[1] 潘维等：《中国社会价值观变迁30年（1978—2008）》，北京，中国社会科学出版社，2008，第211页。

社会将政治性和革命性的价值观原则作为现实价值关系评判的标准，恰恰有可能导致对马克思主义认识论和价值论关系的根本颠倒，并最终走向一种狂热的唯心主义。从这个意义上来看，传统社会主义国家中阶级斗争扩大化的错误，背离了马克思主义的基本原理，不可能通往真正的社会主义价值境界。正是在这种唯心主义的思想逻辑中，个人崇拜和群众运动越发脱离中国的现实国情，一步步演变成了社会灾难，最终使得整个社会处于动乱的边缘。

从内容上来看，传统社会主义以政治性和革命性为基本依据的价值评判模式，极易演变成一种"审苦"和"比落后"的价值观状态——最终造成"越穷越光荣"的价值评价结果。如果说，在革命战争时期，改变工农受压迫、受剥削的现实社会关系是中国社会主义现代性转型的一种正义要求并切实推动了中国社会发展的话，那么，中华人民共和国成立后的和平建设时期，整个社会评价体系实际上是把价值观领域的"正义欲求群体"直接等同为认识论层面上的"生产力发展的先进群体"，而没有意识到这一转型的艰巨性和长期性。这种认识论与价值论的混淆忽视了现代生产力对人的素质的客观要求，忽视了马克思所强调的无产阶级革命后对整个社会"新素质"的要求——无产阶级在打破旧的社会锁链时，不但解放自身，而且也将扬弃自身的历史局限性。正是在简单地将革命性、政治性直接等同于生产发展层面的革命性和先进性的情况下，传统社会主义才出现了"革命就是解放生产力，革命就是发展生产力""人有多大胆，地有多大产""宁要社会主义的草，不要资本主义的苗"等极端价值观表态。

第二，在价值观主体层面，对集体的依附性存在成为个体自我认同的基本价值定位。无论是从价值关系还是从价值观的角度来看，在革命战争和中华人民共和国成立初期的极端环境中，面对各方面敌对势力的威胁，处于弱势的个体对集体组织的依附和忠诚，直接关系着个体的生存。这种情况造成了个体对集体从现实生活到价值归属的全面依附关系，决定了集体在个体存在价值和意义追求层面上的基础性地位。在这种价值定位中，当个人利益与集体利益发生冲突时，个人无条件服从集体成为社会正义的一个基本要求。当集体利益确实能够"包裹"个人的全面诉求时，个人利益对集体利益的依附和忠诚的确有助于克服私有产权意识，真正营造"一大二公"的价值观境界。

马克思关于未来社会的设想是建立在生产力高度发达的基础之上的，

"在那里，每个人的自由发展是一切人的自由发展的条件"①。从历史上来看，如何真正实现社会生产力的高速发展并尽快进入发达状态，是20世纪所有社会主义国家共同面临的课题。面对异常落后的社会生产力发展状况，中华人民共和国成立初期的计划经济体制，有效地集中了全国范围内的人力物力，为中国现代工业的发展准备了必要的基础，并且确实一度呈现出了高速发展的态势。问题在于：在计划经济体制中，个体对集体的依附并不是以二者的平等为前提的。在这种情况下，劳动者作为社会生产力的有效构成因素，就无法在更大范围内发挥对集体经济的补充、推动乃至竞争性的作用。计划体制对生产和社会资料的分配统得过严、过死，同时也造成了劳动者在生产关系调整、新的经济增长点的创造方面能动性的缺失。在个体全面依附于集体的价值观模型中，个人成为一种静态的、整体划一的、没有自身利益需求的、全面依附于集体的原子式的存在。尤其是在"阶级斗争扩大化"的语境中，"革命"与"非革命"的二元区分成为一种"非此即彼"的认同模式，这就造成了个人之间认同纽带的单一化。从这个角度，我们也能更深刻地理解"阶级斗争扩大化"年代中意识形态交往的特点：为什么昨天还是亲密战友，今天就突然变成了阶级敌人？

第三，在集体主体统摄个体主体的情况下，全心全意为人民服务成为集体主体的基本价值定位。从理论模型上看，在个体对集体的服从模式中，集体不仅成为一种组织和生活方式，而且还上升为抽象价值观主体，成为个体的利益体现者和价值归属。集体主体在代表所有个体主体基本权益的基础上，为个体主体的长远利益提供各项保障，形成了一个个"大而全、小而全"的有组织的"小社会"。在此基础上，集体主体依靠全体个体主体的这种合力，以组织的形式引导社会经济发展，规训社会思想文化生活，成为社会利益的代表和个体主体共同利益的化身。在这样的逻辑线条中，"个体—集体—社会—国家—社会主义"实现了一种完全意义上的"同一化"上升序列。对此的评价，我们必须采取实事求是的态度，因为在生产极不发达的年代里，整个社会的劳动者为此奉献了自己的一生，使得那个时代涌现出一大批可歌可泣的奉献式劳模，有些人的奉献直到今天仍然发挥着重大作用。

"个体—集体—社会—国家—社会主义"的单向上升，虽然会成就一种集体主义的最高价值观模型，但是它极易滋生个人崇拜，进而影响到

---

① 《马克思恩格斯选集》第1卷，北京，人民出版社，1995，第294页。

社会主义民主法治建设，也有可能削弱"人民群众"的主体地位。与此同时，在"个体—集体—社会—国家"的价值序列中，被抽象化了的"人民主体"很容易成为一个空洞的口号，最终被简单归结为集体利益和国家利益。在传统的计划经济时代，由于个人和集体利益的高度统一，这种做法不会引起个体的质疑。在市场经济时代，当个别权力部门仍然沿用这种思维方式的时候，很容易造成负面的价值观形象。值得注意的是，全心全意为人民服务作为执政党的基本价值定位，是始终符合社会主义的基本立场的，无论是在计划经济的时代还是市场经济的时代。在社会主义市场经济的时代环境中，"全心全意为人民服务"必须转化成具体的、可评价和考核的行为准则，体现在国家权力机关的每一个行为中。社会主义执政党只有消除自身的特殊利益，坚持"全心全意为人民服务"，才不会在社会主义国家内部演化出凌驾于人民利益之上的"特殊利益集团"，才能从政治上保证社会主义的基本性质。也只有坚持"全心全意为人民服务"，社会主义执政党领导下的社会主义国家机器才能在本质上区别于资本主义国家，从根本上防止对社会主义发展方向的偏离。

第四，团结友爱成为对个体主体间关系的基本价值定位。这种价值定位的前提就是关于政治性与革命性的基本价值区分。这种区分直接导致了对社会成员阶级成分的划分。在革命阶级的队伍中，它强调个体成员之间在对组织忠诚基础上的协调一致，强调无产阶级战友般的关系。这是一种觉醒了的无产阶级意识在革命成员之间的交往原则，是一种超越个人利益的阶级感情。这种超越个人利益的阶级感情在实践中又进一步巩固了个体主体对集体主体的价值认同。

传统社会主义社会中的团结友爱较好地解决了相互监督与价值观信任的问题。团结友爱和相互监督并不是一种纯粹的个体"主体间"的关系，在二者之上始终存在着集体主义这一价值观层面上的统领力量。正是在集体主义价值观的统领之下，团结友爱和相互监督才能朝向同一目标——维护国家利益，坚持社会主义道路。在这样的逻辑序列中，每一个认同社会主义价值观并被社会所认可的个体，均能够在价值认同层面确认自身的"主人翁"意识，从而使得社会核心价值观真正成为个体的行为自觉。这也是传统社会主义社会中群众运动能够发挥巨大效果的价值观优势。在高度意识形态化了的社会关系中，团结友爱的群体界限就是阶级界限。实际上，当传统社会主义社会从经济上实现了生产资料社会公有制，在生产关系层面初步解决了经济剥削问题之后，如何从思想文化层面开展自身传统的社会主义改造，就成了一个重要的文化使命。遗憾的是，这种改造最终落入了一种依靠形式化的运动来解决思想文化问题的误区。

总之，在国内革命战争的极端化环境中，这种革命性和政治性的传统核心价值观最大限度地调动了中国社会各先进阶级的革命热情和创造力，成功地挽救了中华民族于危亡；在中华人民共和国成立初期一穷二白的计划经济体制下，它也极大地调动了劳动者的积极性，促进了生产力的发展，为当代中国的复兴准备了必要的生产力基础。在这个意义上，我们有充分的理由认为，传统社会主义价值认同模式及其社会主流价值观，在没有走上"阶级斗争扩大化"道路之前，为中国革命和社会主义建设做出了巨大贡献。然而，随着社会生产力的进一步发展，计划经济体制的各种弊端也不断显现。社会主义制度在生产力发展方面较之于资本主义制度的优越性本身就要求进一步释放社会主义的生产力潜能，要求在解决了国家、集体和个体生存权的基础上为社会主义制度的不断完善、为人的自由全面发展打开现实的历史空间。

二、传统社会主义价值观的"边缘化"态势

"价值观是在实践中被不断建构的"①，改革开放的不断深入就意味着社会实践的不断发展和由此导致的社会价值观念的相应变化。十一届三中全会以来，以邓小平为代表的新一代党中央领导集体结合中国现实国情，从生产力的基础性地位入手对社会主义的本质进行深入探索，做出了实行改革开放的伟大决策。经过40多年的共同努力，全国人民迎来了中国特色社会主义物质文明和精神文明建设的一个又一个丰硕成果。面对这一深刻的实践转型，特别是面对社会主义市场经济体制下主客体关系的重新定位，传统社会主义价值观的价值体系与现实实践发生定位上的不衔接与价值结构对应层面上的错乱，从而呈现出了"边缘化"的态势。这种态势的出现，要求我们在新时代条件下，结合新的时代环境进一步推进对"什么是社会主义，怎样建设社会主义"这一本质问题的理解。

第一，传统社会主义价值观的"边缘化"态势，并不是首先从微观领域开始的，而是从社会价值结构的宏观调整开始的。改革开放本身就是对"错误前提"的纠正——对"以阶级斗争为纲"的社会发展路线的全面纠正。从这个角度来看，改革开放本身并不是建立在一个良性发展的社会

---

① 吴向东：《重构现代性：当代社会主义价值观研究》，北京，北京师范大学出版社，2006，第9页。

主义有机体之上的，而是对社会主义有机体以往重大错误的全面纠正。在这种情况下，改革开放以来的价值观领域就不存在一个对计划经济体制下的社会主义价值观"全面继承"的问题。相反，如何在从根本上改变计划体制下的认识论方法的情况下，最大限度地达成和凝聚关于社会主义的价值观共识，始终是改革开放以来中国特色社会主义建设过程中所面临的重大价值观挑战。也只有从这个角度，我们才能更加深刻地理解改革开放前后社会价值观领域的剧烈动荡，甚至是"断层"式的震荡。正是在这种"断层"式的震荡中，改革开放以来的主流价值观对传统社会主义价值观的直接继承非常有限，如何在新的社会环境中保证主流价值观的社会主义立场，随之成为意识形态工作的一个重要使命。

在社会结构的重大转型中，解放思想同时具备了两个维度：认识论维度和价值观维度。认识论维度上的解放思想是改革开放的必需步骤，在这一问题上中国的现代认识论方式与其他现代国家并无本质不同：在尊重事物本来面目的基础上，通过定性和定量的思维方式来实现对客观对象的把握。问题在于，如何在价值观的维度上对待"解放思想"，是否能够将之等同于"价值观解放"？如果在这个问题上我们没有坚持社会主义的价值立场，就很容易导致社会整体价值观的倒退。我们需要思考的是，为什么在相对贫穷的传统社会主义时代中，封建的、落后的和反动的东西没有明目张胆地出现在社会公共性领域中，而在通往富裕的路上，这些东西不仅死灰复燃，甚至还在追求取得公共价值观领域中的合法性？总体上来看，正是由于改革开放以来关于社会主义的价值共识处在重新形成的过程之中，西方价值观、封建价值观以及其他非社会主义价值观才获得了发展和蔓延的机会。这进一步加剧了传统社会主义价值观的"边缘化"态势。

第二，市场经济体制下的集体在自身定位方面与传统社会主义价值观发生了重大冲突，使得后者在与现实的逻辑对接层面发生了功能性混乱。与传统社会主义的集体相比较，改革开放以来集体的一个重大变化就是"政企分开"。主要承担经济功能的集体组织，纷纷转变成基于资本运作的现代公司，在市场经济中依靠追求利润不断发展壮大。这些公司本身的情况也非常复杂。一部分公司是由传统社会主义体制下的国有企业发展而来的，虽然仍然承担一定的社会责任，但是相比较于计划经济时代则要轻得多，其资本运作的层面相应地要更强；一部分公司是改革开放以来逐步发展和壮大起来的、带有家族制色彩的公司和企业，它们虽然拥有现代的生产设备和已经积累起来的巨额财富，但是与现代公司制度仍然存在一定的距离；除此之外，合资公司以及新生的现代科技公司也各具特色，共同造成了社会主义市场经济体制中"集体"成分的复杂性。相比较于传统社会主义中的集体，市场体制中的资本性集体，均从根本上解构了"消灭剥削"这一传统社会主义集体组织的基本价值定位。与之相伴随的是，社会主义市场经济下公司雇员层面"主人翁"地位的整体丧失。

市场集体中工人主人翁意识的消失，导致劳动者监督和管理层面话语权的缺失，由此导致了工会组织等传统基层组织在市场经济体制中"监督"作用的弱化和不到位。与之相对应的是，市场本身基于"牟利"动机而生发的功利主义价值观就会自觉地占据主导地位。特别是在市场监督机制正处于探索和完善阶段的情况下，基于资本的功利主义原则如果缺乏社会整体价值观的规训，就很容易走向极端，导致某些经济组织突破社会主义价值底线，直接与人民根本利益为敌。也只有从这个角度，我们才能从价值观上系统解释为什么会出现"三聚氰胺"毒奶粉事件。1956年成立的"幸福乳业生产合作社"经过几代人的奋斗，在改革开放以后成功发展为"三鹿集团股份有限公司"，并长期在中国乳业生产中占据领军地位，获得了人民群众的信任。无论是从管理还是技术的层面来看，其质检系统和管理系统不可能对添加三聚氰胺一事及其后果一无所知。更令人惊诧的是，这样大的企业不可能没有相关政务系统。三鹿奶粉事件从外界被揭发的逻辑，从根本上揭示出其基层组织在社会主义基本立场层面的缺失乃至背叛。"毒奶粉事件"在整个社会价值评判系统内严重损害了国家食品安全的整体形象，使相当一部分社会公众在很长一段时间内丧失了对国产奶粉的基本价值观认同——其重建的道路一定是漫长和艰辛的。

随着改革开放的不断发展，我们对"市场"本身的认识也在不断深化。如果说，改革开放初期，对市场经济的认识定位主要是从发展生产力的"工具"层面进行论断的话，那么，进入新世纪以来，随着市场体制的完善，特别是以市场体制为基础的整个现代生活秩序的确立，我们愈发感受到"市场经济"作为一种价值观的威力：在传统文化尚未实现现代性转型，无法提供适应现代要求的伦理和道德理念的情况下，功利主义的价值评判方式极容易使社会主体以一己私利为唯一前提，疏远一切以社会公共利益为前提的超越性价值观念。在这种情况下，市场本身就是一种"价值观"。更为重要的是，这种价值观与社会主义在价值起点、价值规则和价值追求等方面非但不是"同一"的，甚至还会与后者形成竞争性的关系。正是在这种基于私利的价值驱动系统中，传统社会主义超越个人功利的价值思维方式才逐渐被边缘化。为此，如何用社会主义价值立场规训和引导市场关系，以及如何在市场经济中实现社会主义的价值观共识，成为一项无法回避的艰巨历史使命。

第三，政府作为一种社会权力运行枢纽，在市场经济体制中也面临着一种"如何转型"的"价值立场定位"问题。在传统社会主义语境中，政府服务的对象是以阶级立场"界定"的"人民群众"，而在社会主义市场经济体制中，"人民群众"实际上演变成了"最大多数人"。这种数量上的界定并不能掩饰不同群体之间在价值关系和价值观层面上的差异性乃至冲突。在这种情况下，界定"人民内部矛盾"是一件相对容易的事情，但是如何化解"人民内部矛盾"特别是在什么样的"价值立场"上化解人民内部矛盾，则成为现代政府权力运转的一个重要价值观考验。在这一过程中，传统的集体主义、超个体功利主义价值观在市场经济中逐渐被功利主义的评价方式所质疑，很容易被赋予"以讲大道理来淹没个体利益诉求""以摆威严来提高话语声音"的价值评价。正是在这种情况下，传统的工作方式和价值思维方式越来越难以取得"人民群众"的高度认同。

随着社会主义市场经济体制的不断发展和完善，不仅政府本身，而且政府公务人员群体的生存环境也发生了重大转型，由此导致了公务人员群体自身价值观环境的多元化和复杂化。这种多元化和复杂化在根本上来源于公务人员生存环境的"市场化转型"。虽然政府机关在招收公务人员时会对其进行思想状况的把关和工作过程中的持续跟踪教育，但其工作领域之外的现实价值关系本身就是"市场化"的，这就造成了可能存在的"逐利行为"的价值观动力。例如，政府公务人员群体同样面临着住房、子女教育、生活质量等问题的压力，这些问题的缓解或解决，无一不与市场挂钩。为了解决这些"工作领域之外的问题"，相关部门陆续出台了相关优惠政策，但这些政策又从根本上消解着社会公平，造成了政府公务人员在群体生活中"政府大院"式的自我圈禁，并使得优势资源向这些群体过度集中，极易造成社会群体之间的价值观隔阂乃至对立。这种身份认同和经济处境的相互影响，在个别人那里又极易产生一种近乎矛盾的态度：面对经济收入，表现为"自我不认同"；面对社会地位，则又有着"权力彰显"的自我优越感。上述问题，很容易造成"权钱交易""以公谋私"的价值观风险，并在少数人那里演变成个体和组织的"价值观拉锯战"。从总体上看，这一过程本身就是对传统社会主义价值思维模式的重大挑战。

在社会主义市场经济体制中，政府发展经济的使命并未改变，发生改变的是经济建设的规则以及由此带来的政府工作方式的转型。面对政府部门和其他社会主体在利益层面发生的冲突，简单的道德评判并不具有现实的说服力，而法律的途径又无力解决所有历史遗留问题。西方国家经历了几百年才建立起来的现代政府组织，中国政府在行政能力层面几十年就要达到甚至超越。正是在这样的时代紧迫氛围中，西方的相关管理理念、技术、设备纷纷出现在中国政府组织体制改革和建设过程中，这种现象进一步削弱了传统社会主义价值观在行政系统中的价值规范能力。正是在这种新旧价值观交替的空档期，少数权力寻租、政绩工程、官僚主义等反面价值观案例才会大量出现，进而影响到了政府的公共价值观形象。

总之，在新的时代环境中，传统的社会主义价值观在逻辑上已经无法全面对接社会主义市场经济体制下的主客体关系及主体间关系的变化，从而表现出一种功能性的危机，进而引发其他主体的信任危机或认同危机。此时，培育和建设社会主义核心价值观，一个重要使命就是避免传统社会主义价值观危机转化成对社会主义的认同危机。要实现这一目标，首先就要在逻辑上澄清传统社会主义价值观边缘化处境导致的价值观后果。只有在此基础上，社会主义核心价值观的培育和建设才会更具针对性。

三、转型期公共价值观"逻辑桥梁"的断裂及其表现

传统社会主义价值观在当代环境中的"边缘化"，总体上是改革开放以来中国社会价值关系转型在价值观层面上的反映。中国社会价值关系的转型，在驱动力的层面上，并不是由市场激发的，而是重新反思和实践"什么是社会主义，怎样建设社会主义"这一社会主义本质问题所带来的现实后果，是社会主义中国进步和发展的表现。另外，我们也发现，在传统社会主义价值观"边缘化"的过程中，关于社会主义的新价值观共识并没有直接在全社会范围内树立起来，由此造成了社会主义的价值立场和价值导向对整个社会主义市场经济规训和引导作用的淡化。在这种严峻形势下，传统社会主义价值观的"边缘化"极易在某些群体中蜕变成"要不要社会主义"的价值观博弈。从这个意义上来看，传统社会主义价值观的"边缘化"，造成了传统社会主义与中国特色社会主义核心价值观共识层面"逻辑桥梁"的断裂。从总体上来看，这种断裂主要表现在以下几个层面：

第一，市场经济体制下的个体自我定位与传统价值观中的个体价值定位发生了冲突，而我们的国民教育仍然沿用传统计划经济体制下的个体与（计划经济体制中的）集体的理想型价值关系模式。从当下社会主义市场经济体制的视角来看，学校教育过程中的"集体利益代表个人利益""个人利益服从集体利益""当个人利益与集体利益发生矛盾时个人利益无条件服从集体利益"的逻辑序列在社会主义的价值立场上始终是合法的和有效的。问题在于，市场经济体制下的"集体"中有相当一部分是资本性的集体，它们并不属于社会主义的价值序列。与此同时，市场经济中的个体作为独立经济主体，在法律允许的范围内，首先考虑到的是自身的物质存在保障。在生存优先的市场经济环境中，一旦功利性价值评判与传统理想性的价值模型发生冲突，在绝大多数情况下，市场经济的功利性价值立场就会极大消解国民教育阶段的价值观养成。这也是很多人在校园阶段经历过系统的传统社会主义价值观教育，但在步入社会以后却会发生价值观错乱的重要原因。对于个体而言，市场经济并不仅仅是一种经济体制，它更是一种社会生存环境，其竞争本性使个人空前重视物质利益的基本保障作用，这就有可能无限抬高功利性因素在价值评判系统中的地位和作用，切断个体对集体无条件认同的价值观依附纽带。传统社会主义价值理念中"个体与集体高度统一"的价值思维模式，在市场经济中极易变成用打着"集体利益"标签的商业利益来"统摄"个体利益的行为，这必然会引发个体对传统社会主义价值观的信任危机。与此同时，市场经济体制所滋生的拜金主义等现象，又进一步加深了这种信任危机的程度，最终在一定程度上表现出"社会主义核心价值观"的"空场"危机。

第二，传统社会主义的个体定位无法与市场经济对个体的功能和角色要求实现有效衔接。到目前为止，我们的整个宣传教育系统实际上仍然沿用着传统计划经济体制下的基本思路和定位：由上而下的社会主义价值观宣传模式很容易演变成"一阵风"式的形式主义。这种形式主义在市场经济体制下，往往会导致不同主体对社会主义价值立场的相关原则和标准采取"应付"式的姿态，并曲解关于改革开放的重大论断。例如，"计划和市场都是经济手段"[1]的论断，对于我们在认识论层面上解放思想、实事求是发挥了巨大的推动作用，但我们不能简单地将之移植到社会主义价值观领域。相比较于计划经济的时代，我们的确抬高了对"市场"的价值评价，但这并不意味着我们"贬低"了对计划的价值评价。"非

---

[1] 《邓小平文选》第3卷，北京，人民出版社，1993，第373页。

此即彼"式的误解，最终有可能导致的后果是：在一部分人的心目中，计划的就是"坏"的，"自由放任"的市场状态才是中国特色社会主义建设的最终目标。在这样的价值定位中，政府从计划角度进行的市场干预就很容易在一部分"经济学家"那里被认为是"坏"的。正是在这样的社会价值观氛围中，"房价不够高""房价会永远涨下去""我们只给富人盖房子"等既违背经济发展基本常识又直接跟社会主义基本价值立场相对立的观点才会层出不穷，并获得了大批拥趸。这种情况极易使社会公共价值观陷入一种"恶"的循环：既然传统社会主义价值标准意义上的"好人"受到了整个社会的伤害，那么只有变成"坏人"才能获得最大的成长空间。这种逻辑极易从整体上解构社会主义的基本伦理底线和道德交往标准。

第三，超越私有制立场的、倡导个体间"团结友爱"的传统社会主义个体交往准则，被市场竞争性体制所产生的新义利观所冲击。在传统计划经济体制下，"团结友爱"并不意味着一种抽象人道主义或普世主义的价值原则，而是阶级身份认同基础上的相互监督、相互协作以及为了共同目标、共同利益而不计较个体得失的价值操守——它从总体上服务于阶级斗争的整体框架。"团结友爱"不否认与集体利益相一致的个人利益的合法性，但是坚决反对私有制视野下个人利益至上的价值原则，尤其禁止个人利益与集体利益的冲突。在市场经济体制下，不同经济主体之间的权利和义务界定是以"合法利益"的界定为基础的——多种所有制并存的形式不仅是合法的，而且是受到鼓励的。无论何种形式的价值主体，只要不违背社会主义法律，其合法权益就会受到承认和保护。市场经济中的"集体"协作形式，更多是以公司的形式出现的。公司中的个体，是一种劳动力层面上的竞争和合作的关系，其驱动力是现实的物质利益，其与公司的关系是一种利益契约而不是价值观依附关系——双方在不违背法律的范围内彼此抛弃对方的行为（被戏称为"炒鱿鱼"）都是被许可的。这种状况进一步消解了以往"团结友爱"的社会价值关系土壤。在此，传统意义上不计较个人得失的无产阶级成员之间的关系定位无法对接新时代环境中个体主体间关系的市场化要求，从而引发社会公众对传统社会主义价值观中个体交往准则的淡漠。其后果是，功利性维度上升而传统交往原则约束力下降的状态，极易造成个体价值交往领域的对抗性关系，引发公共交往领域的不信任和相互猜忌的社会心态，从而影响社会和谐。

综上所述，探讨改革开放以来中国社会价值观的变迁史，我们必须注意这一过程中价值模式转型史所遇到的关键问题，澄清改革开放以来中国社会价值体系的变化及其导致的价值规则和评价规则的变化。在此基础上，我们能够更加清晰地认识到社会主义核心观培育和建设过程中的已有价值观资源及其时代处境，才能明确转型期社会主义核心价值观面临着何种范围和程度上的冲击，而不是简单地对传统加以"引经据典"或盲目地宣布传统的"终结"。简言之，社会主义核心价值观的培育和建设必须真正以问题为中心，才能在现实价值关系的变化中找到克服形式主义的有效路径。

四、社会转型期核心价值观建设所面临的重大问题

从结构上来看，"评价标准的客观对象有两个方面，一是它应用的对象，即被评价的事物、价值事实；二是它反映的对象，即客观的价值标准"①。改革开放以来，社会主义市场经济发展和完善过程中主客体关系的变化，引起了整个社会价值评价标准的变化。即使我们对此保持一种积极乐观的姿态，也应是一种谨慎的乐观姿态——因为整个社会在转型的过程中并没有迅速建立起具有高度共识性的社会主义价值评价标准，反而在一定程度和范围内出现了价值观无序的状态。这种价值观无序状态虽然被形容为价值观的"复杂化和多元化"，但其背后却是功利主义评价模式与个人主义价值立场的高度结合，并有可能进一步导致不同主体之间的价值观隔阂乃至对立。这不仅构成了中国现代社会主义价值观重建与近代资本主义价值观启蒙的重大区别，同时也在一定程度上助长了资本主义价值观乃至所有前社会主义价值观的影响力。

第一，对于马克思主义关于人的自由全面发展的价值理念而言，以逐利为直接动力的价值关系对抗状态会导致对"人"的价值理解的社会主义价值导向的淡化。逐利价值观的典型思维方式就是工具理性的思维方式：从量的计算的角度进行事物价值大小的衡量。这种思维方式本身无可厚非，因为它是所有社会物质交换得以进行的必要条件。但是对于任何一个国家而言，它不能也无法上升为最高层面上的超越性价值规范，不可能对社会的伦理道德和价值提供超越性价值框架。超越性框架的核心是人而不是物，它不仅是在终极价值观领域对工具理性思维方式的有效补偿，同时也是社会意识形态得以相对稳定的重要保障。即使是在市场经济非常发达的西方资本主义国家，其终极价值观也不是拜金主义或其他类似观念——它在宏观领域表现为资本主义的启蒙价值理念，在微观领域则具体化为经过近代资本主义启蒙洗礼和宗教改革运动的宗教信

---

① 李德顺：《价值论》，北京，中国人民大学出版社，2007，第262页。

仰。从反思的层面来看，在我们奔向"共同富裕"的过程中，对于什么是"富裕"以及"富裕以后"怎么办的问题还没有上升到公共价值观的层面，更没有进行过全民范围内的深度探讨。正如邓小平所言，"共同致富，我们从改革一开始就讲，将来总有一天要成为中心课题。社会主义不是少数人富起来、大多数人穷，不是那个样子。社会主义最大的优越性就是共同富裕，这是体现社会主义本质的一个东西。如果搞两极分化，情况就不同了，民族矛盾、区域间矛盾、阶级矛盾都会发展，相应地中央和地方的矛盾也会发展，就可能出乱子"[①]。对"共同富裕"社会主义价值立场的忽视，可能导致的后果是将货币意义上的"富裕"简单地等同于改革开放的终极目标。在这样的价值思维模式中，人与人之间的所有关系都要以基于个体私利的货币标准来考量，极易使整个社会再度产生"事不关己、高高挂起"的社会交往准则。也只有在这样的价值观设定中，"见义勇为"才会被评价为一种"高风险、低回报"的"不理智"行为，而"见死不救"才会是"稳妥"的"理性选择"。

在马克思那里，"人的本质不是单个人所固有的抽象物，在其现实性上，它是一切社会关系的总和"[②]。按照这样的逻辑，现实生活中常见的一切负面现象，在一般的意义上，同样也可以从"社会关系"影响的层面分析"人的本质"的变化，反之亦然。在整个社会体制从计划经济向市场经济转型的过程中，在社会公共权力层面对"什么是社会主义法制精神"的讨论以及以此为基础的价值观共识形成的过程中，社会主义经济和法律制度中的社会主义核心价值观精神也有待于进一步明晰和落实。正是由于没有完全形成市场经济体制中基于社会主义立场的、关于人的权利和义务的价值观共识，关于如何维护人的权利和义务的社会价值观规则也没有真正建立起来。在这种情况下，社会重大事件中关于"事实"的争论往往带有价值观博弈的色彩。具有代表性的案例是，南京"彭宇案"虽然时隔多年后已查明真相，证明确实有过碰撞，但是从价值观的层面来看，彭宇案最大的受害者并不是双方当事人，而是社会主义的"公序良俗"。"彭宇案"的价值观施暴者恰恰是我们的缺失了社会主义价值导向的工具理性思维方式——"从常理分析，其与原告相撞的可能性较大"。当这种法律逻辑推定瞬间被民众"准确转译"成"价值观语言"——"不是你撞的你为什么要扶"——的时候，"彭宇案"已经超出法律案件的范围，变成

[①] 《邓小平文选》第3卷，北京，人民出版社，1993，第364页。
[②] 《马克思恩格斯选集》第1卷，北京，人民出版社，1995，第56页。

了公共舆论对改革开放过程中某些群体片面注重工具理性价值评价方式不满情绪的宣泄。在这种情况下,对"彭宇案"本身的案件宣判已经无力改变它给社会公共价值评价模式带来的灾难性后果——在某些人那里,它正式在公共价值观领域成为"见死不救""合法性"的开始。从价值观上来看,"小悦悦事件"及其他类似事件,都是这种价值观评价灾难的延续。在此,除非真正建立起社会主义核心价值观并使之真正体现在社会主义法制精神中,否则单纯地依靠"社会正能量"的人物式宣传无法抵御工具理性的市场功利主义价值评价方式对社会主义价值立场所产生的遮蔽作用。

第二,在通往社会主义"共同富裕"的路途中,对"社会主义财富"的价值定位,构成了社会主义和资本主义物质文明生产立场的重大区别。如果没有关于财富的社会主义定位,改革开放就有可能演变成资本及其他社会财富所有者的狂欢,甚至压迫和剥削也可能再度回归到前社会主义的"正义评判模式"中。改革开放伊始,其设计者邓小平在关于社会主义本质的论述中所提到的"解放生产力、发展生产力",并不仅仅是针对当时中国落后的社会生产力及其整体贫困的国情而言的,它还始终坚定地朝向社会主义发展的价值目标——"消灭剥削,消灭压迫,实现共同富裕"。这一基本价值定位的落实,不仅要求物质生产层面上的"目的性强"(针对中国的现实问题,提出具体的解决方案),还要求社会基本价值交往规则层面上的社会主义价值导向。从这个意义上来看,在中国从计划体制向市场体制转型的过程中,我们同样需要在价值观乃至精神文明建设领域去界定"什么是共同富裕"这一关系社会主义初级阶段目标的基本价值共识问题。

在改革开放的基本视野中,"解放生产力、发展生产力"是提高社会总财富的基本前提和必要手段,是社会主义得以进一步发展和完善的客观基础——只有解放生产力和发展生产力,才能使社会主义国家走向强大,人民生活富裕,人的自由全面发展、自由人的联合体才得以可能。为了实现这一社会发展的基本前提,改革开放借鉴和引入了迄今为止的人类文明中发展生产力最高效的手段——"市场经济体制"。市场经济体制的一个典型特征就是在尊重私有财产权的基础上承认正当牟利的合法性,并以牟利性的竞争体制激活一切生产要素的主动性和积极性。对以正当途径获得的私有财产的承认,既包括法律层面上的,也包括道德评价层面上的。问题在于,在改革开放的具体操作中,如何能够使市场经济体制与"消灭剥削、消灭压迫"在社会价值评价体系中实现基本协调?

在价值观的层面上,我们可以将"消灭剥削、消灭压迫"称之为"社会价值观导向"——作为改革开放基本目的设定,它一定要体现在改革开放的基本规则制定中。正是改革开放过程中"消灭剥削、消灭压迫"价值观导向在一定社会层面和领域内的缺失,才造成了一部分人不择手段追求个人财富,单纯地将个人利益最大化作为唯一价值归宿。这种情况在一定范围内也助长了"唯 GDP"论观点的盛行,并极易误导社会大众将单纯追求个人财富作为自身社会身份的唯一认同标准。实际上,这种情况即使是在西方资本主义发迹阶段也是非常罕见的——这种情况只存在于某些极端功利主义思维方式中的"想象"的"资本主义"状态中。

第三,破解历史形成的对"人民群众"的"硬性"区分模式,进一步推进社会主义民主体制建设。社会主义民主是社会主义价值观最重要的价值高地,是揭露资本主义价值观抽象性和虚伪性的最直接阵地,也是广大人民群众达成社会主义道路认同的重要前提之一——"人民民主是社会主义的生命,没有民主就没有社会主义现代化"①。在社会转型期,对于"什么是社会主义,怎样建设社会主义"的再思考,在社会主义民主领域至少表现为"什么是社会主义民主"和"如何建成社会主义民主"两个方面。就如同对社会主义本质问题我们需要达成全民共识一样,对于社会主义民主我们也需要在新的时代条件下达成基于社会主义价值立场的、清晰的基本价值共识。② 在资本主义"形式民主"的模型中,"民主"的主体是抽象的人,实质上是资本主义时代剥削阶级内部的形式民主。社会主义民主的主体是"人民群众"。在这种情况下,如何定义人民群众并处理好个人与人民群众之间的关系,就成为社会主义民主建设的重要理论问题。从价值观的角度来看,在以"阶级"进行区分的传统社会主义社会中,"人民民主""人民群众""群众运动"和"集体主义"是密切联系在一起的,"人民当家作主"是与"对敌阶级斗争"形成鲜明呼应的,并直接与个人层面上的"社会主义劳动者"达成了高度一致。在传统社会主义向中国特色社会主义过渡的过程中,"社会主义民主"必须处理好个人和不同形式的集体之间的关系,处理好与非社会主义商业交往规则之间的关系,并在重大

---

① 胡锦涛:《胡锦涛主席 2011 年对美国进行国事访问时的讲话》,北京,人民出版社,2011,第 23 页。
② 在下一节中我们将着重论述:改革开放以来,整个中国社会正式进入了"快速现代性"的时期。在这一过程中,关于"现代社会"的通行价值理念开始以不同程度和方式影响着同时进入改革开放的几代人,并激起了不同的反应,产生了不同的后果。从这个意义上来看,改革开放是中国整体上进入一个重新"认识你自己"的过程。这种特征一定程度上造成了社会转型期的价值观混乱和对社会主义价值立场的不同态度。

问题上进行基于社会主义价值立场的表态。这种重要问题上的表态，在公共价值观领域能够直接关系到改革开放关于社会主义民主建设的基调：在初步实现了物质财富的相对丰裕以后，如何通过社会主义民主的程序设计，在公平与效率相协调的基础上，真正实现改革开放成果的"社会共享"？

在这一方面，中国特色社会主义制度的民主设计与社会主义市场经济发展的同步实现，也需要一个历史过程。在这一过程中，传统社会主义的一些制度规定，由于社会主义价值关系的变化，面临着进行重大改革的历史机遇。在此过程中，社会主义市场经济体制的民主建设，必须破解传统社会主义基于阶级划分视角对人民群众的"硬性"区分，并防止功利性原则对已有硬性区分的进一步曲解。从总体上来看，社会主义民主建设所要突破的"硬性区分"主要表现为两个方面——制度的"硬性区分"和占有的"硬性区分"。在改革开放的过程中，由于历史和现实的种种限制，我们一直没有突破"户籍"对社会群体区分的束缚，在这种情况下，真正贯彻和落实社会主义的民主并使之上升为一种价值观，就要真正解决全体社会主义公民"身份平等"的问题——即使单纯从市场经济的角度考虑，也需要充分实现劳动力在全国范围内的自由流动。除此之外，还有由于历史原因所造成的城乡居民社会待遇不平等的问题，以及同工同酬的问题，等等。这些在改革开放中需要被直面的问题，一旦改革步伐放缓，就有可能形成社会阶层固化，使得"人民群众"内部产生分裂和对立。一旦出现这种情况，就会损害社会公共价值观平台，消解关于社会公平的价值共识，最终妨碍人民群众对中国特色社会主义的道路认同。与此同时，物质财富也在形成着新的关于"人民群众"的"硬性"区分标准，不同的商品，不同的设计，针对不同收入的社会群体。这不仅从经济层面制造着不同阶层生活水平和生活方式的差异，也造成了彼此之间不同的价值立场、价值思维方式和价值追求。

第四，在社会主义公民的人格养成层面，我们迫切需要将道德诚信的培养与社会主义价值立场有机衔接起来。从理想的层面来看，传统社会主义向中国特色社会主义转型的过程中，社会的主导价值观必须建立在关于社会主义的基本价值立场之上。马克思主义价值论相对于资本主义价值观的结构性区别在于，其价值判断是建立在认识论的基础之上的。在这样的逻辑序列中，社会主义基本价值立场的确立首先就需要在认识论上澄清关于社会主义本质的认识——后者恰恰是一个实践的问题，它需要在社会主义的道路探索中历史地展开。在这样的知识背景中，我们在宣传的过程中，往往容易通过非常直白的方式强调"解放生产力和发展生产力的层面"，很难一开始就把"消灭剥削、消灭压迫、消除两极分化，最终实现共同富裕"作为一种有步骤、有计划的社会理想贯彻在具体的制度改革中。与之形成鲜明对比的是，改革开放以来我们的学校教育虽然从来没有放松过对基本诚信和交往伦理的教育，但当我们培养出来的社会主义建设人才一旦进入市场社会，仍然要面对功利主义价值评判方式的巨大冲击，极易使得"解放生产力和发展生产力"被简化为"发财致富"。

社会主义核心价值观仍待成为全体公民自觉价值操守的现实状况，有可能伴生两种价值观现象：一是少数人通过欺诈的途径非法敛财，并且迅速形成示范效应，造成恶劣社会影响，并在社会认同领域极大冲击关于社会主义价值立场的相关共识。例如，改革开放以来，全国出现了一些"诈骗村"甚至"诈骗县"，其中相当一部分人，非但拒斥"诚实劳动、合法经营"，反而"以骗不到钱为耻"。虽然近年来地方政府为扭转局面付出了巨大努力，但如何清理犯罪土壤仍然是一大难题。面对这一问题，单纯通过相关法律法规的技术性途径，虽然能够在事后施加惩罚，但无法真正有效地从"动机"的主动性层面遏制这种非法行为的蔓延——一旦犯罪成为一种价值观故意，亡羊补牢式的法律事后惩戒并不能完全解决问题，加之现实生活中对此类行为的惩罚，社会舆论一般认为处置过轻，也在一定程度上影响着法律震慑作用的充分实现。二是仍然有一部分人秉持着不劳而获或少劳多获、投机取巧、热衷于占小便宜的价值思维方式，这种情形与前者的诈骗模式不谋而合，主动为诈骗者提供了大量"受害者"群体，最终形成了"傻子太多、骗子太少"的社会诈骗格局，严重影响诚信社会的建设。社会诚信的基本维度一旦缺失，其后果终将演化成经济层面上各种社会主体与国家的利益博弈，并上升到价值观层面上的博弈，甚至有可能使得相当一部分社会主体主动站在国家利益的对立面。

总之，在传统社会主义向中国特色社会主义转型的过程中，既有价值框架以及以此为基础的价值评价方式无法快速适应转型期的社会价值关系，从而引发了一定程度上的社会价值观念动荡。在这种情况下，如何在社会主义市场经济体制中，达成社会主义的基本价值共识并使之上升为社会主义核心价值观，成为国家文化安全乃至意识形态整体安全的一个基本使命。对于这一时代问题的解答，我们必须上升到发展道路的高度，从社会主义与资本主义在现代发展问题上的本质区别层面予以系统解答——也只有在这样的视角中，我们才能够真正从社会主义现代性的角度，理性看待传统优秀文化的创造性转化和创新性发展这一时代命题。

第二节　改革开放是对"现代性原初价值立场"的扬弃

19世纪以来，西方大工业的发展为资本主义现代性的最终确立奠定了坚实的基础，并一度将整个世界装入了资本主义现代性所编织的剥削和压迫之网。对于中国来说，"现代性"不仅是一个理论问题，更是一个实践层面上的生存和发展问题——它事关如何理解和面对资本主义，以及如何在新的时代环境中定位和推进社会主义现代性的总体方略。对这一问题的解答，不能从抽象的、理想性的理论预设出发，也无法事先构建一种理想的状态然后简单加以现实化。我们必须在正确认识现代性问题的发端、时代特点和历史演变的理论背景下，明确"社会主义现代性"的价值定位和价值导向，以现实发展中重大问题的解决为依托，真正发挥社会主义的制度优势，最终在现代性的领域内形成关于社会主义的"价值观话语权"。

一、"现代性原初价值立场"的逻辑建构

作为一种新的、不同于以往的社会价值秩序，作为强调创新、变化和进步的一种时代精神体现，"现代性"成为继西方启蒙运动以来最受关注的话题之一，并且至今仍处于发展的过程中。虽然关于"现代性"的定义存在着激烈的争论，但从生成史的角度来看，现代性在发端阶段与资本主义的生成是完全同步的。在此意义上，我们可以把基于资本主义价值立场的现代性称之为"现代性原初价值立场"。这种"原初价值立场"作为对资本主义价值关系的时代反映，在以追求剩余价值或利润为直接动机和最终价值目标的前提下，依据抽象平等的功利性契约精神来解构欧洲封建性的价值观念系统，并将整个社会物质文明和精神文明生产导向了没有终点的纵欲主义。几乎所有现代社会的价值观念都与"现代性原初价值立场"有着千丝万缕的联系。为此，要培育和建设社会主义核心价值观并实现对资本主义时代精神的超越，就必须使社会主义的价值立场既要高于更要彻底扬弃"现代性原初价值立场"。从总体上来看，"现代性原初价值立场"主要是从以下三个方面被建构起来的：

第一，现代性原初价值立场根源于以追求利润为首要价值目标，以竞争性市场体制为基本价值交往原则。作为资本主义社会统治力量的资

产阶级,"本身是一个长期发展过程的产物,是生产方式和交换方式的一系列变革的产物"[1]——在现实的社会关系中,某些"现实的个人"正是依靠资本的支撑才融入了资本主义剥削的价值秩序并具有了"资产阶级"的社会标签。在资本主义基于市场竞争的价值秩序中,为了占据市场竞争的制高点,"资产阶级除非对生产工具,从而对生产关系,从而对全部社会关系不断地进行革命,否则就不能生存下去……生产的不断变革,一切社会状况不停的动荡,永远的不安定和变动,这就是资产阶级时代不同于过去一切时代的地方"[2]。这种"动荡""不安定"和"变动"成为现代市场经济的基本运转方式,成为风险社会的基本特征,成为"资本主义现代性"的典型表述。在这种价值环境中,人与人之间的关系主要是在功利主义的价值框架中被解读的,一切与之不符的前现代价值观念要么被消解,要么被边缘化。问题在于,以追求剩余价值为主要目的的市场竞争,其财富增长的方式必然是以少数人对多数人的剥削为前提的。正是在这样的价值序列中,资本主义现代世界的价值观只是表达"形式平等"的诉求,而无缘实质平等。

市场经济和资本主义生产方式相结合所引起的社会生产生活的"不固定性"和功利主义思维方式的兴起,从根本上解构着前资本主义社会中的禁欲主义价值观念及其生活方式。从总体上来看,无论是欧洲文明、亚洲文明还是阿拉伯文明,其前现代主流价值观总体上是"禁欲"式的。这种"禁欲"式的价值观根源于当时落后的社会生产力水平——它在财富生产的层面从根本上抵制着社会总体纵欲的可能性。随着资本主义生产力的发展,大量物质财富被以商品的形式创造出来,并迫切需要通过消费来实现自身的价值。这不仅打破了以往维系"禁欲"的物质生产困境,而且使得"纵欲"越发成为资本主义市场经济的意识形态需要。在这一过程中,欧洲近代的"文艺复兴"开始从文化上冲击着禁欲主义的价值观念,倡导"满足自身欲望需要"的合理性,从而为欧洲市场经济的发展提供了价值观层面上的合法性论证——因为大规模的市场经济必须是一种"纵欲"的经济而不是"禁欲"的经济。正如马克思所言,"产品和需要的范围的扩大,成为非人的、过分精致的、非自然的和臆想出来的欲望的机敏的和总是精打细算的奴隶。私有制不能把粗陋的需要变为人的需要。它的理想主义不过是幻想、奇想、怪想;没有一个宦官不是下贱地向自己

---

[1] 《马克思恩格斯选集》第1卷,北京,人民出版社,1995,第274页。
[2] 同上书,第275页。

的君主献媚,并力图用卑鄙的手段来刺激君主的麻痹了的享乐能力,以骗取君主的恩宠;工业的宦官即生产者则更下贱地用更卑鄙的手段来骗取银币"[1]。

第二,现代性原初价值立场对人的主体地位进行了有限的肯定,从而表现出了相对于封建价值立场的巨大历史进步性。马克思指出:"资产阶级在历史上曾经起过非常革命的作用……在它已经取得了统治的地方把一切封建的、宗法的和田园诗般的关系都破坏了。它无情地斩断了把人们束缚于天然尊长的形形色色的封建羁绊……它第一个证明了,人的活动能够取得什么样的成就。"[2]资本主义价值观对人的主体地位的肯定,首先表现为权利界定层面上抽象的"形式平等"。正是依靠这种"形式平等",它才突破了封建社会中人与人之间等级式的人身压迫关系,将所有社会成员置身于资本竞争的价值交往环境中。与此同时,资本主义时代人的主体性的上升,同样也表现为对人的"劳动能力"作用和意义的肯定。正是在这样的视角中,资本主义现代性才表现为一个以"人性"替代"神性"的历史发展过程。在当代,资本主义现代性价值立场甚至上升到了"人权"的价值观高度,并力图在社会意识形态的层面上成为衡量社会文明发展状态的标准。问题在于,在这种表面的"人权"背后却面临着一个基于资本主义生产关系的非正义悖论——依靠剥削劳动力,榨取剩余价值。正是在这样的时代背景中,资本主义现代性相对封建社会,是一个巨大的进步;相对于社会主义的价值立场,它又表现出了反动性的一面。

与利益交往层面的工具理性思维方式不同,资本主义对人的主体性地位的"有限肯定"实际上是通过一种非理性主义的价值思维方式表现出来的——从"天赋人权"的极端价值观口号设定到现实法律设置的逐步展开。从认识论和价值论的关系来看,这无疑是一种唯心主义的逻辑。这种唯心主义逻辑在资本主义价值关系中的作用的发挥,实际上是将"人的主体性地位"进行了"商品"模式的解读——正是在这样的价值定位中,"自由"才成了资本剥削工人的自由,并被解读为"自由"劳动力以及相关的"自由"买卖,等等。正是在这样的语境中,马克思一针见血地指出,"先生们,不要受自由这个抽象字眼的蒙蔽!这是谁的自由呢?这不是一个普通的个人在对待另一个人的关系上的自由。这是资本压榨劳动者的

---

[1] 《马克思恩格斯全集》第42卷,北京,人民出版社,1979,第274~275页。
[2] 《马克思恩格斯选集》第1卷,北京,人民出版社,1995,第274~275页。

自由"①。相比较于封建社会的人身依附关系，资本主义抽象主体性的历史进步之处在于，它同时运用社会价值观的手段和法律的手段在社会正义的领域逐步击毁了封建等级式的价值观念，甚至在某种程度上抹杀了男女性别上的天然差异——将他/她们统一地称为"劳动力"。从这个意义上来看，最初的现代"女性解放"就是从"现代性原初价值立场"中生发出来的：女性作为一种劳动力（虽然它的价格在当时远远低于男性劳动力）进入资本主义生产环节，同时也就走出了前资本主义社会对女性的家庭束缚，使之从男性的附属物和繁衍生殖的工具转变成了对自己身体具有独立支配权的"劳动力"。从这个意义上来看，现代权利意识的产生和发展，绝对不是一部浪漫史，而是反抗剥削和压迫的残酷斗争史。

第三，现代性原初价值立场仍然没有完全放弃对确定性的追求，当资本主义价值观做不到这一点的时候，它就收敛自己的"现代性外观"并与一切可以利用的前现代价值观相妥协。近代资产阶级革命的不彻底性不仅表现在权力斗争领域，同样表现在价值观领域。近代西方资产阶级作为新社会生产方式的主导力量，虽然能够鼓动工人阶级参加资产阶级革命，摧毁封建价值交往关系，但却无法在价值观领域真正掩饰资本主义生产方式本身所带来的新的压迫性后果。近代资本主义基于个人主义价值立场之上的"自由"和"平等"，所建立起来的是一个对抗性的社会交往体制，它不可能通向"博爱"式的群体交往状态。正是在这样充满矛盾的"资本主义现代性"框架中，波德莱尔较早地对其做出了经典表述："现代性就是过渡、短暂、偶然，就是艺术的一半，另一半是偶然和不变。"②这个定义之所以具有典型性，是因为它表达出了资本主义世界的变化性现实与内在意识的确定性追求之间的张力。在基于社会结构性变动所引起的不确定性中，任何事物的诞生同时也意味着注定被超越的死亡。无论是传统观念还是其他一些在以往确定不移的信念，都慢慢被消解。面对这种变化，西方意识形态又试图在个体意识领域进行一种内在的确定性论证，并给出一个制衡性的答案。个体意识领域或个体主体性领域的这种抽象分析，使它具有了一种貌似跨越社会制度的外观，从而使原初现代性在价值观层面更加具有抽象性和迷惑性。

在以民族和国家为基本单位的价值系统中，超越性的价值观维度为整个文明提供着宏观上的指引和规训，在整个社会价值体系的良性运转

---

① 《马克思恩格斯选集》第1卷，北京，人民出版社，1995，第227页。
② ［法］波德莱尔：《波德莱尔美学论文选》，郭宏安译，北京，人民文学出版社，1987，第439~440页。

中起着不可替代的作用——它甚至能够使整个社会价值评判系统为了长远利益而在一定程度上接受阶段性的社会缺陷。在市场经济中,由于"现代性原初价值立场"自身并不提供超越性价值理想,这就决定了它在物质激进主义的外观下对于前现代文化传统(尤其是其超越性价值理念)只能采取一种暧昧的态度①——它时刻准备着跟任何不影响市场牟利的前现代价值观(哪怕是反动价值观)相媾和。从这个意义上看,在反封建的领域中,不仅资产阶级政治革命存在着两面性,其表面激进的价值观口号也存在着两面性——当资本主义现代性无法为个体提供超越性的价值原则和指引方案的时候,前现代的价值观念就被有选择地保留了下来并被进行了基于资本主义价值立场的改造。因此,最早大规模进入市场社会的欧洲,并没有直接切断与传统价值观的关系,这也是西方文明系统进入现代社会以来其价值观呈现出高度稳定特征的重要原因。这种现象,最终演化成了一种独特的"文化景观"——功利主义的市场经济和前现代的超越性价值观在不违背资本逻辑情况下的长期互补。相比较之下,亚洲国家由于近代以来长期遭受西方资本主义入侵,其现代文明理念更多地表现为一种"外科手术"式的植入——其现代性价值立场与本土文化始终存在着一定程度上的断裂乃至对立。

综上所述,"现代性"代表着特定社会制度在自身价值定位基础上对政治经济发展途径所采取的方法论定位和价值观追求。在社会主义制度产生之前,"现代性原初价值立场"无疑是资本主义性质的——它依靠逐步扩张的世界市场改变着传统世界,反过来又不断巩固着资本主义意识形态的主导地位。与此同时,我们之所以使用"现代性原初价值立场"而没有直接使用"资本主义价值立场",是为了区别于传统社会主义在价值立场方面对待资本主义的态度:是全盘拒斥还是继承性地超越?

二、传统社会主义模式的现代性探索

社会主义运动本身就是对资本主义价值交往模式的"时代扬弃":在进一步发展现代生产力的基础上,通过对生产关系的根本性改造以消灭资本剥削和阶级压迫,通达"个人全面发展和他们共同的社会生产能力成为他们的社会财富"②的共产主义价值境界。在以苏联为代表的传统社会主义模式中,这主要是通过以计划经济体制来代替市场经济体制,来实

---

① 详见本章第三节"市场经济中的前现代价值观及其后果"。
② 《马克思恩格斯全集》第46卷上,北京,人民出版社,1979,第104页。

现对"现代性原初价值立场"的剥离的。虽然从事后的角度来看，这种剥离并没有取得预想的效果，但它毕竟为社会主义建设提供了宝贵的探索经验。从价值关系的层面来看，以苏联为代表的传统社会主义所进行的这种"剥离"具有以下四个特点，并为后来的社会主义改革提供了宝贵的批判性视角：

第一，传统社会主义现代性的价值立场是"集体主义"，它是通过对以往社会协作形式进行根本性改造——在社会主义的价值立场上重构"集体"的价值关系——来实现的。这种"重构"虽然表面上表现为用社会主义国家机器的行政力量来"统摄"整个社会生产系统，但这种"统摄"的完成最终却是通过对生产资料的"社会主义改造"来实现的（虽然各个社会主义国家对此采取的方式和烈度有所不同）。从理论上看，生产资料的社会主义改造对于社会主义价值立场的确立，起到了奠基性的作用。纵观20世纪的社会主义运动史，无论是苏联还是其他社会主义国家，它们在中华人民共和国成立初期以生产资料公有制消灭资本主义剥削性价值关系上的态度和行为都是坚决的。虽然相对于前现代社会资本主义私有制表现出了自己的时代特点——"靠自己劳动挣得的私有制……被……以剥削别人的但形式上是自由的劳动为基础的私有制所排挤"，但对生产资料的私有制特别是资本主义所有制的改造和超越，始终构成着社会主义的基本维度。即使20世纪70年代末中国实行了改革开放，生产资料所有制方面的集体主义价值立场也始终构成着社会主义市场经济的底线——为了搞活社会主义市场经济，国家允许和鼓励社会资本和其他所有制参与经济建设，但是在土地公有制方面坚决秉持社会主义的基本价值立场，同时也始终强调国家对整个国民经济命脉的基本控制能力。

从集体主义与社会主义现代性的关系来看，在苏联解体后，认为其不是社会主义的观点无疑是站不住脚的。在反思苏联社会主义现代性探索模式的过程中，我们不能因为它失败了就否认其曾经具有的社会主义价值立场和社会主义性质。值得我们深思的问题是，为什么集中一切力量发展生产力的计划经济在强大了苏联的同时又造成了人民"生活资料匮乏"的"非此即彼"式的社会困境？从价值观的角度来看，苏联过分强调了"社会主义代替资本主义"的人为性，并没有真正从"世界历史"的角度来看待社会主义代替资本主义所需要的具体价值关系支撑，从而在社会主义国家阵营与资本主义国家阵营全面对立的过程中没有充分重视社会主义内部改革的必要性，尤其是没有把这种改革的基本立场定位为全力提高人民群众的物质和文化生活水平。20世纪后半期社会主义与资本主义的对立，在社会主义国家和资本主义国家内部引起了截然不同的价值后果。对于资本主义国家来说，大规模的军事竞赛意味着军火"市场"的繁荣，其效果反而是以军事工业的突破带动了整个西方市场的繁荣，并不断地发掘新的经济增长点——正如计算机从军用转为民用进而创造了新的经济增长点那样。对于苏联来说，高度管控的计划经济使得所有社会资源向重工业高度集中，而僵化的制度壁垒使轻工业的发展受到严重阻碍，最终严重影响到民生的改善——民生的改善实际上对社会主义劳动者现代素质的提升起着前提性的作用。简言之，即使在社会主义内部，集体主义也需要建立在个人与集体协同发展的基础之上。

第二，在传统社会主义的现代性价值结构中，资本在社会生产中统摄性作用的消解是依靠公有制基础上的"集体"协作形式来实现的。相比较于商品交换原则对资本主义价值关系的"同一性"处理，计划经济体制下的集体主体实际上成了国家最高主体的直接"同一化"表现——它负责直接传达、落实高度统一的国家和社会主体的意识形态纲领，评价和监督个体主体的意识形态表现，并把它作为衡量个体主体在集体中地位和作用的重要参照。在这种情况下，个体要获得社会的承认，实现自身的人生意义和社会价值，服从和服务于集体既是必要的价值观前提，也是必然的逻辑结果和价值选择。也正是在此意义上，才产生了个体主体"螺丝钉"式的人生价值定位——以国家和社会需要为基本标准，哪里需要，个人就无条件去哪里。这种集体主义的协作模式在超越资本主义功利性交往的同时，为社会主义工业化建设做出了巨大贡献。问题在于，苏联模式中集体维度在社会价值关系领域中的无限扩张，实际上剥夺了其他主体对其进行制衡的权利和可能。在高度集中的计划体制内，在缺乏有效监督的行政体制内，必然产生特权阶层和腐败现象，最终导致苏联对民众层面的个体利益的漠视甚至无视。①

即使在中国改革开放的过程中，仍然有一些观点或明或暗地主张"回到计划体制"。这种"回到计划"的观点并不能简单地被等同于"复古主义"，它更多地来自对传统社会主义"一大二公"的价值观想象。问题在于，虽然苏联模式极大地照搬了马克思恩格斯在《共产党宣言》中所设想

---

① 虽然中国传统社会主义与苏联存在着计划经济体制上的相似性，但中国传统社会主义的道路和模式并不能简单地被划归为"苏联模式"。实际上，二者在社会主义权力运行、人民群众的价值定位和社会主义道路的内容界定等方面，都存在着重大区别。这也是二者在20世纪80年代以后都在谋求转型，却取得了截然不同的结果的重要原因。

的"十条手段"①，建立了计划经济体制，但是它忽视了《共产党宣言》中的一个基本价值追求——"代替那存在着阶级和阶级对立的资产阶级旧社会的，将是这样一个联合体，在那里，每个人的自由发展是一切人的自由发展的条件"②。在这样一种价值关系设定中，社会的主体性是建立在个体主体性自由全面发展的基础之上的，它需要高度发达的社会生产力的支撑。生产力的高度发达，同时也意味着社会价值关系结构的高度完善——它意味着物质文明和精神文明的高度发展。在20世纪，几乎所有的社会主义国家并不是沿袭着马克思所设想的——将社会主义建立在高度发达的资本主义阶段之上，而是恰恰相反，社会主义国家首先是在落后（不仅是生产力落后，而且同样包括社会文化的落后）国家和地区建立起来的。虽然马克思晚年设想过跨越资本主义"卡夫丁峡谷"③的可能性，但是马克思绝对没有否认过人的"自由个性"存在的必要性。实际上，从整个现代社会来说，没有个体主体性的社会，不可能生发出最基本的、哪怕是马克思主义所致力于扬弃的资本主义的"平等"观。在这种情况下，苏联高度集中的计划体制，不可能产生出真正的社会主义民主。

第三，传统社会主义现代性，着力依靠总体性、超越性的集体主义价值理念来替代私有制环境下的个人功利主义存在方式。自从人类进入私有制社会以来，如何超越私有制所带来的一系列社会问题，始终构成着如何超越剥削和压迫性社会的重要议题。在马克思本人的设想中，"分工和私有制是相等的表达方式，对同一件事情，一个是就活动而言，另一个是就活动的产品而言"④。对私有观念的扬弃，本质上需要在高度发达的社会生产力基础上对分工实现社会范围内的自觉掌握。在苏联模式中，虽然计划体制并不排斥功利性，但是从价值观念上它并不把个人的功利性存在作为经济发展的必要条件，相反，它的出发点是从价值观层面进行抽象了的总体利益，而不局限于某一具体个体的直观感受；另一方面，当下的总体利益也不是价值判断的最终标准，以共产主义社会理想为最终目标的长远利益成为衡量的最终标准。正是在这样的逻辑序列中，社会主义建设者们长期艰苦奋斗，无私奉献，对共产主义的价值理念表现出了高度认同。问题在于，在当下整体利益的功利性更多的是服务于未来价值超越性的发展定位中，苏联普通建设者的生活境遇并没有

---

① 《马克思恩格斯选集》第1卷，北京，人民出版社，1995，第293～294页。
② 同上书，第294页。
③ 《马克思恩格斯选集》第3卷，北京，人民出版社，1995，第765页。
④ 《马克思恩格斯选集》第1卷，北京，人民出版社，1995，第84页。

得到相应的快速改善和提高。这也与马克思关于未来社会人的自由全面发展的理论定位产生了直接的、根本性的冲突，同时从长远的角度来看也会最终耗尽社会成员的积极性，迟滞社会生产力的发展。

当社会生产力无法得到快速发展的时候，整个苏联模式所牵引的"社会主义现代性"转型就会面临着重大挑战。对于20世纪的社会主义国家来说，社会主义的"现代性"转型同时具有两个维度，一是对自身前现代封建价值观传统的超越，一是对资本主义现代性价值立场的超越。回顾历史，我们发现，苏联模式对前现代价值观的态度更多的是一种激进的外在态度：在所有制的层面上消灭剥削阶级，在意识领域进行集体主义价值观洗礼。问题在于，人们在反思传统之前，自身已经是传统的一部分。社会整体层面的价值观超越，必须借助于现代生活方式的转型（特别是新的社会主义价值交往关系的出现）才能加以引导。在苏联模式社会主义现代性转型的过程中，资本主义现代性的历史相对进步意义却被意识形态的简单划分舍弃掉了。苏联的现代性转型始终没有处理好如何对待封建主义和资本主义的态度问题。这一问题如果得不到相应解决，那么集体主义价值立场下的个体素质养成，就不可能真正达到社会主义的相应要求。在这种情况下，前现代的、资本主义的人际交往模式和价值评判模式，就仍然会在个体微观行为领域得以传承。

第四，落后国家建设社会主义的过程中，即使是传统视野中的马克思主义世界观和方法论，也为这些国家和地区改变保守的封建性、敌视科学的意识形态，进而主动接受现代科学世界，奠定了最基本的意识形态前提，且做出了重大贡献。在西方中世纪以后漫长的科学发展史中，始终交织着科学与前现代世界观在社会话语权方面的角逐。与之形成鲜明对比的是，传统社会主义国家，特别是在落后的半殖民地半封建地区建立起的社会主义国家，其整个社会意识形态，尤其是价值评价体系，瞬间改变了传统价值定位中对外来"科学技术"的对抗性立场，在整个社会范围内形成了前所未有的关于"科学"和"工业"的信任。正是在这种社会主义价值定位中，传统社会主义国家的工业化建设才能获得广大人民群众的高度认同并快速展开，从而为这些国家后续的发展打下了坚实的现代基础。这一切，并不简单地归结为"科学"本身说服了这些国家和地区的人民，而是这些国家和地区的人民接受了马克思主义的世界观，认同现代社会的进步离不开大工业的发展及其背后的科学技术的支持。更为重要的是，在这种马克思主义世界观中，原有文化传统中与现代性无涉的人民群众，成为现代社会的主人和现代发展的受益者，从而极大地激发了人民群众的主人翁意识。从这个意义上来看，马克思主义的世界观和方法论，实际上在落后国家和地区的社会主义建设中，扮演了现代性的"扫盲者"的角色：它把一切前现代的、保守的、恐惧的、迷信的反现代性价值观框架都粉碎殆尽，而代之以革命阶级建设新世界的信心和热情。

  如同资产阶级时代中的"现代性"离不开其抽象的"人权"观念一样，所有社会主义国家的"现代性"都离不开马克思主义的基本立场。实际上，任何国家的现代性在其立场上都不是"价值中立"的，所谓的"价值中立"更多地来源于对于"孤立人权"的抽象认同。传统社会主义国家的现代性建设，它的一个重要的问题就在于使阶级的价值观凌驾于整个现代性的框架之上，逐渐形成了类似于"以阶级斗争为纲"的僵化价值评价体系，最终阻碍了社会主义现代性健康成长。即便如此，也不能否认传统社会主义在落后国家和地区建设社会主义现代性的过程中付出的巨大努力和取得的时代成果。改革开放以来，有很多观点倾向于对改革开放以前的整个社会主义历史采取"全面妖魔化"的姿态，任何对社会主义价值立场的肯定和高扬，都有可能被简单地划归为"传统社会主义"并加以否定。这样的价值评判方式，会从根本上否认社会主义运动史的理论合法性，并通过解构历史的方式最终消解社会主义执政党的历史正当性。比如说，很多网络媒体评论《人民日报》1969年10月1日的文章《用毛泽东思想指导杀猪》，其最终的结论往往是"人性的摧残"和"女性美的背叛"，将传统社会主义的社会主义价值追求和那个时代的意识形态狂热完全混为一谈，从而完全否定传统社会主义的历史合法性。正是在这种视角中，"小资产阶级"的价值立场对王进喜式的无私奉献闭口不谈，而将邱少云革命先烈污名化为"烧烤"。正是对社会主义价值立场的无视，市场经济中的很多商业宣传为了吸引眼球而毫无顾忌地无视中国近代抗争史，对相关严肃内容进行调戏甚至是侮辱。

  从社会整体价值观转型的角度来看，传统的社会主义主流价值观的确深入落实到了社会微观交往领域并且从根本上推动着整个社会价值关系和价值观系统的巨大变革。从时代价值关系和价值观转型的角度来看，在中国改革开放前的社会主义探索和建设过程中，毛泽东思想对中国社会主义的思想启蒙发挥了巨大的作用。当一部分人嘲笑其被用来"指导"女性"杀猪"时，我们更需要去反问：为什么在中华人民共和国成立前的整个社会价值体系中，中国传统社会的女性一直没有获得等同或类似于男性的工作机会和社会地位？实际上，正是中华人民共和国成立后毛泽东思想在全国的普及，才使得女性在自我价值认同方面获得了与男性等同的价值评价模式。正是这种自我价值认同，才使得中华人民共和国成立以来的女性群体在价值观上正式摆脱了"男尊女卑"的传统价值束缚。从这个角度来看，中华人民共和国成立以来女性权益的提升，从根本上走着一条不同于西方市场化的道路。与此同时，这也并不意味着对传统社会主义价值理念的"绝对美化"和"无条件回归"。传统社会主义的现代性模式的确需要反思甚至批判，包括防止"政治挂帅"的极端价值评判方式的死灰复燃，但更重要的是在社会公共价值评价领域正视这段历史并真正超越其时代问题，从而避免类似时代悲剧的再度重演。例如，在传统社会主义的价值评价体系中，认识论方面的探索被价值观方面的狂热所统摄，从而出现了"人有多大胆、地有多大产"等无视客观状况制约的唯心主义价值判断。简言之，面对传统社会主义的价值观，我们不能一味地将之简单划归为"洪水猛兽"的领域——这样反而会使我们在价值观领域造成历史传承层面的断裂，最终导向资本主义时代"精英主义"的价值立场。

总之，传统的计划经济体制对资本主义现代性的超越，依靠集体主义的功能设置和制度设计，为传统社会主义在价值观方面对个体主体的全面掌控和引导确立了坚实的基础，对整个社会价值观发展的整体一致起到了重要作用。这种现代性模式在社会主义国家建立初期，的确能够集中优势资源进行社会主义建设，整体上也确实推动了这些国家的价值关系和价值观从传统到现代的转型，从而在中华人民共和国成立初期极大促进了社会主义现代化建设的发展。然而，由于高度集中的计划经济体制并没有带来社会主义国家生产力发展水平较之于资本主义的显著优势。其中的典型代表就是苏联——它逐渐陷入了生产力结构不合理、发展缓滞、效率低下、管理落后、特权腐败等一系列的社会困境中。苏联在现代性问题上的探索给我们的深刻启发是：它虽然依靠政治手段消灭了资本在社会领域内的资源配置作用，但是却无法消除行政权力在资源配置领域内的负面作用。最终，这种负面作用导致了背弃社会主义价值立场的特殊利益集团的出现，成为在苏联内部引爆自身的炸弹。值得我们反思的是，传统社会主义试图通过废止市场经济的方式实现对"现代性"原初价值立场的剥离，而这并没有真正实现社会主义的价值追求。作为对社会主义现代性的新思考和新探索，中国特色社会主义在市场经济体制中对社会主义价值立场、价值导向的再认识和再实践，是对国际社会主义运动的一个重大贡献。

三、中国特色社会主义的现代性探索及其价值观挑战

作为在特定社会内部基于特定价值关系孕育和成长起来的价值观，它"与价值始终是关联着的，二者均不能单独得到有效解释。一方面，因为价值的存在，才有了关于价值的意识，即价值观；另一方面，人们又总是通过一定的价值观形成某种价值需要，创造和获得价值"[①]。中国特色社会主义建设本身就意味着开启了一个不同于资本主义和苏联模式的现代性道路。这种背景下的现代性价值建构，不仅表现在价值立场和价值规则层面，同时也表现在价值观层面。中国特色主义现代性探索的独特性和挑战性是内在地结合在一起的，其时代进步性正是在于对所面临的重大挑战的社会主义扬弃。从总体上来看，在中国特色社会主义建设中，社会主义现代性的实践生成还要面对封建主义和资本主义两种社会价值立场的冲击。这两种价值立场极易对社会主义价值立场形成"两面夹击、里应外合"的威胁态势——这也成为继西方"和平演变"之后对社会主义最大的意识形态威胁。

首先，这种威胁在认识论上根源于对待资本主义现代性问题上的手段和目的的混淆。在中国特色社会主义建设过程中，现代性的维度同样呈现出一种内容丰富和领域复杂的发展态势。这种态势，既表现为社会公共空间的扩大，也表现为主体性的提升。"计划和市场都是经济手段"[②]的定位，把市场、资本从传统的价值评价标准中拯救出来，重新赋予其历史真实形象。需要注意的是，邓小平关于"市场手段论"的定位，有两个基本的前提条件限定。一是"社会主义初级阶段"的基本国情。这种基本国情包括两个方面，我们"已经进入"了社会主义阶段，由此与资本主义道路形成了不容抹煞的本质区别。与此同时，我们又处于"社会主义的初级阶段"，不可避免地带有旧的价值交往方式和价值观念的影子。二是为了推进社会主义的发展，我们首先就要借助于一切可能的手段发展生产力，包括资本主义社会作为发展生产力手段的"市场"，其目的是将"市场体制"作为工具推动社会主义生产力的快速发展。这两个基本前提条件，并不会与社会主义的基本价值立场相冲突，相反，社会主义和生产力的价值理性和工具理性的定位，能够更好地诠释社会主义市场经济体制建设的必要性和紧迫性。

[①] 吴向东：《重构现代性：当代社会主义价值观研究》，北京，北京师范大学出版社，2006，第17页。

[②] 《邓小平文选》第3卷，北京，人民出版社，1993，第373页。

改革开放的事实一再证明，以社会主义市场经济体制为支撑的社会主义现代性的提升，使中国特色社会主义制度在解放生产力、发展生产力方面发挥了无可比拟的优势，成为中国迅速崛起的重要途径和手段。同时，我们也要清醒地认识到，作为当下社会主义和资本主义共同采用的手段，"市场"并不能直接实现中国特色社会主义的目的，并不能直接通达社会主义价值立场——它必须受到"消灭剥削，消除两极分化，最终达到共同富裕"①这一价值原则和导向的制约。为此，要谨防资本主义的现代性在价值观层面上对社会主义价值交往原则形成误导作用——不能无视人民共享的主体定位而形成唯利益化的经济格局。为了实现这一目标，必须在制度设计的层面上兼顾"诚实劳动"和"合法经营"之间的关系，而不是"择其一而从之"。从这个角度来看，社会主义核心价值观建设，同样有必要进行大数据分析："先富起来"的这一部分人，致富的途径有哪些？哪些阶层和哪些人最容易进入"先富"的行列？哪些领域产生的"先富"最多？不同领域之间的"先富"们是否存在着价值观的冲突和对立？

其次，由于在现代性问题上手段和目的的混淆，某些群体就容易在价值观领域虚构出一个"完美资本主义"的价值观形象，将之与改革开放过程中亟须解决的社会问题对立起来并以此拒斥乃至否定社会主义的优越性。在社会主义市场经济体制逐渐完善的过程中，市场及其背后的资本的作用也在飞速上升——它们获得了社会公共价值观的高度认同。这种高度认同在少数群体那里演变成了"市场崇拜症"——忽视中西方之间的历史差异和现实差别，简单地断定发端于西方的"市场体制"是解决中国问题的唯一途径。在这种价值视角中，在西方社会背景中成长起来的相对成熟的市场机制便被认定为是完美的，是能够帮助我们解决一切问题的范本和评价我们一切成绩的标杆。这种价值观定位不仅忽视了对中国具体社会现实的分析，而且把社会主义改革的衡量标准简化为 GDP 的数字游戏，最终会导致对社会主义价值立场的无视。实际问题恰恰是，"把马克思主义的普遍真理同我国的具体实际结合起来，走自己的道路，建设有中国特色的社会主义，这就是我们总结长期历史经验得出的基本结论"②。与此同时，"完美资本主义"的价值形象在教育领域也有值得注意的问题：当某些群体把还处于义务教育阶段的子女送到国外进行西式培养时，一定程度上也意味着如何面对资本主义价值观影响的问题。这

---

① 《邓小平文选》第 3 卷，北京，人民出版社，1993，第 373 页。
② 同上书，第 3 页。

种情况无疑进一步增加了社会主义核心价值观培育和建设的复杂性。

与"完美资本主义"价值观形象相伴随的，则是把计划体制"妖魔化"、把国有经济"罪恶化"的价值观倾向。无论是在计划体制还是市场体制中，社会主义国有经济始终是社会主义公有制的主要体现，是社会主义性质的重要保障。在从计划向市场的转型中，社会主义国有经济特别是国有企业，不仅面临着一个市场化转型的问题，同时也面临着如何在这种转型中更好地践行社会主义价值立场的问题。在这一过程中，国有企业"政企分开"的改革不仅需要持续推进，而且还应该做到真正意义上的"社会透明"：避免滑向资本立场和垄断心态。只有在价值观层面上真正做到国有资产增殖与人民主体定位的一致性，社会主义性质的国家所有制才能极大促进社会主义核心价值观的培育和建设。社会主义核心价值观的培育和建设，绝不仅仅是一种宣传式的教育，而是在需要动员所有社会主义因素的基础上，在推动社会主义现代性成长的过程中，最终朝向一种时代价值关系的建设和落实。

再次，如果说社会主义市场经济体制是社会主义现代性对资本主义现代性的纠正和规训的话，那么，社会文化传统中的封建主义遗存也掺杂在这一现代性转型过程中，从而使得局面更加错综复杂。社会主义中国是从半封建半殖民地的时代环境中发展起来的，它没有也不可能经历像西方文艺复兴或启蒙运动这样一个相对完整的现代文明自省的过程。中华人民共和国成立后20多年的艰辛探索，并没有完全消除封建主义的桎梏。邓小平在分析中国传统社会主义建设中所遭受的重大挫折时，曾经深刻地指出，由于"家长制这些封建主义性质的东西……民主集中制被破坏了，集体领导被破坏了"[①]。改革开放以来，某些封建主义遗存在文化复兴的大旗下横冲直撞，极尽自我吹嘘之能事，并获得了相当数量的拥趸。这就提醒我们，即使在社会主义社会，封建主义遗存在价值观的领域也不可能被立刻完全消除，它作为一种文化传统在某种程度上借助于习惯、传统等社会交往方式和思维方式被不断地再生产出来。

从价值观的角度来看，社会主义现代性建设最大的内部敌人就是封建主义的价值观遗存：它既是社会主义价值立场最大的内部消解因素，也是造成社会主义社会在某些现代性交往规则上相比较于资本主义现代性处于弱势地位的最主要的内部原因。即使是在社会主义市场经济的时代，某些社会交往领域内的"权力寻租"式的"潜规则"不仅是规避公正、

---

① 《邓小平文选》第2卷，北京，人民出版社，1994，第347~348页。

以权谋私的表现，而且甚至没有达到资本主义原初现代性的水平；某些部门"父母官"的权力定位本身就是高民众一等的封建意识，这种价值定位不可能真正落实社会主义的"为人民服务"的基本价值原则。这一切，作为一种"文化遗产"或明或暗地体现在现实价值交往的过程中，由此导致了资本主义现代性价值立场在某些存在封建主义遗存的领域仍然对于我们具有冲击力。这也就意味着，中国特色社会主义现代性的建设过程，同时必然穿插着价值观领域的反封建维度。我们甚至可以这样认为，在反封建的问题上社会主义现代性启蒙是否彻底，是中国特色社会主义现代性相比较于西方资本主义现代性在"先进性"层面上的一个重要体现。

总之，当下中国特色社会主义的"现代性"，既不同于计划体制下的传统社会主义现代性，也不同于资本主义的现代性——它既坚持着社会主义价值立场，又积极吸收和利用现代市场经济的价值交往规则，从而出现了与资本主义现代性"交织"的领域。相对于社会主义价值理念本身而言，这种"交织"状态并不具备对社会主义道路的颠覆性，因为它仍然以人民群众的主体立场为基本价值定位。它所面临的挑战在于，中国传统封建价值观遗存在市场经济时代的死灰复燃，严重影响着"交织"状态的社会主义的价值观形象。尤其在传统社会主义价值观部分解体、社会主义发展道路整体转型、个体主体性愈发高涨的社会主义市场经济体制中，中国特色社会主义现代性的价值立场问题愈发重要——它直接关系到对社会主义优越性的价值观阐释，关系到对社会主义建设者和领导者的价值定位。为此，在推动中华优秀传统文化创造性转化和创新性发展的过程中，为了进一步从价值观领域推动反封建进程，我们需要从理论上进行阐释：封建主义价值观是怎样在市场经济体制中找到生长的土壤的？

第三节　市场经济中的前现代价值观及其后果

中国进行改革开放、发展社会主义市场经济、培育和建设社会主义核心价值观的时代探索，所面临的一个基本状况是：我们是在外来侵略导致封建社会解体的基础上、在资本主义市场经济体制全球扩张的国际环境中进行"中国特色"社会主义建设的。随着中国日益融入全球经济，在社会意识形态特别是主流价值观领域，我们不仅要注意到资本主义市场经济体制对中国价值观环境的影响，同时也需要重视前现代价值观与市场经济的时代关联对中国价值观培育进程的影响。我们虽然能够在生产方式、所有制关系的层面上，全面超越封建社会，并有条件地从工具和手段的层面上借鉴资本主义市场经济体制，但在社会价值观层面，封建主义遗存仍然需要进行全社会范围内的反思和扬弃，如何在市场经济体制中超越资本主义价值立场的问题仍然需要长期探索。这在客观上就要求对市场经济和封建传统遗存及其相互关系进行理论分析。只有在这种多重鉴别的基础上，我们才有可能更加客观合理地反思和对待自身的前现代价值观传统，在用中华优秀文化涵养社会主义核心价值观的同时积极吸收人类文明的优秀成果。

一、市场经济中"前现代价值观"的概念界定及其表现

与"现代价值观"相类似，"前现代价值观"不是单一的价值观概念，而是生发于等级社会关系特别是封建社会关系的复杂价值观系统。这种复杂性和多样性本身就来自于各个国家和民族自身历史的独特性。与此同时，在这些独特性背后也存在着一个基本的共性，那就是——任何一个国家和民族从前现代社会向现代社会的转变，都面临着一个如何在自身文化传统的基础上实现既符合本民族历史传承，又适应世界发展趋势的"现代性"过程。从这个角度来看，现代世界中的国家和民族在不同程度上都面临着政治解放、价值观解放等一系列社会政治文化和价值观等方面的"现代性转型"问题。这些问题的解决，必须考虑到现代性转型与价值观传统之间的关系。对于任何一方而言，既不能完全拒斥，也不能全盘照搬。比如，有观点将中国传统社会的核心价值观归结为"仁义礼智信"，但这种从内容上来说貌似仍然具有可行性的价值观系统为什么不能被直接套用于当下社会？原因之一在于，传统价值观赖以存在的封建社会关系架构被现代社会消解了。

在此，当我们使用"前现代价值观"这一表述的时候，主要是在"市场经济"的现代性语境中对其进行概念界定的，我们可以称之为"市场经济中的前现代价值观"。这种界定，并不意味着市场经济与前现代价值观，特别是封建价值观，在本质上是"同一"的。而是说，在市场经济中，不仅仍然具备前现代价值观存在的条件，而且存在着现实的必然性和客观表现——压迫性的价值关系。二者仍然形成着某种"价值观共谋"。总体上来看，市场经济中的"前现代价值观"主要表现为对主体间不平等价值关系的认可和追求，尤其是社会身份认同领域的"等级"身份推崇和社会交往领域的"特权"向往。

第一，从价值观主体自我认同的角度来看，市场经济中的"前现代价值观"突出表现为不平等群体区分背后的"身份推崇"。现代市场经济社会

虽然相对于等级压迫的封建社会表现出了巨大的时代进步性，但它本身并不能从根本上消除前现代社会中的阶级压迫和阶级对立问题。作为一种手段，市场经济虽然能够实现社会财富生产和消费的繁荣，但在迄今为止的任何一种市场经济形态中，都不可能通过"人人成为资产者的方式"实现全民富裕——资产者和雇佣劳动者本身就是市场经济的客观产物。从价值关系上来看，市场经济体制仍然处于"以物的依赖性为基础的人的独立性"①的社会阶段中。在这种资源分配不均和资源稀缺兼具的时代状态中，资本作为对物及物的生产的支配性社会权力，自然而然地在社会公共领域受到追捧，进而在社会价值观领域表现出对资本的占有者——有产阶层——的"身份推崇"。

对于社会主义市场经济体制来说，从社会微观层面来看，"身份推崇"容易导致个体社会价值的货币化评价模式，以钱多钱少论英雄，从而助长货币拜物教、资本拜物教等拜金主义思潮，滋生物质生活领域中的攀比、斗富等不良风气，造成"造原子弹的不如卖茶叶蛋的""笑贫不笑娼"等严重社会恶果。从社会宏观层面来看，个体社会价值的货币化评价方式也很容易在价值观领域将"追求致富"和"追求剥削"混淆起来，例如恶意拖欠工资、违法用工等现象，不同程度上都带有这种色彩。在社会主义市场经济飞速发展的阶段，由于社会财富总量的不断增长，货币化价值评价方式的危害并不会直接以最严重的状态表现出来。一旦社会经济增长速度放慢，人们没有达到预期的财富目标，这种评价方式很容易反过来直接攻击社会主义市场经济体制本身。

第二，从价值观主体之间的政治交往层面来看，"前现代价值观"突出表现为社会公共生活领域内的"特权推崇"。虽然古代社会"刑不上大夫，礼不下庶人"的等级特权在现代市场社会中被明令废止，但市场经济体制本身提供的抽象层面的平等和自由并不能消解社会差异性因素所导致的不平等和不自由的现实。在这种情况下，由于不同价值观主体社会处境和能力的不同，市场体制中"法无禁止则可"的制度设置便为一部分人谋求不对等的政治权利活动空间创造了可能。在此过程中，不对等的政治权利活动空间又在一定程度上为前现代社会中的特权意识的复活创造了条件。"我爸是某某"事件之所以在全社会范围内引起强烈反响，原因之一就在于它在社会公共价值观领域内表现出了封建血缘权力定位对现代公共权力定位的价值观僭越和践踏。

---

① 《马克思恩格斯全集》第46卷上，北京，人民出版社，1979，第104页。

对于社会主义市场经济体制来说,"特权推崇"的一个巨大价值观威胁在于,它有可能导致社会公共认同领域中的"追求服务于人民群众的社会公共权力"与"追求压迫性地位的社会权力"定位的混淆。在任何一种市场社会中,权力必然意味着对公共资源的支配。如果社会主义国家中少数公务人员的权力定位偏离了为最广大人民群众的根本利益服务这一基本的社会主义价值立场,就有可能导致"小圈子""小集团"等特权团体出现。当市场经济中的这种前现代价值观与权力领域中的官僚主义结合在一起的时候,就会滋生社会特权和社会腐败。与之相对应的,前现代价值观中更多不良的社会沉渣也会随之泛起。例如,在目前反腐败的大环境下,很多"大老虎"腐化的过程中往往伴随着个人作风的腐化,这在本质上就是对社会主义价值立场的背叛。即使是非常少数的"黑箱操作""权钱交易"等现象的出现,也会严重扰乱社会主义市场经济的公平原则,削弱公众对社会主义核心价值观的认同。

第三,从价值观主体之间的经济交往层面来看,"前现代价值观"突出表现为消费领域的价值观扭曲。在前现代社会,对象物的"人格化"构成了人与自然界交往的重要价值观纽带。在这样的前现代价值评判视野中,山有山神,水有河(海)神,几乎每一对应的自然领域都有专门的神灵——即使是战争中的火炮,也往往被冠以"神威大将军"之类的人格化称谓。在这一过程中,特定的主体与特定的交往对象在特定的价值观系统中彰显着特定的身份。在西方社会也是如此,"十四到十五世纪战争中的石炮,都有各自的名字……一些非常有名的钻石至今还以其专名著称……在中世纪,使物品人格化的倾向要强烈得多"[①]。这种对象物的人格化一般分为两个方面:一是针对特定主体的对象物的人格化,例如在中国古代,只有皇帝能够使用"黄色",这就使得某种颜色具有了社会身份识别甚至神圣化某些人的功能;二是无特定主体的对象物的人格化,例如某些自然神的称谓,往往是特定群体等级意识在某些自然现象上的价值观"投射",通过物的等级区分来强化社会的等级意识。

在市场经济的社会环境中,前现代价值观中的"等级""身份"的主体区分表面上被现代法律消解了,但同时又被市场经济进行了一种消费观上的重建,并以消费文化的方式得到了历史重生:营造一种"贵族式"的消费文化理念。与前现代社会中对象物的"人格化"不同的是,"物品"是

---

① [荷]约翰·赫伊津哈:《中世纪的衰落》,刘军、舒炜等译,北京,北京大学出版社,2014,第196页。

作为主体自我装饰的"工具"而存在的，它不再具有"人格化"的身份，而更多地具有了"标签"的功能：只要货币足够，它可以贴在任何人的身上，满足任何人的"自我炫耀"的需求。在这种情况下，人们"在作为使用价值的物品面前人人平等，但在作为符号和差异的那些深刻等级化了的物品面前没有丝毫平等可言"①。特别是在竞争性的社会价值观环境中，奢侈品消费越发成为彰显自身的"社会地位"、满足等级优越感的一个重要价值观宣泄领域。这种消费观的泛滥，不仅从文化上重构了人们的等级意识，而且通过经济手段强化了身份意识，并且再次强化了社会分层乃至社会歧视："从暴发户别墅的傲慢气派直到阶级服装的随意，所有这些边缘差异都根据某种鉴别物资分配的普遍规律（这一规律甚至比刑法还不容忽视）强化了那种最严峻的社会歧视。"②

对于社会主义市场经济体制而言，以社会地位彰显和等级优越感满足为价值导向的消费观，极容易导致财富生产和消费定位层面中社会主义价值立场的淡化。在现代消费社会中，传统社会主义社会中"勤俭节约"的生产和消费价值导向地位尴尬：有钱的变"土豪"，没钱的也要追求"小资"。在消费品生产飞速更新换代的时代环境中，如何处理二者的关系，在价值观领域成为考验市场经济和社会主义导向的重要议题。与此同时，这一问题也反映在社会物质财富生产方式中如何处理好以财富为指引的价值定位和以社会主义为价值导向的关系问题上，特别是如何处理好个人利益和社会公共利益之间的价值关系的问题上。

第四，从价值观主体社会认同的层面来看，"前现代价值观"突出表现为社会认同方面的价值立场迷失。在市场经济体制中，由于个体能力的差异、现实机会的不同，社会分层成为正常现象。然而，一旦权力与财富实现了非法联姻，就有可能破坏市场经济脆弱的"公平竞争"规则，在形成日益强大的既得利益团体的同时，使得社会弱势群体无法获得合理的社会上升空间，从而形成社会阶层"固化"。通过经济手段被不断营造的高价"学区房""拼爹"等现象的背后，是日益凸显的对社会公正发展前景的不自信。这不仅会严重影响低收入者对于社会的价值观认同，更有可能引发某些社会矛盾和危机。

对于社会主义市场经济体制的进一步发展而言，社会认同领域价值立场迷失的一个危险表现是，在社会主义市场经济体制中率先富起来的

---

① ［法］波德里亚：《消费社会》，南京，南京大学出版社，2000，第84页。
② 同上书，第83页。

一些人，往往会陷入以下几个极端：一些人不是带动后富，不是追求共富，而是炫富和移民；一些人借助政策优势发展起来以后，却以自己的"精英身份"反过来否定市场经济的社会主义立场和导向，在社会公共舆论中主动站在党和国家的对立面，把社会主义市场经济发展过程中遇到的困难直接等同为社会主义本身的缺陷性，极力试图把公众对某些时代状况的超越性需求转化为对社会主义和执政党的不满。从这个角度来说，市场经济绝不是意识形态的法外之地，相反，它始终贯穿着意识形态的斗争。

从以上四个层面来看，我们所分析的"市场经济中的前现代价值观"，并不是泛指传统文化遗存，而是在人们所谓的"现代交往方式"中起到基础调节作用的压迫性传统价值观框架。对于经历了几千年封建历史阶段的现代中国来说，前现代价值观在当下仍然表现为强烈的封建主义等级遗存，并时刻威胁着社会主义的价值立场。从建设社会主义市场经济，从价值主体间性的层面来看，社会主义现代性的目的是要营造一个朝向社会主义价值立场的、满足人民群众日益增长的物质文化生活需求的、公平竞争的资源配置和财富生产环境，而不是营造相互攀比身份和权利的社会关系。在面对各种压迫性的前现代价值观传统时，我们也不可奢望毕其功于一役。正如马克思所说的那样，"人们自己创造自己的历史，但他们并不是随心所欲地创造，并不是在他们自己选定的条件下创造，而是在直接碰到的、既定的、从过去承继下来的条件下创造"[①]，市场经济中的前现代价值观无法在短时间内被简单剥离，而是必须以社会主义为价值立场和导向进行长期的价值观反思和时代扬弃。

二、市场经济中的前现代价值观在逻辑上何以可能

在中国特色社会主义市场经济体制的建设过程中，我们不仅面临着如何在一个社会主义社会中，通过"制度设计"来建设社会主义市场经济体制的"工具理性"层面上的实践使命，而且同样面临着如何用社会主义的价值属性来规训、引导和完善市场经济体制的"价值理性"层面上的价值观使命。与西方市场经济社会不同，中国现代社会并没有经历长达几百年的反封建历程。这也就意味着，我们在建设社会主义市场经济体制的过程中，至少同时面临着两个层面的挑战：如何处理好与自身的传统文化遗存之间关系的问题，以及如何处理好与外来西方资本主义文化影

---

① 《马克思恩格斯选集》第 1 卷，北京，人民出版社，1995，第 585 页。

响之间关系的问题。在这一过程中,面对各种以"复兴"为名的传统价值观的市场化操作,传统价值观在当下也呈现出了泥沙俱下、鱼龙混杂的态势。为了更好地用中华优秀传统文化涵养社会主义核心价值观,我们在客观上就需要进行这样的理论思考:在市场经济的环境中,前现代价值观的存在和发展是如何成为可能的?

第一,从市场经济起源的角度来看,二者在主体领域就存在着历史上的天然共生关系。从近代西方市场经济主体的成长历程来看,最早的资产者阶层中有相当一部分就来自于封建主阶级。西方社会从封建自然经济体制向资本主义市场经济体制的转型,并不是一个简单的用资本主义价值理念机械替代封建主义价值理念的过程,而是存在着历史的特别是价值观层面上的继承性:资本主义是在封建主义机体内部生长出来的,二者并不存在天然的、绝对的对立。正如马克思所分析的那样,"资本并没有发明剩余劳动。凡是社会上一部分人享有生产资料垄断权的地方,劳动者,无论是自由的或不自由的,都必须在维持自身生活所必需的劳动时间以外,追加超额的劳动时间来为生产资料的所有者生产生活资料,不论这些所有者是雅典的贵族,伊特鲁里亚的僧侣,罗马的市民,诺曼的男爵,美国的奴隶主,瓦拉几亚的领主,现代的地主,还是资本家"[①]。只不过随着资本主义市场经济体制的不断发展,当资产阶级提出了全面的政治和经济主导权要求以后,西方社会才从封建经济与市场经济"逐利共生"的社会状态逐步演变为资本主义市场经济体制"一家独大"的社会状态。

第二,从市场经济的本质来看,前现代价值观中的不公正问题并没有得到实质性克服。马克思"至今的一切社会都是建立在压迫阶级和被压迫阶级的对立之上的"[②]这一论断仍然适合市场经济的基本结构。在任何一种市场经济体制中,剥削性生产关系的社会性质并没有得到根本改变,资本的基本功能仍然存在。"资本主义生产——实质上就是剩余价值的生产,就是剩余劳动的吮吸"[③],不过是用"直接的、露骨的剥削代替了由宗教幻想和政治幻想掩盖着的剥削"[④]。相对于前现代社会,市场经济体制虽然通过雇佣劳动生产机制极大促进了社会财富的增长,通过法律和制度设计规定了"抽象的人"的抽象平等权利,但这并不能从根本上克服

---

① 《马克思恩格斯选集》第2卷,北京,人民出版社,1995,第197页。
② 《马克思恩格斯选集》第1卷,北京,人民出版社,1995,第284页。
③ 《资本论》第1卷,北京,人民出版社,2004,第307页。
④ 《马克思恩格斯选集》第1卷,北京,人民出版社,1995,第275页。

封建时代的压迫性社会关系。与前现代社会相类似，市场经济体制本身也有造成社会阶级对立乃至阶级对立尖锐化的巨大社会风险。从这个意义上看，市场经济体制本身与前现代社会关系在社会剥削和压迫层面存在着不可忽视的"历史继承"关系，即使是西方社会的"自由""平等""博爱"等现代价值观，实际上也只是提出了自身不可能完成的价值观使命。

第三，从价值立场的角度来看，市场经济对待前现代价值观时，实际上采取了一种"功利主义"的策略。在欧洲历史上，在市场经济相对薄弱的时候，资产阶级的生长无处不显现出理性主义的理性狡黠——资产阶级"不相信自己，不相信人民，在上层面前嘟囔，在下层面前战栗，对两者都持利己主义态度"①。从构成要素的角度来看，"资本主义社会的经济结构是从封建社会的经济结构中产生的。后者的解体使前者的要素得到解放"②。在现实社会关系中，这种"解放"更多的是服务于财富生产的功能性领域——这种解放了的"要素"在市场经济体制中既没有主动实现，更没有完全进行价值观层面的反封建洗礼。即使在现代社会，在面临诸多封建主义的残存"要素"的时候，前现代的价值观中的等级制群体区分标准也并没有被市场经济的抽象平等原则所化解。相反，在"要素"式继承和"利益最大化"策略相结合的过程中，前现代"等级制"的价值观传统还可以成为创造新的经济增长点的机会。例如，屡现于现代传媒中的"贵族""领袖""层次"等广告用语，实际上是在消费领域极力塑造一种消费者中的"新贵族"价值观。

第四，从社会整体超越性价值追求的角度来看，市场经济并没有提出超越前现代价值观的有效替代方案。社会政治法律层面上的封建等级关系的消解并没有改变市场社会中价值观主体的风险性存在，不可能消解市场经济体制中关于自我认同的焦虑，也无法在社会整体层面上提供有效的超越性价值观指引。这也可以解释改革开放以来"不信马列信鬼神"的行为死灰复燃的现象——哪怕只是暂时放松对社会整体价值观的指引，前现代的价值观就会再次填充个体主体的社会意义空间。从这个角度来看，对于现代市场经济而言，如果没有社会主义价值立场的引导，前现代价值观在社会整体超越性价值追求的层面上仍然试图扮演一种"压舱石"的角色。各种传统文化及其价值观仍然为市场经济中的各种主体提供着价值观层面的安抚和指引。从历史上看，近代西方资本主义在萌芽

---

① 《马克思恩格斯选集》第1卷，北京，人民出版社，1995，第320页。
② 《马克思恩格斯选集》第2卷，北京，人民出版社，1995，第261页。

和发展的过程中，其意识形态特别是价值观的成长是依附在资本主义生产方式时代变革的前提之上的。作为西方市场经济主体的资产阶级，其在近现代历史上并不是为了现代性的价值立场而去反对前现代性的价值观，而是为了自身的利益诉求在反对封建主义制度束缚的过程中产生了现代性的价值观。问题在于，在这一过程中，它把本阶级的价值诉求渲染成了全人类的价值诉求。

纵观市场经济的最初发展历程，我们总体上可以这样认为，以"自由""平等"和"博爱"为代表的西方现代价值观是近现代西方社会政治解放运动的附属产物，而不是市场经济本身的首要目标。"政治解放当然是一大进步"①，但这种"进步"的论断必须相对于封建社会的历史阶段才能成立。实际上，要在市场经济中实现对前现代价值观的根本扬弃，所面临的最大挑战在于，市场经济的主导要素——"资本"——至今并没有突破马克思所给予的时代批判："资产阶级生存和统治的根本条件，是财富在私人手里的积累，是资本的形成和增殖；资本的条件是雇佣劳动。"②也就是说，在市场经济中前现代价值观在逻辑上之所以成为可能，实际上根源于不公正的社会关系的制造者——资本主义时代本身。

三、市场经济对前现代价值观是何种程度上的超越

当我们把计划和市场都作为一种发展生产力的手段，以财富的社会意义为价值导向来激励社会生产，并用社会主义的价值目标来规训市场经济的时候，我们不仅需要注意到市场经济体制中前现代价值观存在的可能和现实，同时也需要准确把握市场经济的运行法则在何种程度上超越了前现代价值观并在何种层面上展现出了自身的时代优势。在此基础上，我们才能更好地既在社会主义市场经济体制中超越传统封建主义价值观遗存，又能成功培育出超越资本主义市场经济体制的社会主义核心价值观。总体上来说，相比较于前现代价值观，市场经济在价值观层面的突出特点在于以工具理性的思维方式来统摄价值理性的思维方式，从而为人的解放创造了初步的条件。

首先，市场经济体制极大改变了前现代价值观中人与人之间的权利关系，实现了价值主体之间由封闭性伦理关系向开放性功利关系的转变。前现代社会中的权力关系表现出了极强的伦理关系色彩，"君君臣臣父父

---

① 《马克思恩格斯文集》第 1 卷，北京，人民出版社，2009，第 32 页。
② 《马克思恩格斯选集》第 1 卷，北京，人民出版社，1995，第 284 页。

子子"正是典型的社会政治权力和代际伦理关系的融合体。伦理关系对整个社会关系的强力束缚，是整个传统社会或前现代社会得以正常运转的基本条件。与前现代社会不同的是，市场经济的运行并不需要伦理关系的直接保障，而是其自身构建了一种抽象平等的竞争性逻辑框架——市场经济体制会塑造出一个个从自由到一无所有的"自由劳动者"。从这个意义上来看，"个人主义"在逻辑上是与市场经济运行的基本要求相符的。

这种"相符"既表现在政治层面上，也表现在经济层面上。对社会公民的政治和法律意义上的界定，为个人主义的原子式的价值观定位创造了可能，这同时也意味着对封建的宗法制关系的消解。在经济领域，这不仅包括生产领域内的资本竞争，还包括个体领域内的"经济独立"及其现实表现——消费领域内的个体权利的相对独立性——"消费，越发丰富与多样的消费，必须以消费者可以享用的权利出现，而非必须承受的义务"[①]。也正是在这样的体系中，功利主义逐步成为价值关系评价的标准，"它无情地斩断了把人们束缚于天然尊长的形形色色的封建羁绊，它使人和人之间除了赤裸裸的利害关系，除了冷酷无情的'现金交易'，就再也没有任何别的联系了"[②]。

其次，市场经济体制极大消解了前现代价值观中的人与自然之间的伦理关系，在价值观定位上对"自然"实现了由隐匿的"他者"向掠夺的"对象"的转变。在前现代价值观中，"自然"除了供给人类必备的物质资料的功能以外，其各种要素在价值观领域往往以宗教神灵、人类伙伴或其他拟人化的身份出现，并同整个人类社会一起构成了更庞大的宗教或神话系统的一部分。在这种价值观系统中，人对自然的行为往往要承担相应的伦理责任，人和自然之间通过各种文化礼仪实际构成了一种"双向交流"的价值观模式。也正是在这样的价值关系氛围中，才有了"天人合一""道法自然"等前现代价值观境界。

在市场经济的视野中，"自然"（或者更确切地说"自然界"）丧失了伦理角色的价值定位，其存在的主要价值和意义就在于通过一定的途径向人类社会提供财富和展示提供财富的可能性。在市场经济体制中，作为工业对象的"自然界"以及工具层面的"科学技术"，在现代工业化社会大生产的管理过程中被有机结合为一体，使得开发自然的商业效益得到极大提升，现代社会财富生产过程愈加呈现出高度组织化和逻辑化的"可

[①] [英]齐格蒙特·鲍曼：《工作、消费、新穷人》，仇子明、李兰译，长春，吉林出版集团责任有限公司，2010，第75页。

[②] 《马克思恩格斯选集》第1卷，北京，人民出版社，1995，第274~275页。

控"特征。在这种作为社会财富来源的价值定位中,自然界最终沦落为"遭技术劫掠的世界"①,前现代社会中对自然的拟人化的习俗和禁忌只有在"文化遗产"中才得到了表演性的保存和再现。

再次,市场经济体制极大消解了前现代价值观的地域性特征,为全球价值观交流和对话创造了条件,为"世界历史性"价值观共识的达成开启了初步的可能空间。欧洲资本主义市场经济的兴起,"由于开拓了世界市场,使一切国家的生产和消费都成为世界性的了……资产阶级挖掉了工业脚下的民族基础"②。在这样的时代背景中,"各民族的精神产品成了公共的财产。民族的片面性和局限性日益成为不可能……把一切民族甚至最野蛮的民族都卷到文明中来了"③。在西方资本主义国家为了满足资本的贪欲而展开全球殖民的同时,它们无意中开启了一个全球政治经济交流的时代,极大地消解着前现代的地域性的价值观,为全球性的价值观交流和对话创造了初步条件。

即使在这一资本主义主导的全球化过程中,前现代价值观的地域封闭性特征也开始逐步让渡于全球性交流和对话,价值观领域内的"世界视野"随之逐步开启——"各个相互影响的活动范围在这个发展进程中越是扩大,各民族的原始封闭状态由于日益完善的生产方式、交往以及因交往而自然形成的不同民族之间的分工消灭得越是彻底,历史也就越是成为世界历史"④。正是在这种价值观领域的"世界视野"中,在价值观领域内超越资本主义时代的反思和共识才成为可能并愈发紧迫。

总之,市场经济体制在开放性层面为现代价值观提供了基本的空间和舞台,并在一定程度上戳中了前现代价值观的核心:人与人之间的不平等。在人与人之间的压迫性社会关系没有得到根本性的时代突破之前,虽然资本主义的"自由""博爱""平等""人权"等价值观口号不可能得到真正实现,但从历史的意义上看,它们仍然是反抗"前现代价值观"斗争的"历史遗产"或"价值观设想"。在培育和建设社会主义核心价值观的过程中,我们必须注意到在价值观领域中的反封建仍然是我们必须要面对的一项历史使命,并时刻注意到资本主义市场经济在这一领域中的有限成果。我们只有不断推进这一过程,才能在社会主义核心价值观领域彻底消解封建主义价值观的影响并逐步排除西方价值观的干扰和误导。

---

① [德]阿多诺:《美学理论》,王柯平译,成都,人民出版社,1998,第84页。
② 《马克思恩格斯选集》第1卷,北京,人民出版社,1995,第276页。
③ 同上书,第276页。
④ 同上书,第88页。

第四节　社会主义核心价值观建设的公共性视野及其意义

价值观的前提不是一个事实判断,而是一个基于事件的关系判断。基于社会实践的价值事件构成了价值观建设的公共性视野,决定了核心价值观能否最终落地生根。因此,社会主义核心价值观建设,不能局限于单纯的理论提炼或思想宣传,它同样是一个公共事件和社会实践的问题,其建构过程要考虑主体要素的时代变化和公共性内涵的转变。正是依靠现代社会的公共性空间,核心价值观建设才具有了现实影响力和超越性的价值指导作用。一个社会的核心价值观的实质,在于个体主体性与公共性在价值观领域如何达成内在的一致。这种内在的一致性,并不仅仅是一种"价值共识",它更多的是基于社会事件的价值认识、价值评价,以及在此基础上的公共价值规范和实践引导。在现实的社会公共存在中,一方面,核心价值观在反映时代要求的基础上,影响着个体主体的现实价值实践和价值归宿;另一方面,现实的个体主体是否认同和接受某种核心价值观,则决定着核心价值观能否最终落地生根。对其进行公共性视角的解读和阐释,对于当下社会主义核心价值观的培育,以及如何建设和谐社会等问题,均具有重要意义。

一、核心价值观建构的公共性维度

现代社会的核心价值观,是建立在社会公共交往的基础之上的。它的观念前提是一种价值共识。这种共识,首先表现为对以现实事物为对象的价值重视及以此为基础的价值规范的确认,进而才上升为共同的价值认同和超越性的价值追求。在此,"价值与价值观始终是关联着的,二者均不能单独得到有效解释。一方面,因为价值的存在,才具有了关于价值的意识,即价值观;另一方面,人们又总是通过一定的价值观形成某种需要,创造和获得价值。价值则又是与人的存在紧密联系在一起的"[1]。在马克思哲学中,人的存在归根结底是"现实中的个人"[2]的存在。社会的核心价值观能否落地生根,在实践程序上最终取决于其能否被现实的个体主体认同和接受。与此同时,社会的核心价值观一旦形成,就会成为一种文化传统,对个体主体的现实行为起着价值规范和引导的

---

[1] 吴向东:《重构现代性——当代社会主义价值观研究》,北京,北京师范大学出版社,2006,第17页。

[2] 《马克思恩格斯选集》第1卷,北京,人民出版社,1995,第71页。

作用。

从这个意义上说，社会的核心价值观建设不仅仅是一个自下而上的价值观总结或自上而下的价值观指导的问题，而是涉及三个层面：基于个体主体性所达成的价值认识、个体主体性与公共性的现实关系和社会规范性引导。这三个层面都有一种公共性的维度，即都是基于公共性"事件"实现的。之所以说它是公共的，是因为它是不同形式的价值主体在现实的社会实践关系中产生的，社会的公共空间构成了价值认知和价值实现的必要前提；之所以说它的前提是一种"事件"，是因为它不是一个单纯的认识行为，而是在现实实践中对由主体和客体所构成的具体价值事件的认识和评价，是现实的价值主体在现实的社会活动中对预设价值目标的理解、追求和实践。

在社会微观领域，这表现为围绕个体主体性所达成的价值认识，以及在此基础上形成的个体价值观。对某一事件的理解和判断，与个体主体的现实立场密切相关，它表现为鲜明的个体主体性和现实功利性，并且以个体主体预设的价值目标为衡量标准。在此，不能用抽象的"真"与"假"来评判个体价值认识和个体价值观。凡是满足个体价值需要的价值观，对于某个具体个体来说，都是"有用"的。同时，这种"有用"性也是以个体的需要为转移的，并且在不同的个体之间也有可能表现出明显的差异。

在个体主体性与公共性的关系领域，这表现为个体主体对其社会实践后果的更深层次上的价值反思和价值观修正。人的存在本身就是一种公共性的存在，"人的本质不是单个人所固有的抽象物，在其现实性上，它是一切社会关系的总和"[①]。基于个体主体实践的公共性、公共利益和公共活动空间构成了个体主体实现其预设价值目标的社会前提和基础。一方面，这要求个体主体为了实现预设价值目标，必须遵循一定的社会交往规则；另一方面，这种遵循并不直接意味着"价值认同"，毋宁说它在程序上表现为实现价值目标的一种手段——特定主体在追求预设目标过程中有可能采取不公平、不正义的手段。也正是在此意义上，才需要社会核心价值观的规范性约束和引导。

社会核心价值观之所以能够进行这种约束、规范和引导，是因为它是立足于"是"与"非"的认识论判断基础之上的。这也是一个公共性的问题。它不仅要考虑到"现实中的个人"的切身利益，而且要考虑到整个社

---

① 《马克思恩格斯选集》第1卷，北京，人民出版社，1995，第56页。

会的当前利益和长远利益。这不仅是一种整体的观点,还是一种历史的观点。在这种情况下,当下时代要求以及历史发展趋势作为一种以实践为基础的事实依据,形成了"是"与"非"的事实判断。因此,社会核心价值观相对于个体价值观,在本质上起着一种价值坐标的作用——它以社会现实公共利益及其长远发展为标准,来衡量个体价值观的进步与否。

社会核心价值观虽然起着指向性的定位作用,但社会核心价值观之所以能够成为"核心",最终还是要依靠个体主体的普遍认同。个体价值观构成了社会核心价值的前提和基础。基于个体主体交互性的社会核心价值观的形成,不仅仅是一个宣传和引导的问题,也不仅仅是一个社会意识形态的问题,它的实现与处于一定社会具体环境中的现实的个人的时代处境密切相关,因而是一个社会事件和以此为基础的历史运动。从社会事件和历史运动的角度去考察社会核心价值观建设,公共性的维度必然要成为前提条件之一。

二、作为"公共事件"的个体价值观生成

社会核心价值观的评价机制是以事实为依据的,而个体核心价值观的生成,却是以公共事件为基础的。"主体性并不是独立自存的东西,所谓主体总是相对于客体而言的,正是因为客体作为对象存在,主体才成其为主体。"[1]在这种公共事件中,个体主体与作为对象的社会世界发生着公共性联系,形成了具有自身特色的价值观。因此,当下的价值观本质上仍然是对"以物的依赖性为基础"[2]的社会关系的价值判断,实质上表现为一种"公共事件"。这种价值关系一方面具有围绕主体的多样性,另一方面,它又在一个更加宏观的社会实践领域中存在着一致性的可能。

随着社会主义市场经济的发展,个体的现实公共存在状态发生了重大变化,由此导致了社会意识层面的重大变化。改革开放以来,在公共性维度上,关于核心价值观的讨论其实一直都存在着。这首先表现为20世纪80年代中期关于人们的生活方式的讨论。[3] 对这个问题的讨论,当时还没有完全脱离以往的阶级划分的视角。理论工作者试图回答在市场经济中,出现了哪些生活方式,人们应该怎样活着或过怎样的生活的问题。这是在意识到了主体现实存在的多样性和选择的可能性基础上,试

---

[1] 郭湛:《主体性哲学——人的存在及其意义》,北京,中国人民大学出版社,2011,第7页。
[2] 《马克思恩格斯全集》第46卷上,北京,人民出版社,1979,第104页。
[3] 《中国哲学年鉴(1985)》,北京,中国大百科全书出版社,1985,第67页。

图进行的一种价值关系总结和价值观念引导。

在市场经济中，利益的取舍以及在此基础上形成的价值评价乃至价值观无不表现为一种公共性的存在。首先，价值观主体与其他个体主体的市场竞争关系直接构成了现实主体的生存处境，并影响着其对整个世界的看法，即世界观、人生观、价值观。现实世界中人与人的关系，既是一种竞争性的关系，也是一种共生性的关系。在这种关系中，现实主体的存在及其意义无不依赖于与其他主体的关系。在这种关系事件中，现实的经济事件构成了价值观生成的事件基础。其次，在个体主体与集体主体的关系中，传统的个体主体对集体主体的全面依附性存在转变为以经济纽带为基础的契约性存在，权利与义务的现实平衡日益明显。在这种新的关系中，个体主体的地位和独立性得到了显著提升，并对新的集体主体产生了完全不同于以往的价值认识。

作为一种公共事件，个体价值观的生成也不是一种"原初生成"，即从无到有的过程。相反，既有的文化传统和意识形态，无不影响着个体价值观的现实生成。但是，这并不意味着既有文化传统和意识形态对个体主体价值观的绝对塑造。相反，个体以自己的事件性存在不断与既有文化传统、意识形态和价值观进行接触和交流，并以此形成了自身特有的价值认识。

三、作为事实与事件的核心价值观建设

中国的社会主义核心价值观建设作为一种公共事件，涉及集体主体与个体主体以及不同形式的集体或个体主体间的关系问题。这些问题恰恰是在实践中发生的，由此构成一系列的社会历史事件。因此，社会主义核心价值观建设最终还是一个公共实践的问题。

首先，能否有益于个体主体的现实物质存在，成为核心价值观能否落地生根的基本前提。"全部人类历史的第一个前提无疑是有生命的个人的存在。因此，第一个需要确认的事实就是这些个人的肉体组织以及由此产生的个人对其他自然的关系。"[①]在这种关系中，生产力的发展构成了社会核心价值观的强制性制约因素。这是一种实践的历史生成，它表现为对特定历史阶段生产关系的反映——"普遍的社会物质变换，全面的关系，多方面的需求以及全面的能力的体系"[②]，符合现代核心价值观的

---

① 《马克思恩格斯选集》第1卷，北京，人民出版社，1995，第67页。
② 《马克思恩格斯全集》第46卷上，北京，人民出版社，1979，第104页。

时代要求。正是在此意义上，社会的核心价值观必须反映社会现实的物质生产，有助于促进现实生产力的发展，有助于提高整个社会的物质生活水平。同时，社会的核心价值观对个体现实物质存在状态的确认和尊重，在现实事件中协调和处理好同个体主体的现实利益关系，也始终构成了其在社会微观领域形成普遍价值认同的基本要求。

其次，社会核心价值观能否为个体主体的现实活动提供一种公正的价值规范和指导，成为核心价值观能否在社会微观领域形成普遍认同的规范性前提。在市场经济中，基于社会分工的因素，必然要形成多样化的社会阶层。阶层和阶级一样，本质上是一个经济范畴。经济地位的差异，宏观上造成了不同社会阶层和群体的生活方式和价值观的差异。在社会主义制度中，由于现实的生产力水平所造成的阶层生活方式及其价值观差异，客观上就要求核心价值观要在重视这种现实状况的同时提供有效的引导。

社会核心价值观建设作为一个公共事件，意味着它不仅要在思想上提供这种规范和指导，而且要内化到社会的政策和制度中，进而全面地反映在社会的公共行为中，在价值引导的同时形成社会硬性的约束，从而最终发挥现实效应。现代社会的交往规范同样也是一种基本的价值规范，它是与现代社会的生产方式密切相关的。社会核心价值观的建设，一方面必须反映这种时代要求，另一方面又不能仅仅局限于这一要求，它更要求在整个社会的范围内通过各种公共手段实践这一时代要求并取得良好的效果，以面向社会的国家主体的现实行动为榜样，通过现实的公共实践活动树立自身的公信力，并以这种现实的效果进一步增强其说服力。

再次，社会核心价值观能否为个体主体的未来发展提供一个合理的目标指向，成为这种核心价值观能否被个体作为价值理想接受的必要条件。在传统的计划经济体制中，"共产主义"在阶级价值评价标准的依托下成为大众坚定的社会理想。随着市场经济体制的完善和发展，一方面，阶级作为一种价值评判模式逐步退出了社会公共视野；另一方面，随着市场体制所导致的风险社会的来临，人们在关注自身物质生存、规避风险的同时，也在一定程度上淡化了未来社会理想。问题在于，社会理想始终是社会核心价值观不可回避的问题。在此情况下，社会核心价值观在社会理想方面必须立足于当下的现实，以当下实践发展为依据。在此基础上，社会核心价值观一方面要通过公共实践形成宏观的规范性引导，以事实的说服力为基础形成对个体主体的榜样性熏陶。另一方面，社会核心价值观的确立，在社会微观领域，正是要解决市场经济中个体主体的时代困惑，亦即实现《庄子·山木》中所说的"物物而不物于物"。

总之，社会核心价值观建设并不仅仅是一个价值观总结和提炼的问题，它涉及社会存在的公共性领域，并最终以个体的接受和践行为衡量成功与否的标准。这不仅是特定的时代精神和实践状况的价值观反映，更是一个社会公共实践的问题。

四、营建真实的和真正的社会主义公共价值观语境

所有的价值观都是生发于一定的价值关系之中的，因此，对价值关系的理性认识和把握，是对价值观进行理论分析和反思的认识论前提。随着改革开放的发展，我们经常用"多元化、复杂化"等表述来呈现当代中国的价值观环境。从价值关系的角度看，中国仍然处在社会转型期——计划经济体制下的遗留问题还未得到完全解决，社会主义市场经济体制仍然处于发展和完善的阶段。在这样的时代环境中，要达成社会公共价值观共识特别是社会主义核心价值观共识，客观上就需要对市场经济中的前现代价值观和西方价值观有着清醒的认识。要达成这种清醒的认识和社会共识，客观上需要在全社会范围内营造真实的公共价值观环境和真正的公共价值观语境。

首先，建设真实的社会主义公共价值观环境，客观上要求社会公共舆论环境在认识论方面坚持真实再现的原则。市场经济体制作为一种资源配置的规则，其本身并不直接具备意识形态的意义。但任何一种市场经济体制，必然要受到一定的社会制度的价值规训，从而呈现出意识形态的导向功能。与资本主义市场经济体制不同，社会主义市场经济体制并不追求剥削的最大化，而是追求社会整体利益的最大化和普惠的最大化，"始终代表中国最广大人民的根本利益"[①]。在这种情况下，建设社会主义市场经济体制，客观上就要求建设公平、公正、透明的竞争环境。在社会公共价值观领域，这就意味着必须要建设诚实的舆论环境。

建设社会主义市场经济，绝不意味着把一切都无条件地交给市场经济，相反，我们必须在价值观领域用社会主义的价值立场去引导乃至规训市场经济。社会主义作为一种社会科学理论，本身就要求尊重事实的诚实舆论环境。这主要表现在两个层面，对事实认识的真实再现和对价值观认识的真实再现。对事实认识的真实再现，是建设诚信社会的最低

---

① 《江泽民文选》第3卷，北京，人民出版社，2006，第279页。

标准。市场经济本身并不坚持和主张这样的标准。相对于社会主义核心价值观的培育和建设来说，公众每天接触的大众传媒就代表着某种程度上的社会公共形象。当公众收看某些电视和媒体节目，各种内容夸张、过分宣传甚至是虚假宣传的广告迎面而来的时候，个人的社会认同感就很难建立起来。只有这两个层面齐头并进，社会主义核心价值观"入脑"才会成为可能。从这个意义上看，真实的社会公共价值观环境，是党和国家在新时代环境下牢牢掌握意识形态主导权的必然选择，也是用社会主义价值立场引导市场经济体制的客观要求。

其次，建设真实的社会主义公共价值观环境，客观上就要求把反封建提升到开启社会主义核心价值观培育新局面的高度。在目前的社会价值评价环境中，封建性价值观传统始终对社会主义核心价值观培育和建设的顺利进行构成着重大威胁。少数在社会公共价值观领域造成严重负面影响的行为方式，例如官僚主义习气甚至权钱交易的违法事件，本身就是封建主义价值观遗留，它甚至还没有达到现代文明社会的基本水平。这些问题和现象的存在，需要被社会公共价值观打上封建性的标签并加以拒斥。在社会主义优越性尚未被实践完全呈现出来之前，如果我们在这一问题上保持价值评价层面上的沉默，现实社会生活中仍然存在着的封建主义价值观残余就很容易被误解为是生发于"社会主义"内部的，从而损害社会主义核心价值观形象。

在发展市场经济的过程中，一些社会个体往往将理想的市场秩序等同于理想的资本主义状态，将西方现代文明本身等同于资本主义制度，从而滋生出"外来崇拜症"，进而对本土文化秉持一种蔑视和反对的态度。将"反封建"明确提上核心价值观建设议程，能够把社会主义的价值观目标与现实生活中的封建主义价值观剥离开来，在有效地维护社会主义正面形象的同时进一步明确需要克服的对象，使"建设超越资本主义市场经济体制的价值观"成为社会主义核心价值观建设的抓手成为可能。这在客观上也有助于更好地发挥传统文化对建设中国特色社会主义精神文明的积极作用。

再次，建设真正的公共价值观语境，需要坚持贯彻共同富裕的基本价值立场。建设和发展中国特色社会主义市场经济体制，主要目标是解决社会主义社会中人民群众日益增长的物质文化生活需要与落后的社会生产之间的矛盾，"解放生产力，发展生产力，消灭剥削，消除两极分化,最终达到共同富裕"①,而不是在东方复制西方资本主义市场经济体制及其价值立场。这实际上也是在中国当下时代环境中如何朝向马克思主义意义上的"真正的共同体"②前进的问题——"共同致富……将来总有一天要成为中心课题……社会主义最大的优越性就是共同富裕"③。"共同富裕"不仅是一种发展目标,同时还是一种社会发展的价值定位——努力缓解个人与市场社会在价值关系和价值定位上的对立,在使人民群众有"获得感"和"公正感"的同时对社会主义价值立场达成基本共识。只有在这样的价值观环境中,我们才能够在市场经济中确立健康、和谐的社会主义现代生活方式,真正地在社会主义市场经济体制的建立过程中更好地贯彻社会主义的价值立场,真正做到社会主义核心价值观的"入心"。

在这一方面,执政党的社会主义价值观领导角色不可替代,其价值立场和价值原则必须在社会权力运行领域被坚决贯彻执行。在社会主义市场经济体制中,当民众的个人信息被当成商品贩卖,并伴之以各种广告、推销甚至诈骗时,我们并不能简单地把问题的解决推之于社会强力机关,而是要从社会主义市场经济体制的价值立场方面寻找原因:在制度设置特别是相关企业的管理运作方面,究竟是什么原因导致了公民信息的"失窃"?在这一过程中,相关企业扮演了一种什么样的角色?它们在这一过程中秉持着什么样的价值立场?这些问题不解决,个体的社会归属感尤其是社会安全感就很难建立起来。一段时间内,当各种谣言和炒作在新媒体领域横行、某些网络大V们不断地变相攻击社会主义制度、质疑社会主义公正性的时候,真正的社会主义公共语境更是无从谈起。

最后,还需要加以注意的是,在我们建设社会主义核心价值观的过程中,往往容易发生价值目标和价值现状的混淆——从目标的角度对当下的社会价值观状态赋予理想层面的期望,寄希望于在全社会范围内迅速实现价值观宣传和建设的目标。在这种情况下,核心价值观的培育和建设就有流于表面的、"一阵风"式宣传的风险。"涉及人民群众利益的大量决策和工作,主要发生在基层"④,社会主义核心价值观融入制度建设必须最终落实到基层工作中。社会主义核心价值观的培育,其"标语上

---

① 《邓小平文选》第3卷,北京,人民出版社,1993,第373页。
② 《马克思恩格斯选集》第1卷,北京,人民出版社,1995,第119页。
③ 《邓小平文选》第3卷,北京,人民出版社,1993,第364页。
④ 习近平:《在庆祝中国人民政治协商会议成立65周年大会上的讲话》,北京,人民出版社,2014,第20页。

墙""记忆入脑"等固然是必备的基础要素,但其作用的发挥必须全面转化为社会主义市场经济的交往规则——社会主义核心价值观必须全面体现在社会主义经济法律制度建设中,确保转化为各种社会主义必需的价值准则。市场经济中前现代价值观的存在及其问题,再一次提醒我们,社会主义核心价值观是一项长期的"系统工程",只有在市场经济体制中彰显社会主义价值观导向,才能营造真实的价值观环境和真正的价值观语境,才能真正形成社会价值观共识。简言之,我们需要通过制度引导、文化哺育、法律规训等手段,逐步实现真正意义上的社会主义核心价值观"入脑入心",真正做到人民有信仰、民族有希望、国家有力量。

第三章 社会主义核心价值观本质上是一场启蒙

改革开放以来，传统社会主义的宣传思想工作虽然仍然发挥着不可替代的巨大作用，但相对于传统社会其效果却大打折扣。原因在于，改革开放进程中整个社会价值关系发生了重大重构，中国正在经历着一场有别于西方启蒙运动的中国特色社会主义价值观启蒙。这种价值观启蒙的核心问题和独特性在于对"什么是社会主义，怎样建设社会主义"的再认识。这种"再认识"的"过程性"造成了当下中国价值观启蒙终极目标的模糊性——这种状况强烈呼唤社会主义核心价值观通过制度力量渗入到主体微观行为领域并发挥价值规范的作用。

第一节 改革开放以来中国价值观启蒙的支撑要件

随着改革开放的深入，中国价值观多元化和复杂化的程度日益加深。面对这种态势，我们多侧重于对既有思想宣传工作方法的改进和创新，恪守从整体到个体的思想灌输路线，以期维护和巩固社会共识。问题在于，随着中国特色社会主义实践关系的丰富和发展，整个社会价值关系的结构性转型和重构已经达到了"启蒙"的高度，进而不断涌现出前所未闻的新挑战；各类价值观主体的独立性空前高涨，个别领域甚至出现了"宣泄"的态势。传统思想宣传工作所面对的"静态"价值观个体和"静态"价值观共识，被一个价值关系全面转型和重构的动态价值环境所不断消解——不断发展的新的实践关系使社会主义价值观共识处于"不断被达成"和"不断被突破"的"发展"过程之中。在这种情况下，梳理和研究"改革开放以来中国价值观启蒙"（简称"中国价值观启蒙"）的内在逻辑及其挑战，一方面能够更加全面地展现"学习世界先进文明成果"过程中我们与外来文明特别是西方资本主义价值观的关系，另一方面也能促进对改革开放以来社会核心价值观演进逻辑的"自我认识"，从而为社会主义核心价值观的整体推进提供一种系统的视角。

一、中国价值观启蒙的"基调"

霍克海默和阿多诺在反思西方启蒙的效果时，引用和发展了马克斯·

韦伯关于启蒙的概念:"启蒙的纲领是要唤醒世界,祛除神话,并用知识代替幻想。"①如果从正面的意义上来反思"启蒙辩证法",我们会发现完全意义上的、纯粹认识论层面上的启蒙并不存在,任何一种认知方式都需要相应价值观的合法性论证。在中国改革开放的过程中,整个社会的认知方式、知识结构和价值思考方式都在发生着全方位的转型,无论从结构还是后果来看,这都是一场启蒙。

与西方启蒙的"反封建背景"不同的是,中国价值观启蒙的总体环境是改革开放以来"解放思想、实事求是"思想路线的重新确立。它不仅构成了中国认识论"启蒙"的基本支撑要素,同时也为价值观"启蒙"做了必要的准备,由此奠定了中国价值观启蒙的基调。与西方资本主义对封建主义"扬弃"的启蒙模式不同的是,改革开放以来的"解放思想、实事求是"不是一种"否定"意义上的"再启蒙",不是对传统社会主义价值理念的"简单否定"或"扬弃",而是对社会主义本质的"再认识"和"再重构"。无论是社会主义计划经济体制还是社会主义市场经济体制,本质上都是对"社会主义往何处去"这一问题的道路选择,而不是"是否选择社会主义"的制度抉择。从这个意义上看,单纯地否定或妖魔化社会主义计划经济体制,非但无助于社会主义价值观启蒙的顺利进行,而且还有可能导致社会主义价值立场的迷失。关键的问题应该是:在中国建设社会主义的过程中,社会主义计划经济体制的一系列弊端和改革开放过程中出现的一系列新问题应该如何从制度建设的高度加以系统规避和解决,并为社会主义市场经济体制建设提供何种方法论和价值观层面的借鉴,以最终超越资本主义时代的抽象价值观?基于这种情况,中国价值观启蒙的超越对象总体上存在着两大维度:

一是对自身封建传统的反思和批判,特别是对深受封建价值观影响的社会交往规则的现代性改造。在这一方面,中国价值观启蒙存在着与资本主义启蒙运动的相似乃至交织之处。封建主义价值观的突出特点表现为对社会成员身份等级的价值观认同以及由此建立起来的"远近亲疏"的价值交往体系。现代社会虽然从法律上确立了人与人之间的平等关系,但封建价值观并没有真正消失——它在现时代的一个主要表现就是"人情社会",它以"伦理感情"的形式扭曲着现代社会的交往规则。人情社会的身份认同模式以人际关系的远近作为评判认识论是非的标准,规避着现

---

① [德]霍克海默、阿道尔诺:《启蒙辩证法——哲学断片》,上海,上海人民出版社,2006,第1页。

代社会成员之间"权利平等"的基本价值交往原则,极易产生圈子文化和特权行为。《孟子》中"舜为天子,皋陶为士,瞽瞍杀人,则如之何",孟子"舜视弃天下犹弃敝蹝也。窃负而逃,遵海滨而处,终身䜣然,乐而忘天下"的解决方案就是一种典型的写照。与之相反对的是,在现代社会中,如果道德、伦理和法律发生冲突,法律应该是道德和伦理的最低标准,而在"舜父杀人"这一古代逻辑设想中,道德和法律却最终被伦理关系所战胜。

与之形成鲜明对比的是,无论是资本主义启蒙还是社会主义的价值观启蒙,它们在对待社会公共交往规则方面虽然存在着立场的不同,但仍然在"现代性"的问题上存在着"规则"的相似性:它们都不否认个人伦理和社会道德存在的必要性,在社会公共交往规则方面均要求抹除主体身份的差异,以平等的姿态面对其他社会主体。改革开放以来的很多社会焦点事件,有关部门在处理的时候往往止步于"和稀泥"式的"各方满意",而没有真正遵从上述现代性启蒙的基本规则。这种满足于"大事化小,小事化了"的无原则性的"和谐",在很多情况下引起了社会舆论的强烈不满,甚至引起代际之间的价值观冲突。例如,当下社会舆论中一再出现"坏人变老了"这样的价值观判断。每每出现类似的事件,相关权力部门的表态往往是含糊的,其相应的处理方式并不能很好地平息社会舆论的不满。实际上,"坏人变老了"这种观点的流行不仅仅是有关媒体的选择性报道的结果,更是来自相关部门缺乏基本现代社会价值立场的处理方法,从根本上背弃了"法律或社会规则面前人人平等"的基本价值规范。这种行为的价值观后果,不仅有可能损害相关执法部门的社会主义价值观形象,而且也没有跳出"选择性执法"的"人治社会"困境,最终是因为极少数的不道德乃至违法行为得不到有效遏制而使得整个老年人群体在社会舆论中获得了价值观负面评价。

二是从马克思主义的立场看,要真正实现对资本主义时代弊端的批判和超越,就需要把资本主义的"价值观口号"推向彻底,从而真正显现出后者的时代局限性。社会主义市场经济体制并不是"唯市场主义",而是用社会主义的价值立场来引导和规训市场的财富生产和分配方式,在避免两极分化的同时实现"共同富裕"。从这个意义上来看,社会主义市场经济乃至整个改革开放绝不是使中国重新产生威胁社会主义价值立场、挑战社会主义执政党地位的特殊利益集团。马克思关于共产党基本立场的原则定位始终适用——共产党人"没有任何同整个无产阶级的利益不同的利益"①，即使社会主义中国"无产阶级"的问题已经得到了极大解决，共产党人也能代表"最广大人民群众的根本利益"。因此，中国价值观启蒙始终以社会主义为价值导向。从根本上来说，社会主义价值观启蒙完成的标志是，在完成反封建历史欠账的同时实现对资本主义价值观的全面超越。

正是在社会主义价值观启蒙的逻辑指向中，中国才没有像20世纪80年代的苏联那样陷入自我否定和自我抛弃的泥淖，而是在汲取和反思历史经验教训的基础上，对"什么是社会主义，怎样建设社会主义"这一根本问题进行"再审视"并重新设定社会主义建设的具体路线。在这一点上，中国的价值观启蒙相比较于近代以来的西方启蒙运动表现出了巨大差异——它不是坚持一种抽象的"人权设定"，而是在历史唯物主义的视角中坚持"人的本质的不断丰富"。

二、中国价值观启蒙的"核心问题"

与西方启蒙运动对人的权利和地位进行预先设定的抽象视角不同，中国价值观启蒙的独特性在于它是全面围绕"什么是社会主义，怎样建设社会主义"这一社会主义本质问题梯次展开的——在这一过程中社会主义公民物质和文化生活水平的提高才表现为一个实践生成的过程。关于社会主义本质的认识构成了中国价值观启蒙的"核心问题"——它是中国价值观启蒙的认识论前提，决定着中国价值观启蒙的终极导向。只有立足于这一核心问题，我们才能更加深刻地理解：为什么采用了市场经济体制的中国，非但没有走向西方式的资本主义道路，反而愈加坚持立足于中国国情的社会主义制度。与此同时，对这一问题的解读，也能够使我们更加清醒地认识到中国价值观启蒙由于其核心问题的独特性所带来的一系列前所未有的挑战。

第一，中国价值观启蒙"核心问题"的解答，需要在历史发展中进行实践探索并逐步展开。"解放思想、实事求是"虽然可以为之提供方法论上的强大支持，但不能在价值观领域被简单套用。这也造成了改革开放以来社会主义核心价值观建设的重大挑战。纵观人类历史，以往剥削社会中几乎每一次重大社会历史运动都有预先设定的价值观口号作为合法性旗帜，因为剥削阶级很容易将自己的利益夸张成全社会的利益。社会主义的性质本身决定了它不可能采用封建主义或资本主义的价值观提出

---

① 《马克思恩格斯选集》第1卷，北京，人民出版社，1995，第285页。

方式，马克思主义的认识论特征也决定了它不可能像西方启蒙运动那样直接提出带有先验色彩的、关于人的抽象价值观的口号。改革开放这一社会主义运动史上的创举本身就是为了探求"社会主义的本质"。在作为一种"事实"的社会主义本质尚未完全展现出来之前，建立在"事实"基础之上的"价值判断"也无法得到超前性的全面展示，而只能以总体上的社会主义价值立场作为宏观指引。

虽然"摸着石头过河"式的社会主义改革和建设已经取得了初步的丰硕成果，但"如何建设社会主义、如何巩固和发展社会主义的一系列基本问题"[①]仍然是"第一次比较系统地初步回答"[②]，它仍然需要在实践中进一步深化，由此造成了关于社会主义的理论研究呈现出"实践之中"而不是"实践之上"的特征。问题在于，当下中国的价值观启蒙恰恰亟须关于社会主义本质的强力回答并将之作为理论支撑——这不仅事关中国特色社会主义"往何处走"的基本社会共识的达成，而且事关"如何才是社会主义"的社会共识的形成。在这种情况下，中国的价值观启蒙在具体实践中往往带有"实践之后"的"亡羊补牢"的色彩。这种认识论和价值观上的不同步造成了中国价值观启蒙总体状态的"不稳定"。此外，如何处理其与中国传统价值观的关系以及与西方资本主义价值观的关系问题，也进一步增加了这种"不稳定"状态的复杂性。从这个层面上来看，要实现整个中国价值观启蒙的质的飞跃，从根本上依赖于对社会主义本质问题的深度解答。

第二，改革开放以来关于社会主义本质的基本共识充分肯定了生产力视野中物质财富的基础性地位，由此开启了中国价值观启蒙高度重视财富创造、高扬工具理性的历程。从宏观的层面上来看，改革开放以来国家对生产力问题的强调主要是在社会主义的价值立场上进行的。例如，在吸取传统社会主义建设经验教训的基础上，关于社会主义本质的否定性回答（"贫穷不是社会主义"[③]）极大凸显了生产力对丰富人的本质的重要性。然而，宏观层面上社会主义与生产力关系的国家定位，并没有直接转化为个体参与市场经济的价值观动力，而是被扭曲地转化为最简单的"发财致富"，随之产生了与之相对应的众多口号，如"要想富，先种树""要想富，先修路"，等等。在这样的口号中，"想富"就成了个人最直

---

① 习近平：《在纪念邓小平同志诞辰110周年座谈会上的讲话》，北京，人民出版社，2014，第16页。
② 同上书，第16页。
③ 《邓小平文选》第3卷，北京，人民出版社，1993，第116页。

接的价值观追求，随之在市场经济体制中具体化为对私人财富、私有财产和私有制意识的高度认同。与之相对应的，就是"公有""国有"逐渐转变为"谁都不占有"的价值定位，并产生了某些群体对国家利益和公共利益的漠视乃至敌视。这种二元对立的价值评判模式，很容易在市场经济体制中形成个体对国家在财富方面的价值观对立。在价值观隔阂和猜忌得不到有效缓解的情况下，这种情况更是有可能导致价值观极端行为的出现。

从总体上来看，在改革开放的过程中，"消灭剥削，消除两极分化"这种带有扬弃意蕴的超越性价值理念仍然有待于深化为具体的价值观信条，其困难在于如何建立从社会到个体的价值观桥梁，而不能局限于要求个体"应该"如何做。纵观近代西方资本主义发展史，国家的财富创造和积累过程背后都存在着特定超越性价值观的支撑，如新教伦理对近代资本主义财富增长的作用——"在近代的企业里，资本家或企业经营者、连同熟练的上层劳动阶层，特别是在技术或商业上受过较高教育训练者，全部都带有非常浓重的基督新教的色彩"[①]。由于社会主义本质层面尚未在社会核心价值观领域得到完全彰显，社会财富飞速增长背后一定程度上还缺乏"社会主义立场"的价值观支撑。正是在这种情况下，"精致的利己主义者"才会成为社会主义核心价值观的痼疾：他们表面上赞同和拥护社会主义核心价值观，也能够实现相关概念的"入脑"和积极的"表态"，但是却无法也不可能真正"入心"。也正是在这种价值观环境下，我们很好地实现了"让一部分人先富起来"。挑战在于，在"先富带动后富，最终实现共同富裕"的第二个环节中，由于个体价值观领域缺乏超越性社会主义价值理性的指引，"先富起来"群体中的少数人，选择了移民或炫富——这些人的价值选择，对于"后富"群体必然会产生强烈的价值观冲击。[②] 与此同时，一些极端价值观倾向，如唯 GDP 论、拜金主义等，一定时间内也在不同程度上出现了蔓延的趋势。

第三，关于社会主义本质的认识始终蕴含着社会主义的价值目标，

[①] [德]马克斯·韦伯：《新教伦理与资本主义精神》，康乐、简惠美译，桂林，广西师范大学出版社，2010，第 9～10 页。

[②] 在社会价值评判领域，创造社会财富的多少成为个体能够获得社会认可及认可程度的主要标准。"富人移民"所产生的价值观冲击有可能表现在两个方面："富裕"以后去西方资本主义国家生活，说明西方资本主义国家要比社会主义中国"好"；"富裕"以后获得外国国籍，继续在中国"赚钱"，其外国公民的"身份"能够在国内"更好地"保护自己的"私有财产"。如果对这一问题长期"束手无策"，其后果将比财富转移更为严重。其对社会价值评判所产生的影响，无论哪一个方面都会严重影响公众(尤其是"后富"群体)对社会主义国家的认同。

但如何将其转变成社会基本价值交往规范并上升到制度规定的刚性层面，仍然有待于实践探索。中国改革开放伊始的一个重大特点在于，它是依靠政策推动和激励（例如"包产到户"），达到全体社会公众认识和认可市场经济、参与新的经济增长点建设的效果的。从这个层面来说，在社会公众层面，无论是"解放思想"还是面向市场的"价值观转型"，同样也有一个先后的过程。问题在于，在这一过程中，我们对自身文化传统中的封建的、落后的价值观并未真正经历社会公众层面的反思和批判，由此导致的是中国价值观启蒙过程中本土文化在"社会正向价值观牵引"方面的弱势。从理论上看，一个经历了传统革命理想主义教育并对自身封建文化传统进行了断裂式否定的社会，在此基础上进行的现代性建设，其出现封建糟粕大规模复兴的可能性并不大。然而，事实却是，随着改革开放的深入发展，各种迷信活动以前所未有的态势渗透进社会的各个角落，并有强行成为一种现代"文化传统"的态势。对于中国特色社会主义核心价值观建设来说，封建迷信活动的价值观结果之一就是消解社会主义存在的价值合法性——封建迷信的参与者往往把利益的获得和生活水平的提高看成是神灵庇佑的结果，而不是中国特色社会主义基本国策的正确。正是在这种情况下，才出现了"不信马列信鬼神"的社会现象。

　　从表面上来看，正是由于社会价值观领域反封建历程的缺乏或不充分，使得社会主义价值立场无法有效地具体化为社会公共交往规则，从而导致了社会主义市场经济建设过程中封建迷信活动的死灰复燃和蔓延。实际上，传统社会主义社会中"偶像崇拜"的价值评判模式，并不能产生真正意义上的马克思主义的批判精神，加之由于传统社会主义法治精神的不到位，传统的封建迷信虽然得到了压抑性的禁止，但因偶像崇拜所产生的盲从——缺乏理性判断精神的盲从——却带来了严重后果。市场经济体制的建立，实际上与传统社会主义中的"偶像崇拜"和"盲从"也存在着价值观结构层面上的某种"逻辑对接"：对个人的崇拜演变成了对金钱力量的神化，对权威意见的盲从变成了对风险规避的渴望。市场经济下的封建迷信活动恰恰契合了这种盲从的价值观结构。加之社会整体层面的反封建历程尚未上升到制度规定的层面，官本位、权钱交易、圈子文化等传统痼疾才会长期存在，并严重危害社会主义国家权力的健康运行。从这个角度来看，关于社会主义本质的认识最终必须演化为社会主义价值观共识和社会主义价值交往原则，如此才能实现社会主义价值立场之上的、中华优秀传统文化的创新性转化和创造性发展。

　　第四，关于社会主义本质的理论研究始终发挥着中国价值观启蒙的

"压舱石"的作用,对于建构和维护中国价值观启蒙的基本价值立场起着不可替代的作用。改革开放以来,特别是20世纪80年代中期以后价值哲学、价值论研究的兴起,以及80年代末90年代初对马克思主义实践维度的强调,我们在认识论的层面上围绕"价值"概念建构起了相对完整的学理体系。这不仅为社会主义核心价值体系、社会主义核心价值观的提出做出了重要的前提性准备,而且提供了改革开放过程中不被封建主义价值观和外来价值观同化的、意识形态层面上的安全前提。问题在于,如何在这种学理性的概念阐释和体系澄清的基础上,进一步突破认识论的框架而进入价值社会学的视野,实现与中国特色社会主义市场经济体制的对接,特别是将关于社会主义本质问题的相关理解进一步细化为具体的社会公共交往规则并上升为国家层面的制度精神,仍然有待于进一步研究和探索。

在这种情况下,社会主义核心价值观建设就不仅仅是一个"工具理性"和"价值理性"此消彼长的过程,而是一个用社会主义的"价值理性"全面包裹社会财富创造立场的过程。从价值关系的角度来看,社会主义的权力部门直接对社会主义市场经济起着一种"规训"和"疏导"的作用,所以"反腐败"直接关系到社会主义价值观的"认同前提"——公正感。但问题在于,在一个全民都想"当官"的社会里进行"反腐",首先就要从理论上阐明"官"本位的社会危害,进而探索和建设符合社会主义价值立场的权力观并将其上升为制度规定。如果我们无法从理论上解开这一问题的时代症结,那么就会造成价值观层面上"贪腐"的普遍化:整个社会都在痛恨"贪腐",同时却又在向往成为其中的一员。在这种价值观氛围中,那些拒斥贪腐的人反而容易成为"异类"。从"不敢腐"到"不想腐"的转变,是一个价值观牵引和制度约束同时进行的过程。从这个角度来看,关于社会主义本质的研究必须成为社会主义价值观研究的"压舱石",中国面临的价值观挑战最终必须依靠"社会主义核心价值观"进行根本性的纠偏。

如果说,西方的启蒙运动总体上可以归结为资本主义背景中的宗教解放和政治解放,进而与资本主义生产方式的发展形成了时代互动的话,中国的价值观启蒙则更多的是立足于对社会主义本质的基本认识,通过社会核心价值观和现实价值交往原则的调整,主动推进生产力的发展。中国价值观启蒙的复杂性在于,在借鉴和学习西方资本主义乃至整个世界文明财富的过程中,由于对社会主义本质的认识尚未完全体现在制度建设和公共价值观演化过程中,尚未真正落实为个体价值观准则和行为操守,导致了我们自身的价值观系统出现了各种各样的冲突乃至斗争。

三、中国价值观启蒙的"烈度"分析

任何一个国家的现代启蒙都伴随着某种"现代性"层面上的价值关系转型。我们在研究西方启蒙运动的过程中，往往注意到西方启蒙运动中资本主义价值观和封建主义价值观之间的斗争过程及其概念演进，而忽视了其"血腥的现代性"过程。从总体上看，这种"血腥的现代性"包含着两个层面：

兴起中的资产阶级与封建阶级的斗争，是"血腥的现代性"的第一个层面。这一层面往往比较容易被注意到，它在历史上主要表现为资产阶级所领导的政治革命。在这一过程中，各种势力相互交织，历史的前进和倒退交替进行，社会大规模流血事件不断。从经济的层面来看，"美洲金银产地的发现，土著居民的被剿灭、被奴役和被埋葬于矿井，对东印度开始进行的征服和掠夺，非洲变成商业性地猎获黑人的场所——这一切标志着资本主义生产时代的曙光"①。从政治的层面来看，在法国大革命期间，仅仅在"1794年4月到6月间，革命法庭把一千四百余人送上了断头台"②。简言之，在资产阶级和封建阶级争夺国家政权的斗争中，其他所有阶级都无法置身事外——因为国家机器本身就是统治和压迫的工具。

相对来说，第二个层面则往往被理论研究所忽视。这主要表现为西方资产阶级内部的整合，尤其是20世纪的两次世界大战。两次世界大战，特别是第二次世界大战，实际上是西方世界关于"资本主义往何去"的"血腥抉择"。纳粹德国和美国的最大分歧不在于是否坚持资本主义，而是以何种资本主义模式——（形式）"民主"的资本主义还是"独裁"的资本主义——统治全世界。第二次世界大战后随着"美国模式"在资本主义世界主导地位的确立，资本主义的"民主"理念及其社会模式最终获得了西方国家的广泛认同，进一步强化了西方近代启蒙运动的思想成果。正是在这个基础上，"自由""民主""博爱"（或"人权"）等西方价值观口号最终在资本主义世界获得了普遍性的认可。从这个角度来看，西方的价值观启蒙绝不是一种思想上的"浪漫主义"演进，而是一种"血腥的现代性"过程。如果忽视了这一本质特征，我们就极容易对西方思想的演进产生"和平"或"崇高"的幻想，进而"诽谤"或"否定"中国社会主义现代性建

---

① 《马克思恩格斯选集》第2卷，北京，人民出版社，2012，第296页。
② [英]劳埃德·斯宾塞：《启蒙运动》，盛韵译，北京，生活·读书·新知三联书店，2016，第169页。

设的合法性和历史进步性。

纵观近现代中国史，中国建立现代国家的过程同样贯穿着"革命的暴力史"——如果没有无数革命先辈为了社会主义新中国抛头颅、洒热血，就没有现代国家意义上的社会主义现代性的可能。在这种最高等级的"暴力革命"之后的传统社会主义建设时期，对相关经验教训的总结，同样也不是一部文化浪漫史。改革开放以来，我们虽然实现了和平稳定的经济建设目标，但在价值观领域，中国启蒙的态势仍然表现为"低烈度、硬对抗"。这种"低烈度"并不是直接的阶级对抗，它更多地表现为价值观博弈。在这一过程中，由于社会主义核心价值观仍然处于培育和建设的过程中，统一的价值观共识和价值交往规则尚未真正明确，这就导致了不同社会群体之间已经出现的价值观隔阂缺乏有效的缓和途径，从而显现出了"硬对抗"的特征。社会主义市场经济体制的建立、发展和完善，不仅从根本上重构了中国各价值观主体及其之间的关系，还源源不断地产生着新的社会阶层，从而使中国价值观启蒙呈现出了高度复杂的态势。如果说西方近现代史的一个典型表现就是整个社会结构中资产阶级的崛起和封建势力的式微的话，那么改革开放以来的中国，公有制为主体，多种所有制并存的经济结构不仅造就了复杂的价值关系，而且催生了社会价值观的多元化和复杂化。在这种时代价值环境下，几乎所有的价值观念都受到了巨大冲击：某些价值观在一些群体中被不断消解，同时在另外一些群体中获得了坚定的拥趸，而他们彼此都在市场经济中不断探索新的出路。

随着社会主义市场经济的快速发展，新的经济增长点不断出现，新的社会阶层也不断产生，与之相伴随的新生价值观对已有价值观体系也产生着持续的冲击。各种社会主体之间的传统价值观纽带逐步淡化，个人、集体与社会的价值关系建构发生了重大变化。我们甚至可以这样认为，改革开放以来每一个经济增长点的出现，客观上都在推动着中国价值观启蒙的深入。从价值关系的视角来看，如何使社会主义市场经济体制服务于社会主义的价值立场和价值目标，成为中国价值观启蒙在本质上不同于资本主义启蒙运动的时代使命。从自我价值定位的层面来看，各种价值观主体开始以高度理性的姿态（特别是在工具理性层面上）对待自身以及与其他社会主体的关系。在传统价值观正在发生全面变革的情况下，工具理性的思维方式在市场经济体制中甚至出现了高于价值理性的趋势。几乎每一次社会重大负面事件的出现，不仅拷问着社会公共价值观底线，而且其背后还显现着社会核心价值观演进的线索乃至盲点。

当公众在类似事件中尽情宣泄自己道德审判快感的时候，实际上映现的是一种蕴含着道德风险的价值关系。在这种环境中，公共社会素养的每一点进步，实际上都是公共价值观启蒙的深化。在这一过程中，各种主体也在一直不断反思与其他主体的关系，不断审视自己的价值观立场和价值处境。这种价值关系的不断反思和定位，本身就是一种价值观启蒙。

四、中国价值观启蒙的相关"战场"

中国价值观启蒙，首先就是对自身传统文化中的已有价值关系特别是人际关系的反思。中国社会主义现代性的进程，客观上需要处理好中国传统"人情社会"向现代规则社会转变的问题。自古至今，中国社会中的"人情"就是一种物质交往、伦理纠缠和派系文化相互交织的产物。它绝非相互交换意义上的"礼尚往来"或"朋比为奸"，而是中国传统等级社会中基于一定程度上的人身依附关系所产生的社会交往系统。它高度稳定，并且以"固定"为首要特征——"这是一个'熟悉'的社会，一个没有陌生人的社会"[1]。中国的价值观启蒙，也必须重视这种人际价值关系的历史生成逻辑。这种人际价值关系本质上是一种"世故"而不是"亲情"。也正是在这个意义上，虽然中国仍然处于某种程度上的人情社会，但是这并不妨碍人与人之间距离的异常疏远。正如费孝通先生在《乡土中国》中关于"差序格局"的论述那样：以"己"为中心，"好像把一块石头丢在水面上所发生的一圈圈推出去的波纹"[2]。在这样的关系建构中，农业社会中农村环境下个人和他人所发生的社会关系，不像现代性集体中的平等协作关系，而是像水的波纹一般，一圈圈推出去，关系愈推愈远，认同也愈推愈薄。这样，中国传统社会中的道德、伦理和法律，都因不同主体和"对象"的关系定位而随时发生程度上的伸缩。从这个意义上来看，中国的价值观启蒙，必须在理论上深刻探讨和反思"在社会主义社会中人与人之间的实质平等是如何可能的"[3]问题。

相对于社会主义价值立场而言，如果说，"人情社会"向社会主义法治社会的转变，表现出了宏观层面上社会价值关系转型的"低烈度"特征的话，那么社会上的一些极端案例则直接表现出了"硬对抗"层面上的价

---

[1] 费孝通：《乡土中国》，北京，人民出版社，2008，第6页。
[2] 同上书，第28页。
[3] 对已有价值观的评价问题，主要是在"正义"的角度中被探讨的。从这个意义上来看，关于马克思正义观的研究，实际上就是对已有的价值观的"再评价"。详见第四章第三节"社会主义核心价值观的'正义'形象及其表述逻辑"。

值观冲突。"老人摔倒扶不扶"这种在任何一种传统价值观中都会获得肯定性回答的价值判断，在改革开放过程中却出现了多种选择方案。从单纯的工具理性的角度来看，极少数被救助者出于各种原因对救助者进行的诬陷和讹诈，不管其最终结果如何，这一事件本身就足以引发社会公共价值评价系统的巨大波澜。这种波澜一旦在公众层面造成"好人不得好报"的评价结果，就会严重伤害社会公序良俗，最终使得整个社会价值评价系统陷入相互防范和猜忌的恶性循环。如果联系到社会上的一些恶意碰瓷和诈骗式乞讨等现象，它们同样能够进一步引发我们的反思：这一部分人从小同样接受了社会主义的意识形态教育，是什么让他们最终背离了"诚实劳动""合法经营"的基本致富路径，走向了"反社会"和"反尊严"的道路，最终沦为一定程度上的"流氓无产阶级"？虽然针对这一问题，学界已经进行了社会学领域的相关研究，并且也形成了遣返、救助和扶持的相关制度，但是如何让这一群体在融入社会主义市场经济体制的同时获得存在感和社会主义语境中的"获得感"，仍然需要在价值观领域进行长期的跟踪研究。

社会主义核心价值观的培育和建设，是纠正市场经济纯功利主义思维方式的有力手段，特别是能够有效地防止社会公共价值评判系统陷入中产阶层精英主义价值观的泥淖。改革开放以来的中产阶层，其显著特点就是价值观的"自主性"。这种自主性主要来自价值关系层面的"经济解放"。这种"经济解放"使得中产阶层不仅彻底摆脱了温饱状态，而且相当一部分人直接迈进了高收入阶层，进入了奢侈消费的生活阶段。特别是近几年来随着房地产价格的飞涨，某些先富者甚至不再依赖于工业创造财富的方式，而是直接通过投机式的地产投资进入"暴富"状态。在这种状况下，个人财产的保全立场使得这一群体在价值观上更加"自立"：他们在追求个人"精致生活"的立场下，非但不再强调自身对"未富"群体的责任，反倒认为他们的状态根由于其"落后"或"保守"的价值观。在这样的情况下，其对社会负面现象的认识和评价往往从抽象人权观的视角主张"外科手术"式的法律惩戒——诉求用暴力机关来"清除"后富者群体中的反社会事件及其主体。与之相对应的，则是社会文化领域大量"心灵鸡汤"的出现。这种心灵鸡汤式的说教，对于某些上进者群体固然能够起到一定的价值观激励作用，但是从本质上来看它并不朝向社会主义的价值立场，其对相关问题的解决从根本上也是无能为力的——它无法真正切断某些人坠入"流氓无产者"群体的逻辑轨迹。

从社会价值观的整体态势来看，价值观冲突复杂化、尖锐化的趋势并没有得到真正缓和,中国价值观启蒙的各个领域始终是不同价值观念交锋的重要"战场"。这些领域的复杂性在于每一种价值观主体都植根于特定的利益关系。这些利益关系虽然从整体层面上是统一的,但是在具体层面上又产生着复杂的矛盾。当社会主义核心价值观还未上升到公众价值观自觉层面时,外来价值观在发挥借鉴作用的同时也容易进一步加剧现有价值观混乱的局面。在这种情况下,传统计划经济体制下整齐划一的学校教育和思想宣传的方式很难深入到各种主体的微观价值语境,更难以有效应对社会多元价值观的冲击,从而产生"理论上说得通,情感上难认可"的现实挑战。正是由于这些现实问题的解决需要一个过程,各种原本正面的价值观词汇在社会公共话语体系中纷纷陨落。这是一个值得警惕的现象,因为"术语出现转向,象征着智识取向的改变"[1]。在工具理性空前高涨的市场经济体制中,智识取向的改变,以及由此引起的价值观的改变,都会进一步加剧中国价值观启蒙的挑战性。面对这种时代转型中的挑战和机遇,中国的价值观启蒙得以不断深化。在这一过程中,有观点求助于通过研究西方启蒙的逻辑进路,以期对中国的价值观启蒙产生影响。这种思路的借鉴意义无可否认,但同时需要注意的问题是:中国的价值观启蒙有其独特的逻辑主线——关于社会主义本质的判断。如果无视这一主线,就会出现用西方抽象人权概念粗暴对标中国价值观启蒙的解读范式,最终无法摆脱和超越西方资本主义的价值语境。

第二节 中国价值观启蒙的逻辑进路

社会主义本质在改革开放中的逐步展开,以及相关认识论研究的不断深化,不断为中国价值观启蒙注入新鲜血液。相比较于计划经济时代,改革开放以来中国价值观启蒙的特殊性在于,其"现实性"维度远远高于"超越性"维度。随之而来的问题是,价值观超越性层面的弱化,带来了社会主义价值立场在社会交往秩序中的作用弱化,导致了社会重大负面事件频发,从而对启蒙的社会主义性质表现出了一种"倒逼"的态势:不断追问乃至拷问中国社会核心价值观的时代生命力乃至合法性,并出现了核心价值观"边缘化危机"等争论。对于这一问题的澄清,客观上需要阐明中国价值观启蒙的总体逻辑进路,以期更好地展现其发展历程。

---

[1] [英]安东尼·吉登斯:《政治学、社会学与社会理论:经典理论与当代思潮的碰撞》,何雪松、赵方杜译,上海,格致出版社、上海人民出版社,2014,第9页。

一、"上下同一"的价值观启蒙主旋律

在西方近代资本主义启蒙的过程中,始终存在着一个相对意义上的知识精英群体。即使从狭义的角度来看,启蒙运动作为"18世纪贯穿欧洲的知识潮流,它以巴黎为中心,从欧洲一直蔓延到北美殖民地。作家和思想家的广泛联系使得18世纪具有显著的智性连贯性"[①]。相比较之下,从近代以来中国价值观启蒙的广义角度——不仅仅是社会主义价值观启蒙,同时还包括一切形式的现代性启蒙——来看,"知识精英群体"在其中的作用则要弱得多。其最根本的原因在于,中国的价值观启蒙并不是由"知识精英群体"所发动的,也不是资本主义现代价值关系"自然发展"的产物,而是直接来自"亡国灭种"的危亡状态。在这种情况下,中国所有的现代性势力不得不首先满足"救亡图存"的迫切需要。这本身也是一个"试错"的过程:在外来势力不断加剧危机局势的过程中,各种"救亡图存"的"药方"层出不穷,新旧势力和主张竞相争鸣。

我们在讨论近代以来中国价值观启蒙的过程中,往往把注意力集中于西学东渐或五四运动。这种带有强烈资本主义色彩的现代性启蒙,其致命缺陷在于它是小众范围的,它无力从根本上改变当时国人的价值观念和行为准则。从根本上来看,近代中国的"价值观启蒙",是从农村开始的。中国共产党"农村包围城市"和"土地改革"运动,从根本上改变了中国农村的价值关系和中国农民的价值观念,从而领导和改变了当时占中国人口绝大多数的农民阶级的价值处境。从逻辑建构上来看,这是一场彻底的"从上而下"的价值观启蒙。正是在这样一场极具中国特色的价值观启蒙运动中,中国共产党的领导地位才牢不可破地树立起来,且获得了前所未有的价值观权威。从这个角度来看,真正影响中国启蒙的逻辑应该是"农村包围城市"。正是在土改的基础上,中华人民共和国成立后的生产资料社会主义改造,才进一步使得中国的价值观启蒙朝着社会主义的方向飞奔。这样的一种逻辑序列,也能够很好地解释为什么资本主义的启蒙观念对于中国现代价值关系的生长没有发挥主导性影响,没有把中国引向资本主义道路。

近代中国20世纪前半页现代性启蒙过程中从农村到城市的价值关系转型特征,使得走上社会主义道路的中国虽然也采用了计划经济体制,

---

[①] [英]劳埃德·斯宾塞:《启蒙运动》,盛韵译,北京,生活·读书·新知三联书店,2016,第1页。

但是仍然同"苏联模式"存在重大差异。在工农联盟的视野下,农民阶级和工人阶级在社会主义现代性的价值立场、价值追求以及社会协作方面,其价值观落实的程度,都要远远高于苏联。这也能够解释为什么在20世纪六七十年代苏联走入了官僚主义的体制弊端,而中国却进行着轰轰烈烈的大规模群众运动。在这一过程中,无论是中国共产党的最高领导集体还是普通的共产党员乃至人民群众,都没有把追求个人利益及其享受作为自己的首要价值目标。从这个层面上看,中国共产党在中国近代以来第一次大规模的、实质性的价值观启蒙过程中,很好地贯彻和实现了共产党作为一种政治组织自身没有特殊利益的基本价值立场,从而赢得了广大人民群众的价值观认同和尊重。中华人民共和国成立后的一段时间内,由于对社会主要矛盾判断的失误,中国的价值观启蒙逐渐上升到"以阶级斗争为纲"的极端,对社会主义语境下的认识论启蒙形成了严重干扰,从而陷入了意识形态的狂热。这其中的重要经验教训在于,社会主义生产力的发展,乃至社会主义价值观的启蒙,必须建立在认识论的启蒙之上。纵观西方近现代启蒙运动,资产阶级自由、平等、博爱、人权等价值理念在西方社会的最终普及,本质上依赖于资本主义生产方式在西方社会的逐步确立。资本主义生产方式的逐步确立,恰恰依赖于西方近代知识启蒙所建立起来的、日益完整的知识框架:它呈现出了一个完全不同于西方中世纪所理解的世界图示,并依靠工业实践证明了这种世界图示以及描绘这种世界图示的方法的巨大力量。

改革开放政策的制定,首先就来自于以邓小平为代表的领导者的改革魄力,"1977年复出后,面对长期形成的思想禁锢状况,邓小平同志鲜明提出,不能'书上没有的,文件上没有的,领导人没有讲过的,就不敢多说一句话,多做一件事,一切照抄照搬照转'"①。这是一种以"实事求是"为基础的思想解放,同时也是挣脱教条主义束缚的价值观启蒙。改革开放以来,中国最大的也是最具影响的价值观启蒙,也是从农村开始的。以"包干到户"和"包产到户"为基本特征的家庭联产承包责任制,直接改变了中国农村的传统集体主义价值关系:它突破了"一大二公""大锅饭"的旧体制,使得个人付出与收入相挂钩,从而极大地提高了农民生产的积极性,激活了农业生产各要素的活力,解放了农村生产力。值得注意的是,这种做法,是当时的中央文件(如十一届三中全会关于农业问题

---

① 习近平:《在纪念邓小平同志诞辰110周年座谈会上的讲话》,北京,人民出版社,2014,第15页。

的两个文件)所允许的。从此,中国农村出现了新景象:迈向中国特色社会主义的现代性道路。1984年,中共中央通过《关于经济体制改革的决定》后,中国也开始以国有企业改革为重点进行着城市经济体制改革,进一步贯彻和执行对内搞活经济,对外实行开放的方针。在此过程中,无论是农村经济体制改革还是城市经济体制改革,都是一场由中国共产党领导的社会主义价值观启蒙。与传统社会主义第一阶段的启蒙所不同的是,改革开放以来的社会主义价值观启蒙开始真正把社会生产力的层面放到了前提和基础的位置,把人的解放同物质生产力的发展紧密结合起来。正是在这个意义上,我们才能更好地从启蒙的角度理解"以经济建设为中心"的时代意义。

如果说,20世纪革命和战争年代所进行的第一次社会主义价值观启蒙的目标是社会主义新中国的话,那么改革开放以来的中国价值观启蒙则是一种重新定位了的社会主义现代性——"'文化大革命'结束,'中国向何处去'又成为摆在中国人民面前头等重要的问题"[1]。改革开放以来社会生产力的快速发展,是对中国特色社会主义道路正确性的最有力的证明。在这其中,中国价值观启蒙在价值关系层面的一个重要表现就是"大规模消灭城乡对立"。从农村的价值关系来看,改革开放不仅提高了农民的经济收入和生活水平,而且直接把他们引入一个"现代性"的时代。从逻辑上来看,这种"现代性"首先是从"现代化"的生存方式转变开始的,大量的工业品开始作为生活和生产资料涌入农村,从根本上改变着农民的生活和生产方式,为农民提供了社会主义现代性认同的基本物质条件;与此同时,大量农村的富余劳动力开始涌入城市,在参与城市建设的过程中开始缓慢接触、了解以及艰难融入城市生活。特别是进入新世纪以来,在国家综合国力显著上升的情况下,农村也开始建立起医疗保障等社会保障体系,逐步缩小城乡差距。除了社会主义新农村建设,在房地产飞速发展、城市不断扩张的近十年中,大量的农村居民也开始转变身份,成为城市居民。原有的城乡之间的制度壁垒被不断缩小,在有些地方甚至被有条件地突破——积分落户、同工同酬等措施的力度和幅度在逐步扩大。这一切都从根本上改变着中国农民的价值观面貌,塑造出了一个完全不同于以往任何时代的中国农民价值观形象。无论是从价值关系还是价值观的层面来看,改革开放都是一场不折不扣的和平环境下的

---

[1] 习近平:《在纪念邓小平同志诞辰110周年座谈会上的讲话》,北京,人民出版社,2014,第4~5页。

价值观启蒙——这场启蒙的领导者始终是中国共产党。

总之，中国社会主义价值观启蒙并不是简单地类似于洋务运动从"开官智"到"开民智"的"自上而下"的逻辑进路，而是中国共产党领导下的"上下同一"的逻辑主旋律。作为中国共产党领导的全面改革，改革开放本身就是一场打破传统思想禁锢特别是关于社会主义教条式理解的社会主义运动。正是在中国共产党领导的人民政府的试点和推动下，中国才稳步实现了由点到面的全面开放。中国共产党的领导力不仅仅表现在经济和政治层面，同样体现在价值观层面。这种模式使得中国最广大人民群众获得了实实在在的丰厚利益，切实提高了社会生活水平，使得整个社会对改革开放和中国共产党的领导表现出了高度的价值观认同。

二、改革开放以来中国价值观启蒙的"倒逼"态势

立足于"以经济建设为中心"的中国价值观启蒙，其所面临的一个重大挑战在于，财富层面的高度价值认同往往会极大抬升功利主义的思维方式，从而把整个价值观启蒙局限于物质利益的维度。这一特点在超越性社会理想领域，极易使社会其他主体（既包括经济性的集体主体，又包括不同领域中的个体主体）在社会主义道路认同方面采取一种被动消极的态度。这种状况，典型地体现在一部分人局限于一己私利来建构自身的价值观体系上，他们在追逐社会主义生产力发展所带来的物质成果的同时，极力淡化所应承担的社会主义价值观启蒙的义务和责任，最终造成多元价值关系和极端价值事件对中国特色社会主义价值观启蒙的"倒逼"。总体上来看，这种"倒逼"主要表现在以下几个方面：

第一，倒逼整个社会权利运行规则的改革。在传统社会主义语境中，权利关系是建立在"权力关系"的框架之中的。只有经历了政治层面上的阶级区分，个体被赋予了"先进阶级"的身份指认以后，才能进入社会主义"权利"的领域，享受社会主义"权力"的保护。在这样的价值框架中，个体和社会在价值观领域表现出强大的"同一性"，并且真正具备了社会和国家层面的"主人翁"意识。因为个体的权力观和权利观从根本上是一致的，区别仅仅在于其在何种岗位上行使自己的主人翁角色而已。正是在这样的语境中，才有了"螺丝钉"式的社会普遍价值定位。在社会主义市场经济体制中，在不违背社会公共利益的情况下，个体逐渐具有了自己的特殊利益，并形成了强烈的私有产权意识。与之相伴随的是，社会权力部门的管理职能和角色定位也处于"转型"过程之中。由此造成了这样几种社会现象：一是通过非正常手段贿赂或者讨好相关权力行使者，

以获得国家权力部门的相关人员对自身私有财产的增殖提供额外支持和保护；二是通过法律和法规的途径与相关权力部门打交道，在国家和法律允许的范围内实现自身财富的增殖；三是通过直接对抗的手段，通过极端的行为来表达自身的利益诉求，例如某些人在反抗拆迁过程中的以暴制暴的行为；等等。这些现象的大量出现，意味着传统社会主义的"权力"观和"权利"观都面临着重大转型。

在当下的信息传播环境中，第一种和第三种现象往往容易引起社会的舆论关注，但从价值观的层面来看，上述三种关系均直接指向"如何在改革开放的环境中进行社会主义价值立场的解读"这一重大时代问题。在这种情况下，整个市场经济体制改革实际上都在呼唤社会权力的运行要建立在社会成员的权利基础之上，从而使社会权力部门真正变成服务于社会权利的机构。这一现象实际上一直在倒逼国家进行权力运行机制的改革。问题在于，这种改革必须立足于社会主义价值立场，去服务于市场经济的发展，而不是单纯建立"守夜人"式的政府运转机制。因为仅仅立足于市场体制（特别是在中国日益融入全球市场的背景下）的权力关系改革很容易导致社会权力成为资本的代言人，从而导致社会主义基本价值立场的迷失，使改革沦为利益既得者的狂欢，最终背离"共同富裕"的财富共享目标。也正是在这个意义上，改革开放以来的政治体制改革始终慎之又慎，始终以"最广大人民群众根本利益"层面上的社会共享作为社会权力改革的基本目标，并以此规训社会权利的基本走向。

第二，倒逼整个社会评价系统进行已有道德信念的再反思。与传统社会主义阶段相比较，改革开放以来，出现了大量"边缘性社会群体"。这些"边缘性社会群体"不直接对抗法律，而是通过打法律"擦边球""捉迷藏"的途径、以不被社会公众正面认可的方式获得巨大利益。这些无法通过法律规定的方式完全禁止却挑战公序良俗的现象，不仅引起了整个社会评价系统的焦虑，个别行为更是直接挑战着中国传统和现代的双重道德底线。例如，色情产业、婚外情、异常开放的两性甚至是同性关系，等等。在一个理想的社会里，法律应该成为道德的最低标准。也就是说，在社会交往自觉性的层面，道德的内容和主动性应该远远高于法律所描述的惩戒性红线。在社会价值关系和价值观转型期的极个别领域，法律和道德并没有成为相互的最低标准，更加确切地说，"不被惩戒"的功利性判断成为极少数群体的最低"道德标准"——甚至在某些极端案例中，"不惧惩戒"成为某些群体的"道德底线"。在价值关系多元化的时代环境中，不仅"边缘性社会群体"有独特的"道德底线"，几乎每一个群体都有自己的"道德标准",由此引发了不同年龄段和不同群体之间的"道德标准"摩擦。在这种情况下,我们传统的"维稳"思路往往偏重于"不出乱子"的"老好人"式的调解,但是这种调解本身反而更加容易使政府相关部门"引火烧身",将自己变为矛盾的焦点。对于道德无限低的行为而言,权力部门对其的惩戒仍然不能超出法律的规定,在某些情况下甚至因无惩戒依据而无法惩戒——这样的处理方式必然会引起社会舆论的强烈不满。在这种价值观态势下,如何使社会主义法律成为社会主义道德的最低标准,成为当下社会主义精神建设的一个重大考验。

在改革开放的过程中,要使社会主义法律成为社会道德的最低标准,就必须使全体社会成员处于一个相同或相似的公共价值观语境中。纵观改革开放以来的价值观语境,我们始终存在着多种维度的社会主义价值观交流平台,例如爱国主义、民族自豪感,等等。另外,我国全体公民在学校教育阶段同样存在着一个高度统一的社会主义价值观养成模式——我们也是依靠这种模式进行爱国主义、集体主义等社会主义认同教育的。问题在于,在学校教育过程中,青少年群体是如何在隐性的层面发生价值观分裂的,特别是这一时期家庭价值观和学校价值观发生了哪些不一致的现象?在此基础上,我们可以进一步追问,学校教育阶段结束以后,这种价值观裂缝是如何加大的?正是学校教育阶段以后既有价值观裂缝的不断加大,最终为挑战道德底线事件的出现埋下了伏笔。这不仅引起了相当一部分人的道德恐慌,而且还容易在市场经济中强化社会成员之间的不信任感。与此同时,市场经济本身也存在着一个缺乏监控的"边缘地带",它更容易进入马克思在《资本论》中所引用的托·约·邓宁的语境——"一旦有适当的利润,资本就胆大起来。如果有10%的利润,它就保证到处被使用;有20%的利润,它就活跃起来;有50%的利润,它就铤而走险;为了100%的利润,它就敢践踏一切人间法律;有300%的利润,它就敢犯任何罪行,甚至冒绞首的危险"[1]。从本质上来看,既然市场是现代中国人的基本存在方式,那么社会主义道德就不能停留于道德说教层面——它必须建立在社会主义法律对资本运行的规范之上并成为自觉性层面上的价值操守。

第三,倒逼整个社会进行中华传统价值观念的反思和续接。西方近代以来价值观启蒙的一个重大特征就是其价值观念的"内生性"——它对欧洲封建价值关系的扬弃背后始终存在着核心观念的历史改造和传承。

---

[1] 《马克思恩格斯文集》第5卷,北京,人民出版社,2009,第871页。

例如，欧洲"18世纪政治思想的基础是契约论，这种契约论的基本假设是从古代和中世纪思想中得来的，但它发展、改造了这些假设，使之带上了由于受到近代科学世界观的影响而来的特征"①。相比较之下，近代以来中国的价值观启蒙所面临的一个重大挑战就是现代性价值立场与传统价值语境的断裂，并导致了历史传承的弱化。在改革开放的过程中，这种弱化的后果主要体现在两个方面：一是传统文化中的"义利观"非但不能够很好地约束和规训现实交往层面"唯功利主义"的价值评判模式，反而导致了传统的伦理道德底线在微观层面上被不断突破。这不仅引起了文化危机论、道德滑坡论等悲观论调，也极容易在新生代群体中引发价值虚无主义思潮。二是由于缺乏终极价值取向层面的规范性指引，传统价值观的现代转型和复兴的努力表现出了极大的无序性乃至混乱性。在市场功利主义的怂恿下，带有极强牟利性的文化复古主义和夹杂于其中的文化糟粕大有复兴之势。在这种情况下，文化复古主义极容易再度导致价值观上的封闭主义，人为造成本土文化与外来文化的对立，而文化糟粕更是直接与社会主义价值立场尖锐对立的。

即使从价值转型的层面来看，中华优秀传统文化仍然是当代中国人身份认同的基本前提条件之一。在这种情况下，中国近代以来价值观启蒙只有达成对自身历史传统的反思，实现与中国特色社会主义价值立场的"续接"，才能为中国社会主义文化的大发展奠定坚实的历史前提。这种"续接"既不是传统封建主义文化的当代复兴，也不是简单地用马克思主义"改造"中国传统文化，而是在现代中国的社会主义价值规则中实现传统文化的当代复兴——中华优秀传统文化的创造性转化和创新性发展。在这其中，最为关键的问题并不在于为传统文化的反思划定一个基本的逻辑框架，而是在于，如何既在改革开放以来的现代价值关系中彰显社会主义的基本价值立场，又能使传统文化以此为土壤实现新时代环境下的传承和发展。要实现这一点，首先必须使社会主义的价值立场转化为全体人民的基本价值信念，为中华优秀传统文化的现代性转型提供一个公共价值平台——这恰恰要求社会主义核心价值观的真正落地。

总之，随着改革开放的深入发展，各种深层次的矛盾逐渐浮出水面，鲜明地表现在价值观和价值关系领域，对新时代条件下的社会主义精神文明建设提出了新的任务和要求。这同时也意味着对中国的社会主义核心价值观的培育和建设的时代进程提出了迫切要求。在社会主义价值关

---

① ［德］卡西尔：《启蒙哲学》，顾伟译，济南，山东人民出版社，2007，第17页。

系大发展急切呼唤社会主义核心价值观出场的"倒逼"趋势中，我们必须逐步明确改革开放的终极价值立场，使之贯彻在整个社会主义制度改革之中，以真正体现社会主义的"制度优势"，真正显现"中国道路"的时代精髓。

三、当代价值观启蒙终极目标的"模糊性"

改革开放以来，现实价值关系"倒逼"社会主流价值观进行明确表态的思想文化环境，并不能仅仅归因于市场经济体制所带来的功利主义存在方式。毋宁说，在社会整体层面上，社会主义价值观启蒙"终极目标"的不明确，为其他非社会主义价值理念的兴起和蔓延创造了条件，并提供了发展空间。从自我反思和批判的层面来看，在新旧体制的转型交替过程中，我们在一定程度上淡化了乃至轻视了社会主义终极价值理想的重要性。

在传统的社会主义语境中，"共产主义"是作为一个"近在咫尺"的目标被"不断设定"的，但它始终处于社会主义价值序列的顶端并发挥着强大的指引和凝聚作用。例如，列宁1920年在全俄罗斯电气化规划会议上直接认为"共产主义就是苏维埃政权加全国电气化"；在1961年的苏共二十二大上，赫鲁晓夫也明确提出了苏联进入共产主义的时间表；中国也曾提出"跑步进入共产主义"的口号。与此同时，在传统社会主义的价值观建构中，作为价值批判对象的"反面的因素"的存在，非但没有在社会主义内部造成破坏性影响，还一直发挥着"激励"社会主义建设者朝向终极价值目标努力的作用。对于这种"反面的因素"我们不能一概进行否定。从认识论上来看，这种"反面的因素"主要包括与中华人民共和国成立前的劳动人民苦难生活状态对比，包括中华人民共和国成立前国家屈辱状态的比较。实际上，这种比较不仅具有客观性，同时也能激发全体人民对社会主义的国家认同和道路认同。与此同时，在阶级斗争扩大化了的价值视野中，我们必须承认"宁要社会主义的草，不要资本主义的苗"等极端价值观口号所带来的严重后果，同时也不能完全否认社会主义与资本主义在意识形态特别是价值观领域存在严重冲突的客观事实。

改革开放以来，社会主义主流价值观的一个重大态度转变，就是从对西方资本主义社会的"全盘否定"转变为"学习人类文明的一切优秀成果"。虽然这一过程在国家层面仍然存在意识形态的谨慎和底线，但是对于那些从社会主义计划经济时代跨越进社会主义市场经济时代的普通民众而言，这无疑是一种价值信念的彻底重构——其传统社会主义的价值理念、超个人功利性的价值定位、"割资本主义尾巴"的价值热情等"反市场"的因素，反过来要受到市场经济的评价、洗礼和重构。这无疑会引起一代人的价值观混乱乃至扭曲，从而导致社会主义终极价值理想在代际传承层面的断裂。当最初参与改革开放的一代人逐渐不再以"共产主义"作为自己人生的终极价值理想的时候，他们自然也不会向自己的后代传递这样的理想。相反，他们的后代反而能够深刻体会到父辈在理想和现实层面所经历的那些挣扎，从而逐渐习惯超越性理想被功利性价值关系所消解的现实和逻辑。这不仅是个体层面上的转变，20世纪90年代以后，甚至在主流媒体上，"共产主义"这一社会主义终极价值理想的称谓也逐渐淡出，转而强调GDP和其他经济数字以及相关建设成果。在这一过程中，我们关于马克思主义研究和宣传的一个重要特点就是对马克思主义的"掐头去尾"——在保留生产力和生产关系的论断的同时，淡化阶级分析方法和共产主义社会理想。在主流思想文化领域，这表现为对量化思维方式的尊重和对以此为基础的物质生活内容的强调，但同时又缺乏对终极价值理想的强调。[①] 问题在于，资本主义价值观念的抽象性很容易造成"终极价值理想"的假象并在社会公共价值观领域试图替代"共产主义"的问题。在这一过程中，我们经过量化了的社会主义发展目标在宣传文化领域也没有强调与资本主义的本质区别，从而进一步增加了西方价值观的迷惑性。

在此，我们绝对不是说改革开放应该无条件继承传统社会主义视野中的终极理想解读模式，而是说在改革开放的过程中我们仍然需要既立足中国国情又要找到彰显马克思主义基本立场的主流价值观构建方式，从而合理阐释符合中国国情的超越性价值理想。这种超越性价值理想，必须在核心价值观领域中将改革开放的实践逻辑与马克思主义的社会追求有机统一起来。在现实生活中，特别是在具体的宣传工作中，我们往往缺乏这一方面。如果说，改革开放伊始的"小康社会"主要侧重于对全国人民温饱问题的克服的话，那么"和谐社会"完全有可能在某种层面上成为中国人的超越性价值理想。问题在于，在具体的操作过程中，"和谐社会"一方面被过度从"物的形象方面"进行了解读——它满足于被演变成一系列的指标，被局限于和谐社区、和谐家庭中，唯独没有被上升为社会的超越性价值理念。另一方面，"和谐社会"又在一定程度上被等同于"可以直接被实现的量化指标"——它当然要发挥对现实矛盾的规训作用，

[①] 详见第四章第四节"历史唯物主义的范式演变与价值研究的理论视野"。

但是决不应直接被等同于现实。从价值观领域来看，需要"培育""建设"和"追求"的，恰恰是我们当下所欠缺的东西。即使在当下培育和建设社会主义核心价值观的过程中，我们仍然迫切呼唤适合中国国情的社会主义超越性价值理想——它必须作为中国价值观启蒙的终极目标而存在。

这种超越性价值理想在社会转型时期的淡化乃至暂时性的模糊，绝不意味着社会主义价值理念的"落后"。相反，这是任何一种社会制度在自我调整、发展和完善过程中都要面对的挑战。在西方近现代历史上，资本主义的价值观启蒙虽然是"内生"的，但绝不是"一以贯之"的——它同样经历了一系列的变化。在康德那里，启蒙"就是人从他咎由自取的受监护状态中走出……要有勇气使用你自己的理智"[1]，是一种理性能力的自我确认和逻辑推论——它的主要斗争对象是未经理性审视的蒙昧，是"没有他人的指导就不能使用自己的理智的状态"[2]。在早期的启蒙思想家那里，他们曾经真诚地认为，运用资本主义时代的抽象理性，能够克服当时社会的一切弊端，建立起一个真正意义上的完美社会。在这一过程中，伴随着宗教改革运动的兴起，新教伦理在资产者中不自觉地扮演了资本主义上升时期的超越性理想角色，从而在特定时代中把守财奴和财富制造者的角色在传统禁欲主义的价值立场中融为一体，为资本主义的原始积累做出了巨大贡献。然而，随着资本主义的发展，当高度发展的功利主义不再需要新教伦理这种前现代价值观支撑的时候，资本主义价值观随即对人的权利进行了抽象化和市场化，进而给"人权"穿上了"资本主义"的外衣。

从与传统文化的关系层面来看，核心价值观仍然处在"内生性"培育的阶段，中国价值观启蒙目前仍然面临着外部价值观特别是西方资本主义价值观的"传播压力"。由于终极价值取向的模糊和现实功利维度的兴起，导致改革开放以来公共价值观对以往历史观的批判性反思出现了停滞。这种停滞并不会直接影响经济财富的创造，但中国价值观启蒙得以深入的基本前提恰恰需要建立在这种批判性反思之上。如果没有这种批判性反思，真正意义上的现代中国社会主义价值观认同和文化自信就不可能牢固地建立起来。不仅如此，如果这种反思停滞不前，我们的文化自信和价值观自信在某些群体那里就有可能再度被扭曲为封建主义的传统文化自大和价值观固执，封建的、等级的、压迫性的价值观念就有再

---

[1] 《康德著作全集》第8卷，北京，中国人民大学出版社，2010，第40页。
[2] 同上书，第40页。

度兴起的可能。这种情况也能够解释为什么现在市场经济中的"女德"班重新高举"男尊女卑""三从四德"的价值观旗帜,并获得了相当多拥趸的现象。从这个意义上来看,封建守旧价值观在改革开放以来的死灰复燃,绝不是由于我们传统的思想政治教育出现了懈怠,也不仅仅是教育的方法出了问题,而是我们的思想宣传工作本身没有上升到社会主义价值观启蒙的反封建高度,更没有把反封建视为社会主义的基本价值信条。无论在哪种现代性启蒙中,一旦缺乏反封建的基本价值观信条,就不可能建立起现代意义上的完整核心价值观念。这就造成了这样一种后果,大学生相比较于小学生在工具理性层面上表现出了巨大进步,但是在道德修养层面的进步却很难说有如此之大——以至于我们要告诉全社会的成年人什么是光荣的,什么是耻辱的,而这些内容恰恰是在学龄前阶段就应该具有的、关于"善恶区分"的基本素养。与之形成鲜明对比的是,西方现代价值观恰恰是建立在反封建的基础之上的,由此在价值观交流的环境中形成了一定的传播优势。

从根本上来看,当下中国价值观启蒙目标的模糊性,其最终根源在于我们对社会主义本质问题的认识仍然是一种初步解答。社会主义核心价值观,即使简化为价值交往规范,也尚未真正体现在制度建设中,尚未真正转化为社会治理的基本规则。这就造成了整个社会主义价值立场对社会价值交往关系的规训能力尚未真正显现出来。外来价值观特别是西方价值观的抽象性和迷惑性,在某些群体那里又进一步加剧了中国价值观启蒙终极目标的"模糊性"。进入21世纪,虽然中国当代的价值观启蒙总体上仍然处于多种矛盾交织的复杂状态,但已经表现出了相对清晰的逻辑框架。这也是与改革开放发展的阶段性步骤设定相对应的。在这种情况下,中国的价值观启蒙要求我们必须在最先进的层面上首先培育和建设社会主义核心价值观,进而使之固化为法律制度规定,从而在现实的社会交往特别是经济交往领域为价值观启蒙提供方向性的指引和示范。

第三节 中国价值观启蒙中的"中华优秀传统文化"

任何一个国家和民族都有自身独特的文化传统,这种文化传统既表征着该国家和民族的历史渊源,又彰显着其特有的价值观气质。培育和践行社会主义核心价值观,必须重视中华优秀传统文化,特别是重视中华优秀传统文化不可替代的文化前提作用——"中华文明绵延数千年,有其独特的价值体系。中华优秀传统文化已经成为中华民族的基因，植根在中国人内心，潜移默化影响着中国人的思想方式和行为方式。今天，我们提倡和弘扬社会主义核心价值观，必须从中汲取丰富营养，否则就不会有生命力和影响力"①。从理论上来看，回应"用中华优秀传统文化涵养社会主义核心价值观"这一时代命题，不仅必须注意到中国传统文化和中华优秀传统文化的关系，还要将其放在中国近现代以来整个社会转型的大框架中去定位和探索，使之与社会主义核心价值观建设形成真正的合力。

一、"中华优秀传统文化"的时代界定

任何文化都是特定时代中政治和经济交往方式的思想表现。即使是同一种文化，在不同时代中也会具有不同的形态——彼此之间虽然存在着历史传承关系，但又有着重大区别，并各具特殊的精神气质。在用中华优秀传统文化涵养社会主义核心价值观的过程中，我们无法单纯依据中国传统文化经典来断言哪种形式或流派的中国传统文化是"内在契合"于当下时代发展潮流的。"中国传统文化"与"中华优秀传统文化"的区分，并不仅仅是一个简单的"语言摘取"问题，而更多的是一个社会转型中的理论和实践问题。如果我们拘泥于从文化复古主义的视角来看待中国传统文化的当代处境，就会陷入无视古代中国和现代中国的巨大时代差别而单纯执迷于某些理念的泥淖。从"中华优秀传统文化"的视角来看待"中国文化"，它一定是"活的文化"，其内在的结构和思想精髓一定是随着中国社会的发展而发展的。从这个意义上来看，"中华优秀传统文化"更多的是适应了近现代以来中国社会转型的需要，既能为中国人的文化认同提供思想渊源，又有助于中国人在新的时代环境中为新的社会交往和伦理建构提供传统借鉴的、不断充实和变化着的"传统文化"。

第一，"中华优秀传统文化"是适应了中国近现代以来反封建的时代需要，有助于中国走向现代世界的传统文化。文化的社会承载者是现实的、实践的个人，个人实践状态的变化，必然会引起其文化认知结构的相应调整。中国近代以来推翻帝国主义、封建主义和官僚资本主义"三座大山"的历史过程，必然会在文化领域引起社会思想状态的重大变化并引起传统文化认知和态度上的重大变化。其中既有断裂，也有继承。这种

---

① 习近平：《青年要自觉践行社会主义核心价值观——在北京大学师生座谈会上的讲话》，北京，人民出版社，2014，第7页。

"断裂"主要表现在中国进入现代社会的过程并不是一种社会的自然发展史过程,而是由于外部力量的侵入引起的中国社会结构的剧烈变化。即使是在社会结构的剧烈变化中,中国传统文化的基本要素仍然顽强存在着并构成了中国社会关系变化和发展的传统土壤。从这个角度来看,进行"中华优秀传统文化"的"当代发掘",就是要从文化自觉性的角度进行现代和传统的"文化续接"。这种"文化续接"一方面就是要理顺继续影响现代实践的传统文化要素和传统文化本身的逻辑关系,展现其近现代发展的完整逻辑链条,另一方面就是在这种逻辑链条中自觉展现其所经历的并且正在发生的反封建成果。

第二,"中华优秀传统文化"是随着中国现实生活状态的发展而变化的,这种变化贯穿着创造性的传承。马克思的论断同样适用于中国传统文化的现代处境:"人们自己创造自己的历史,但是他们并不是随心所欲地创造,并不是在他们自己选定的条件下创造,而是在直接碰到的、既定的、从过去承继下来的条件下创造。一切已死的先辈们的传统,像梦魇一样纠缠着活人的头脑。"①中国传统文化,作为一种历史传承,依然对中国人的现实生活状态发生着重要影响。这些影响不一定全部是正面的,但其"(精华)"或"糟粕"并不是一个单纯的静态挑选结果,而是在社会不断发展或调整的过程中所进行的方向判定。在时代发展所带来的社会结构性调整中,虽然某些领域依然被中华传统文化包裹并发挥着巨大的作用,但是其具体的伦理规则却发生了根本性的变化。这些变化之处恰恰就是中华优秀传统文化的现实生长点。正是在这个意义上,"对传统文化中适合于调理社会关系和鼓励人们向上向善的内容,我们要结合时代条件加以继承和发扬,赋予其新的涵义"②。还有一些传统文化的领域,我们可以将之定义为中华传统文化的瑰宝或"活化石",这些内容正在随着现代生产和生活方式的改变而急剧消失,我们对它们的整理和保护,有助于我们保存民族的文化记忆,增强民族归属感和文化认同感。实际上,整个中国传统文化和传统意识形态近代以来已经发生了和正在发生着巨大转型,中国传统文化已经经历了和正在经历着巨大的时代转变。这是世界文化的一种发展趋势,否则也不会出现"世界文化遗产保护"这样的全球性文化遗存抢救项目。

第三,"中华优秀传统文化"的相对固定性来源于其伦理框架的相对

---

① 《马克思恩格斯选集》第1卷,北京,人民出版社,1995,第585页。
② 习近平:《在纪念孔子诞辰2565周年国际学术研讨会暨国际儒学联合会第五届会员大会开幕式上的讲话》,北京,人民出版社,2014,第7页。

稳定性，但是其内涵又发生了重大变化。即使近代以来我们经历了汉字简化、白话文语言表达方式的转变，使得我们距离古代文化经典表述方式有了相当的距离，然而现代语言表达方式的转变与传统话语方式并没有发生根本性的断裂，我们的教育体制中对古文的重视本身就是一种文化的续接。正是这种续接，使得中华优秀传统文化在当代有了基本的保障。在这种情况下，我们必须从理论和实践的层面进行双重确认：中华优秀传统文化的生命力在于"当代"。中华优秀传统文化绝不是简单地把中国传统文化的某一部分进行直接跨领域、跨时空的"当代移植"，不是把古典文化直接"嫁接"于当代实践。虽然我们承认中国人的伦理生活状态离不开、也不可能离开中国传统文化的历史积淀，我们也必须承认对传统的反思和批判首先是以传统对我们的塑造为前提的，但随着社会时代的变化，中华优秀传统文化的内涵也在发生着相应的变化。正是在这种变化中，才有了将中华优秀传统文化与社会主义核心价值观有机结合起来的可能。否则，不同时代、不同背景、不同逻辑框架下的简单拼接，只会导致"关公战秦琼"式的理论闹剧。正是在中华优秀文化的时代内涵发生历史性调整的情况下，才能与改革开放、社会主义核心价值观建设处于同一时空环境下，才会形成川流入海、相向而行的文化态势。

第四，"中华优秀传统文化"能够给我们提供一种既面向世界又不同于西方文化的民族身份认同——"从历史的角度看，包括儒家思想在内的中国传统思想文化中的优秀成分，对中华文明形成并延续发展几千年而从未中断，对形成和维护中国团结统一的政治局面，对形成和巩固中国多民族和合一体的大家庭，对形成和丰富中华民族精神……都发挥了十分重要的作用"[1]。面对中华优秀传统文化，我们既不能自我贬低，也无须将之神化。我们需要承认这样一个客观事实：纵观整个近现代中国文化史，中华优秀传统文化并没有被西方资本主义文化打败，但是也没有打败西方资本主义文化，而是与西方资本主义文化处于一种文化交流和抗争状态中。相比较之下，中国传统文化对西方世界的影响，要远远小于西方文化对中国社会的影响。即使在国内，相对于西方文化，中华优秀传统文化在青年群体中的价值观影响也未必能够形成比较优势。另外，需要注意的是：即使是站在中华优秀传统文化的立场上，我们究竟应该以什么样的姿态去面对西方资本主义价值观？是拒斥还是超越？如何既

---

[1] 习近平：《在纪念孔子诞辰2565周年国际学术研讨会暨国际儒学联合会第五届会员大会开幕式上的讲话》，北京，人民出版社，2014，第5~6页。

能立足当代社会主义立场又能有条件地借鉴中华优秀传统文化资源去解释社会主义核心价值观中与西方价值观在概念表述上发生重合的相关词汇？同样需要我们注意的是，现代社会虽然导源于西方文明，但是社会主义核心价值观与中华优秀传统文化的有机融合，恰恰能够在中国构建一种不同于西方现代性的现代社会。在这样一个社会中，中华优秀传统文化客观上需要上升为社会主义核心价值观的文化来源，并在现代中国国家和民族认同的层面被高度重视。

在此过程中，我们还需要注意到文化的理想性与现实性之间的区别。中国传统文化尤其是中华优秀传统文化中的价值理念更多地表达的是古代人民的生活智慧和对理想状态的追求，而不是意味着当时的社会状态已经直接实现了其中的文化理念。正是因为这种理念没有成为现实，后来的文化继承者才会在新的时代条件下不断调整自身的文化认知，发展自身的文化传统，不断修正文化的目标，最终在不同的时代表现出了不同的特点。

二、传统文化现代性转型的理论误区

在"用中华优秀传统文化涵养社会主义核心价值观"时，我们必须注意到它的时代语境：这在本质上是马克思主义中国化的一个重要举措。这是在新的时代环境中，以马克思主义的基本立场为价值导向，以中国具体的国情为现实依据，以尊重历史传承为客观前提，所进行的"中华优秀传统文化"与"社会主义核心价值观"建设的双向互动。在这一过程中，我们在理论上始终需要明晰"马克思主义中国化"在这一过程中的基础性地位，始终明确"中华优秀传统文化涵养社会主义核心价值观"与"中国传统文化导向社会主义核心价值观"两个命题之间的本质区别，从历史与现实的角度看待传统文化与社会主义核心价值观的关系，防止陷入以下三种理论误区：

第一，一视同"仁"地看待所有的中国传统文化，无视中国传统文化不同流派、不同时代的重大区别，采取简单粗暴的大杂烩的拼凑方式，"旁征博引"地把所有传统文化典籍中的相关华丽词汇堆积起来并用以"装饰"社会主义核心价值观，仿佛在中国古代历史中就已经有了社会主义核心价值观的"萌芽"。这种做法极容易导致对中国传统文化的误解：将中国传统文化等同于中国古代文化的经典文本，从而从死的、静止的角度看待它。在这样的情况下，我们非但看不到中华优秀传统文化的真面目，也将无法找到社会主义核心价值观——我们得到的将只会是一堆华丽的词汇和伦理格言。与此同时，这种华丽语言堆积的话语方式，表面上看来瞬间实现了马克思主义与儒、道、释的"有机结合"，实际上却是曲解了所有的思想形式，抹杀了上述各种思想的时代背景和本质差别，使我们看不到中华文明发展的历史传承和逻辑演进。这种误区所导致的后果，是将"用中华优秀传统文化涵养社会主义核心价值观"这一命题变成了一种辞藻游戏，专注于依靠背诵、引用、修辞等方式来"推进"社会主义核心价值观的培育和建设，来"实现"中华文明的当代复兴，而没有认识到"用中华优秀传统文化涵养社会主义核心价值观"是一个长期的、具体的社会文化发展历程。

第二，无视马克思主义与中国传统文化的本质区别，无视马克思主义哲学对前现代哲学的时代超越，消解马克思主义哲学的革命性、批判性。在这样的视角中，工业社会和农业社会的差异被忽视了，资本主义社会和封建社会的区别被消解了，"人与自然的统一性"问题在不同时代的本质区别被淡化了——"中华优秀传统文化涵养社会主义核心价值观"变成了"中华传统文化导向社会主义核心价值观"。正是在这样的视角中，才有观点直接将王阳明的"问仙家元气、元神、元精。先生曰：只是一件，流行为气，凝聚为精，妙用为神"[1]的表述直接对接社会主义核心价值观的精神气质。在这样的理论误区中，马克思主义的立场被消解了，马克思主义中国化的维度被忽视了，马克思关于工业社会的分析、关于资本主义剥削和压迫的理论被悬置了，共产主义的理想被无视了。这种理论误区强行使马克思主义和它所批判的思想对象进行"联姻"，这非但没有达到马克思所批判的旧唯物主义的水平，甚至无视哲学基本问题在马克思主义哲学中的体现。与此同时，这种做法也很容易导致把中国传统文化的思想经典直接等同于历史实践，把经典著作中的某些思想家对理想状态的描述等同于中国当时思想界的基本共识，最终混淆了存在巨大差别的思想境界与历史文化现实之间的关系。

第三，无视中国在近代处于落后挨打状态背后的文化原因，简单采取二元对立的思维方式，认为仅仅剔除一些"糟粕"后，"中国传统文化"的剩余物就是"中华优秀传统文化"。实际上，任何一种文化都是一种时代建构，它必然要反映特定时代中人们的行为框架和价值观框架。从这个意义上来看，任何文化体系都是以人的实践活动为基础并通过文学、艺术、价值观和伦理行为等因素被"架构"起来的。面对一种文化形式，

---

[1] 王阳明：《传习录》，扬州，广陵书社，2016，第18页。

简单采取"抽取一部分、保留一部分"的方式很容易导致其文化框架的崩塌。这种做法也不能显现其特有的时代气质。中华优秀传统文化的现代生长,恰恰要求其必须具备现代中国的时代气质。另外,这种做法也极易滑向"文化复古主义"的道路——在这样的道路下,"以复古心态理解文化复兴,无视历史上的挫折和教训,一厢情愿地美化过去的东西,仅仅把古人的道德理想和说教当作精华,热衷于无批判地重复和把玩。这种把'复古'当作导向的优越感,实际上意味着中国传统文化的优势终结于古人描述的道德理想和规范体系,此外更无先进的思想资源。因此它不仅'排外',也'非今'(厚古薄今),看似坚守传统,却恰恰是阉割了中华传统文化的整体优势,甚至还把历史已经证明了的劣势当成了优势"①。

为此,讨论"用中华优秀传统文化涵养社会主义核心价值观"时,需要深入研究"中华优秀传统文化"在当下中国转型和发展中的时代处境问题。厘清这一根本问题,有助于我们进一步深入理解:为什么有着那么多优秀传统文化资源的中国,适应不了近代世界的发展趋势,而在20世纪转向了马克思主义?同时这也有助于我们理解:马克思主义在"中国化"的过程中与中国传统文化发生了什么样的关系?给了我们什么样的时代启示?只有理解了这两个层面,中华优秀传统文化与社会主义核心价值观才能真正地"相遇"。

三、"中华优秀传统文化"的时代挑战

相对于中国传统文化而言,以"中华优秀传统文化涵养社会主义核心价值观",一个重要的前提就在于中国传统文化能否实现"优秀"这一关键转化,使其从一种重要的文化资源转变为适应当下时代要求的、全面的、自觉的文化践行。这就要求其在中国社会转型的过程中,既能实现中国文化的历史传承,又能在现实的社会生活中满足现代中国人精神生活的需要,还能自觉地适应中国发展的总体形势,确保其既是历史的,又是当代的,既是中国的,又是能够走向世界的。从总体上看,"中华优秀传统文化涵养社会主义核心价值观"面临着以下挑战:

第一,相比较于中国传统社会,"中华优秀传统文化"必须从价值理念上摒弃前现代社会的压迫性、等级性价值理念,而对接以社会主义视野中的民主、平等等价值理念。这并非阉割中华优秀传统文化,而是中华优秀传统文化当代复兴的基本条件。这也并非要篡改中华文化的本来

---

① 李德顺:《怎样理解我们的文化优势》,《北京日报》2013年10月28日。

面目，因为文化的生命力必须适应实践的发展要求。在当下的环境中，如果再次倡导"三从四德"，则注定是一种历史的反动。此外，这种价值理念上的"对接"也不是一种生硬的概念剔除或填充，而是一种时代转型的要求。从逻辑建构的角度来看，中国传统文化向中华优秀文化的过渡，背后应对的是中国传统社会向中国特色社会主义现代社会的过渡过程。比如，在核心价值观领域，中国传统文化虽然没有明确提出"核心价值观"这一术语，但是"仁义礼智信"在某种程度上可以理解为中国传统文化的核心价值观。这种生发于农业社会的传统价值观在当代遇到的最大的问题是，它过于理想化了个体的道德修养而淡化了制度的强制性和社会发展状态的历史局限性。现代社会的问题在于，在竞争性、牟利性的市场经济体制中，个体道德修养是和谐社会的必要条件而不是充分条件。如果单纯求助于个人私德，则极易发生"劣币驱逐良币"的不良社会效果。老人倒地扶不扶、是否应该"见义勇为"等传统社会无须思考的伦理道德问题，在现代中国之所以成为问题，本身就表明中国传统文化的语境和当代现实社会处境之间的巨大鸿沟。在这种情况下，保证社会向善本身就是中华优秀文化的体现，问题在于，如何使社会主义核心价值观的内在理念与中华优秀传统文化的当代精神实现内在逻辑上的总体一致。

  第二，相比较于经济全球化，中华优秀传统文化在形象方面最大的挑战在于，通过什么样的方式"走出自身"并获得一种普遍影响。文化的生命力就在于传播和传承。中华优秀传统文化根源于农业文明，在现代文化传播的过程中，它必然要与其他文化形式发生交流、融合甚至冲突。在中国走向世界的过程中，也必然伴随着中国文化走向世界这一过程。在这一过程中，如何实现中华优秀传统文化的世界认可和全球赞赏，关系到中国的文化软实力能否真正建立起来。这并不是单纯向世界"灌输"中国传统文化，而必须以当代中国文化为依托，实现包括中华优秀传统文化在内的整个社会主义精神文明成果的世界传播。因为对于任何一种文化来说，如果没有现代形象的支撑，便终究无法在现代世界获得相应的尊重。古埃及文明在西方一直引起高度的关注和兴奋，但是整个埃及文化并没有获得与之相匹配的现代形象，一个重要的原因就在于埃及古代历史传统与其当代偏西方文化环境之间的时代鸿沟。中华优秀文化必然是一种活的文化，必然要同时反映当代中国人的历史和现实风貌。这就要求我们必须处理好两个方面的关系：一是在中国文化走向世界的过程中，如何处理中华优秀传统文化与世界其他文化形式的关系问题，在牢固我们自身文化认同的基础上进行正向的文化交流。二是在中国国内培育和建设社会主义核心价值观的过程中，如何处理中华优秀文化传承与各种"现代性思潮"的关系问题。这一问题关系到我们自身的当代定位和对待自身历史传统的根本态度。只有明确了我们的根本态度并达成全社会范围内最大限度的共识，中华优秀传统文化才能获得一个良好的现代社会生长空间。

第三，中华优秀传统文化要实现与现代中国价值理念的对接，必须认真探索"如何不断进行自我反封建洗礼"这一根本问题。要实现传统文化乃至于华夏文明在当代真正的复兴，我们就必须认真对待它在历史上所经历的最近一次重大挫折中的问题：在中国近代以来落后于世界及被动挨打局面出现的过程中，中国传统文化到底扮演了什么样的角色？给我们带来了什么样的启示？中国传统文化最大的问题就在于它的价值排序上——植根于传统农业社会的、从自然逻辑序列"演绎"出来的社会逻辑序列，并最终与封建等级身份关系合流。中华优秀传统文化当代生命力的一个重要挑战就在于其自身的这种逻辑序列如何调整并适应中国现代社会交往规则的问题。比如，在古代社会中，由"孝"的观念可以延伸出整个社会的伦理等级关系。这就给如何在现代中国解释"孝"的问题造成了巨大困惑。古代父母可以为自己的孩子"指腹为婚"，子女的服从本身就是一种"孝"，但这种行为在现代社会显然值得商榷。按照现代社会中人与人之间法律和人格上平等的视角来看待父子关系，传统社会中父亲的地位又会发生极大变化。实际上，这种反封建的文化洗礼正在大规模发生着。在现代社会，如果一种传统文化没有经过社会实践层面的大规模的反封建洗礼，那么这种文化的现代生命力就是值得怀疑的。这种反封建洗礼，并不仅仅是理论层面的批判或筛选，而更多的是实践和制度方面的重构。正是在这种重构中，社会公共价值序列才能真正打破"家天下"的私人利益格局，才能真正把国家变成社会国家，而不是某一个人或一群精英的国家。

由于历史和现实的原因，当代人的精神生活和中国传统文化产生了相当的距离，使得我们对传统文化极易陷入幻想。中国传统文化的一个重要问题在于，其价值理念从来没有在前现代社会中真正"自我实现过"，而更多地在社会文化精英群体中扮演了价值引导者的角色。要真正实现"中华优秀传统文化涵养社会主义核心价值观"，我们就必须厘清：近代以来，特别是改革开放以来，中国传统文化植根于什么样的社会土壤？从整体上来看，中国传统文化获得了复兴的时代条件。无论是从学术上还是社会风俗上，社会的宽容度相比较于计划经济时期获得了前所未有的发展。同时,"不信马列信鬼神"的社会现象也沉渣泛起,大有蔓延之势,这就给中华优秀传统文化的当代生长带来了巨大挑战。对此,最关键的问题在于,如何在当下的社会实践中实现中华优秀传统文化的创造性转化和创新性发展。

四、中华优秀传统文化创造性转化、创新性发展的前提思考

中华优秀传统文化现代生命力的根源在于当代中国人在相关伦理道德的领域仍然没有脱离传统文化的宏观语境。这种宏观语境既包括个人安身立命的自我道德要求,也包括人际交往中的相关社会环境评价,更包括个人与社会的价值关系定位。相对于传统社会,虽然当代中国发生了巨大变化,但现代中国人在伦理交往和社会交往的各个领域中仍然存在着与中华优秀传统文化相交叉的语境。在这样的背景下,阐发中华优秀传统文化的当代价值,首先应该从中国时代转变的宏观架构层面厘清中华优秀传统文化当代转型的逻辑架构与社会主义核心价值观的时代导向之间的关系。只有这样,才能在培育社会主义核心价值观的过程中,以社会主义核心价值观为导向,真正推动中华优秀传统文化的创造性转化和创新性发展,推进马克思主义中国化向更深层次和更高层面发展。

第一,从"现代性"的语境来看,中华优秀传统文化的创造性转化和创新性发展,必须注意到中国进入现代社会以来对封建等级架构的消解问题。中国传统文化中的"等级意识"是内在于其价值体系之中的,这就使"等级式的服从"成为中国传统世界观的本质特征之一——"万物之所以能够和谐并存,并不是因为有一个外在于他们的最高权威在发布命令,而是它们都属于一个等级分明的整体,各个部分形成了一种有机的世界样式,它们服从的乃是自身本性的内在命令"[①]。随着中国近代以来逐步进入现代性社会,人与人之间现代意义上的平等意识迅速蔓延并成为价值交往原则上的客观要求。在这一过程中,代际之间、群体之间的等级意识和价值观表现随之出现了崩溃的局面,相关的等级框架被逐步颠覆。从文明发展的角度来看,我们可以将这一过程评判为"进步"。然而,如果单纯立足于传统文化的价值立场,对这种时代变化的评价很可能是"大逆不道"的"倒退"。即使是"水能载舟,亦能覆舟"的"君民关系"论断,其在传统语境下首要的价值目标也是为君主统治、为封建等级关系服务。正是在这种情况下,中国传统文化等级语境中的"圣君""明君"成了一种

---

① [英]李约瑟:《文明的滴定》,张卜天译,北京,商务印书馆,2016,第309页。

偶然性的恩赐。即使是在这种社会偶然性的恩赐中，社会和谐也必须是以人民无条件服从君主及其封建统治关系为前提的。正是如此，才出现了"兴，百姓苦。亡，百姓苦"的千古绝唱。从这个角度来看，中华优秀传统文化当代生命力的生长点在于，如何在社会主义民主建设的过程中，以社会主义核心价值观的培育和建设为契机，在重新阐发其价值理念的过程中实现中国传统文化理论精髓的结构性重生，进而服务于社会主义核心价值观建设。正是在这种结构性重生中，中华优秀传统文化的现代生长才得以可能。因此，中华优秀文化的当代创造性转化、创新性发展，绝对不是一个纯粹的理论问题，而一定是在现实的社会实践中全面生发的。

第二，中华优秀传统文化中等级架构的消解及其逻辑梳理，必须适应中国现代化建设的时代土壤，映现中国近现代社会转型的历史脉络，导向或至少不偏离社会主义价值立场。只有在这样的时代价值视野中，我们才能在社会主义现代性的层面上进行中华传统文化中的某些因素是否"优秀"的价值界定，而不是将传统文化的相关语句生硬地"浇灌"进社会主义核心价值观。从传统文化"服从伦理"的视角来看，现代市场经济中"人与人之间的竞争性关系"很难被定义为"正义"的。传统文化在价值评判机制领域与市场价值定位存在着尖锐的冲突。从历史角度来看，近代中国及中国传统文化并不是自然也不是自愿进入现代性状态的，而是在资本主义主导的全球化浪潮的裹挟中被"卷入"世界历史潮流的。在这样一种以资本剥削、帝国主义全球横行为特征的资本主义潮流中，中国数次几乎陷入亡国灭种的灾难境地。各种救国的学说和实践本身从不同的层面表达着对待中国传统文化的态度：必须首先考虑如何使中国实现独立和自强。从洋务运动的"师夷长技以制夷""中学为体、西学为用"的文化保守主义，到"打倒孔家店"的文化激进主义，都映示出不同社会群体在不同立场和层面上的对待传统文化的态度。从这个角度来看，顺应中国近代国家和民族救亡大趋势的，才能谈得上是"进步"的，才有可能是"优秀"的。如果没有这样一种"救国存亡"的层面，中华优秀传统文化近现代的生命力就不可能被充分阐释出来，更无法从逻辑上导向社会主义的价值立场。

第三，在中国传统文化近现代发展历史脉络梳理的基础上，分析总结当代中国价值观发展的现状及其问题，拓展中华优秀传统文化的当代生长域。面对传统文化，我们的问题并不仅仅是确定态度，更重要的是确定以何种方式从中华优秀传统文化中汲取有效资源，在促进现实问题解决的同时使中华优秀传统文化真正在当下改革开放的具体实践中实现创造性转化和创新性发展。随着中国改革开放的不断深入，特别是在"文化商品"生产机制的推动下，我们的文化领域呈现出一种视野高度开放、选择空间异常多样的状态。在社会主义市场经济体制发展和完善的过程中，中国人的生存方式和交往方式也发生了重大的变化，各种传统被不断消解，而新的文化模式和具有共识性的公共价值观准则尚未完全建立起来。比如说，传统的父权制或封建家长制的家庭关系结构被逐渐消解，家庭成员的平等意识相比较于传统社会发生了巨大变化，人们的交往方式和礼仪方式都不同于传统社会。中国历来有"家"的概念，无论天涯海角，每逢重大节日，只要有可能，就会发生全民范围内的家庭大团聚。这可以说是中国文化的一大特色，但是当下的这种表现又与传统产生了重大差别——传统的"父母在不远游"的价值准则被消解掉了。在这种情况下，中华优秀传统文化在家庭观念、道德自律、国家和民族意识的当代塑造等关键领域，始终能够为中国现代性历程中的家庭、经济和社会伦理健康发挥正面作用，而这种作用恰恰需要在其创造性转化和创新性发展的过程中才能被充分展现出来。

第四，在回答和推动解决中国现实问题的过程中，需要实现中华优秀传统文化当代发展脉络与中国特色社会主义实践发展脉络的总体一致。文化是时代风貌的一面镜子，虽然有时候它会以哈哈镜的形式表现出来。传统文化，甚至是中华优秀传统文化，在当代面临的一个重要挑战是如何在文化的市场化大潮中既能尊重历史传统，又能坚持正确的社会价值导向，从而生产出一批既有消费市场又能发挥社会正能量的文化商品。资本进入文化领域，是当下文化发展的一个重要特点，也是传统文化当代发展的一个重要挑战。正是在这种文化的市场化操作中，传统文化和中华优秀文化之间的差异开始显现。各种传统文化的培训班和补习班层出不穷，有些甚至开始重新宣讲中国古代女子的"三从四德"①。参加这种补习班的成员，不乏改革开放以来"先富起来"的一部分男性的配偶及其子女。某种程度上，传统文化在当代的"复兴"，其中的前现代因素，特别是与现代基本伦理交往规则的差异方面，仍然需要我们高度重视。

---

① 例如，近年来某些地区打着"复兴传统文化"之名举办的个别"女德班"，公开倡导"男尊女卑"，把"女德"解释为"打不还手，骂不还口，逆来顺受，绝不离婚"。甚至，有的"女德班"公开禁止女学员吃盒饭——因为一次性丢弃的饭盒，会妨碍女性"做家务"的"美德"。这些现象的出现，一定程度上反映出了改革开放以来某些群体对于社会道德和相关价值规范的迷茫。这一问题的出现，客观上也进一步呼唤社会主义核心价值观的真正落地。

从文化发展的角度来看，当下某些存在争议的以传统文化为题材或背景的影视商品，恰恰就是有待于进一步培育和建设社会主义核心价值观的时代反映。在某些"戏说古代"的影视剧中，好人最终变成了坏人并取得了胜利。这种做法虽然获得了瞠目结舌式的剧情效果，却也在抹杀关于那段历史的文化层面上的价值观尊重，最终沦为"戏说荷尔蒙"的文化自虐。正是由于缺乏社会核心价值观，文化的凝聚力才显得异常苍白，以取悦消费者感官为目的的文化产品才极尽阿谀讨好、指鹿为马之能事。

总之，推动中华优秀传统文化的创造性转化和创新性发展，必须实现传统文化转型脉络与中国特色社会主义实践脉络的有机结合。这在客观上要求我们必须以社会主义核心价值观的培育和建设为契机，以形成全民意义上的真正的价值观共识为目的，以社会主义核心价值观全面融入制度建设为保障，如此才能真正地把社会主义核心价值观变成中华民族当代的文化灵魂，为中华优秀传统文化的当代复兴提供价值观的指引，而不是简单地以传统文化中的词句来"织补"社会主义核心价值观的宣传外衣。

第四节 价值观启蒙视野中的核心价值观建设

由于对社会主义本质的认识表现为一个实践探索的过程，中国价值观启蒙始终面临着如何重建中国特色社会主义价值秩序的巨大挑战。社会主义核心价值观反映着改革开放以来中国关于社会主义价值关系的最新理解，体现着中国特色社会主义理论的新高度。在这种情况下，社会主义核心价值观的培育和建设，能够有效应对当代价值秩序重建这一重大课题。与此同时，社会主义核心价值观要真正发挥为整个社会凝神聚气的作用，也必须与中国价值观启蒙的时代状况相对接，与之共同面对当下价值观领域的重大时代问题。

一、核心价值观所面临的宣传挑战

在社会主义核心价值观培育的过程中，经过大规模的宣传以后，我们发现，社会主义核心价值观从"入脑"到"入心"、从"认知"到"接受"，仍然是一个复杂甚至有可能是长期的过程。需要认真思考的是：我们不停地在强调社会主义核心价值观对于每一个社会成员和整个社会的重要性，但是为什么社会主义核心价值观在现实操作层面"能入脑"却"难入心"？我们同样需要重视的是，从"入脑"到"入心"在理论上是一个从认知到认同的连贯过程,二者能够成功转化取决于对社会主义价值立场的高度认可。在这样的设定中,"入心"实际上是真正"入脑"的前提,"入脑"只是接触并有印象,"入心"才是认同的关键。公民"认同"社会主义核心价值观,最重要的原因在于,整个社会价值关系对相关行为准则的保护和倡导,能够使践行者有效抵御非法行为的侵害。这就意味着理想层面上的"入脑"和"入心"必须在价值立场和方法手段层面上实现内在的一致性。在实际操作中,社会主义核心价值观是如何"入脑"(被记住)的呢?在此,我们不妨重温一个典型案例。

2014年10月8日,某市召开文明创建测评讲评暨创建全国文明城市工作培训会,动员全市各区各单位,进一步坚定目标,明确任务,以临战的姿态、决战的信心,奋力争创全国文明城市。会上对各区300余参会人员进行了社会主义核心价值观测评,测评内容即默写核心价值观"24字"——"富强、民主、文明、和谐,自由、平等、公正、法治,爱国、敬业、诚信、友善"。大部分参会人员能自主、快速地完成测评。会议强调,社会主义核心价值观要像空气一样,无处不在、无时不有。让每一位参会者了解社会主义核心价值观,并将其铭记于心。呼吁人人熟记"24字",培育和践行社会主义核心价值观。

在这样一个目前为止"做得非常好的"案例中,"某市"培育和践行社会主义核心价值观的目的显而易见——"创建全国文明城市"。在这样的逻辑下,时代层面上的价值规范和理想追求实际上服从于一个利益型的目标,成为达成某种利益的工具。正是在这样的定位中,"社会主义核心价值观"变成了被量化的"测评",并且测评的"内容"同样是被量化了的24个字。最终,社会主义核心价值观落地的逻辑就是"人人熟记'24'字——培育和践行社会主义核心价值观"。

实际上,从目前对社会主义核心价值观的简称——"24个字"——的表述来看,我们整个社会并没有真正地在价值理性层面做好接受社会主义核心价值观的必要准备。到目前为止,西方资本主义的"自由、平等、博爱"还从来没有被称之为"6个字"的案例。当我们用"24个字"来总结和形容社会主义核心价值观时,在这种"量化的简称"背后,无疑是觉得它冗长、繁杂或者"不好记",因此就用数量来代替质量,然后满足于数量的记忆并不求甚解。从事实的层面来看,改革开放以来,宣传思想工作的强度和创新性非但没有下降,反而一直在增强——各种更加平易近人的方法、印刷精美的小册子以及生动的微博和微信客户端,等等。问题在于,改革开放以来宣传思想工作的效果却大不如前。从宣传思想的方

法上来看,"难入心"其主要的原因在于以下几点:

第一,话语风格和话语内容在进入公共话语体系的过程中需要经过一次或若干次"转译",极易与社会公众形成"话语隔阂"。在改革开放以前,宣传思想工作的内容与人民群众的关注点直接同一,其提供的指导方案也与人民群众的现实价值关系处境密切相关。例如,"勤俭节约""艰苦奋斗"等口号既与当时的生活水平相一致,又贯穿着革命理想主义的情怀。改革开放以来的宣传思想工作,在内容上却存在着一个"学术化"的倾向——不仅其话语风格与民众语言有一定的距离,内容越来越长,而且还需要两次、三次甚至更多次的解释才能够进入民众语言系统。比如说,到目前为止,社会主义核心价值观中的"自由"和"平等",与西方资本主义价值观中的"自由"和"平等"的区别在什么地方?我们如何在思想宣传工作中用平易近人、富有吸引力的语言来表述这种区别?此类问题的解决,并不是简单的口号呈现所能够解决的。

第二,在迅速现代化的社会环境中,思想宣传内容呈现地点的亲和性日趋萎缩。在革命时期和中华人民共和国成立初期,中国共产党宣传标语口号选取地点的唯一标准就是让人知晓,所以往往定位于人流量大的路边建筑或其他建筑物,并且这些标语本身的目的就是呈现自身——以最简明扼要的方式让人民群众知晓,进而通过其他工作将之落实。在现代城市规划中,巨型标语实际上通过"射灯"和不断幻化的"图景"成了一道可供观赏的"景观"。在很大程度上,它的观赏功能要高于它本身的"内容呈现"功能。在此过程中,设计、招标、维护、运营等技术和商业管理的手段进一步削弱了这些标语所承载的价值观功能,这在很大程度上变成了一个被商业经营、应付式的政治"任务"、技术性的管控、庸俗审美设计共同控制的过程。与此同时,这些巨大的标语建筑周围被城市灯光阑珊的广告丛林所包裹,这些广告丛林中充满暴露的身体诱惑、以金钱和消费来显示身份的等级意识乃至华而不实的宣传欺骗也进一步降低了政治标语本身的严肃语境,从整体上拉低了这些标语的价值观境界。与之相对立的是,在社区和其他类似的社会单位中,我们宣传工作的内容又被限制在了特定的宣传栏中,从而使之变成了一个类似于书报栏的信息传递工具,很难产生价值观共鸣的语境。

第三,在宣传思想工作的相关"技术性"操作流程中,参与思想宣传工作的相关人员自身是否"将之作为信仰"不仅很难确证,而且这一问题的重要性也随着繁琐的技术操作流程和量化式的指标考核而被忽视。宣传思想工作的效果在很大程度上取决于宣传工作者的信仰和热情。迄今为止，几乎所有的经过中国学校教育的人员都知道宗教的本质，但正是在各界宗教人士的种种努力下，中国信教人数与日俱增。相比较之下，我们的思想宣传工作实际上是以"部门"或"机构"的面孔出现的，而不是以传统意义上的"思想宣传工作者"的面目出现的——它的话语方式很容易让人产生疏离感。这种情况容易导致我们的宣传人员仅仅把自身定位为宣传机器上的一个"部件"，而不是宣传主体本身。离开了"部门"的行政指令、年度计划和考核指标，宣传人员的工作热情和能力将大打折扣。甚至一旦"下班"，其工作和生活都会呈现出"两个世界"的特征。这种现象进一步加大了宣传主体面孔的"生硬性"，不仅容易导致"机械式宣传""被动式宣传""鹦鹉学舌式的宣传"等负面印象，更容易导致无效宣传。这种现象不仅会造成宣传资源的巨大浪费，而且还会严重影响宣传对象的日常工作，引起他们的抵触乃至反感。在这种流程化的操作中，思想宣传工作者自身的信仰也很难被真实掌握和了解——因为他们只需作为一种劳动力机械地参与整个技术流程。因此，在个别地方甚至出现了这些人员本身就是宗教徒或陷入了热衷于迷信活动的"不信马列信鬼神"的尴尬处境。

第四，宣传思想主题更替的高频率现象，不仅严重损害了相关内容的"入心"，反而造成了"时效性"的误解，影响到了社会公众对此的认知和评价。以北京为例，近几年来，北京精神、奥运精神等宣传口号的提出，实际上是出于相关"事件"的激发。在这样的情况下，相关宣传思想部门更多的是就事论事，而无法实现各种"精神体系"内部的逻辑串联和精神传承。在这种"走马观花"式的"精神展览"中，"精神"本身的严肃性也开始被解构，甚至成了被观赏乃至消费的对象。对于受众者群体而言，他们在接触一个新的口号或思想的时候，往往第一感觉就是"这种提法会持续多久"的量化评判，对于宣传机构而言也存在着类似的问题。以这样的方法来宣传社会主义核心价值观，我们最多能够做到其被"知晓"，甚至不能保证社会主义核心价值观在宣传者群体中的真正"入心"。

在这种情况下，社会主义核心价值观标语的"上墙"式宣传、"出境"式走秀，以及"量化"式的考核和验收，很有可能流于形式，成为"皇帝的新衣"。问题恰恰在于，需要找到切实有效的途径，使社会主义核心价值观的培育真正突破这种机械形式的制约，从标语走向内心，从时代精神呼唤走向具体实践操守。要解决这些问题，我们必须认真思考：社会主义核心价值观首先应该面对哪些群体？按照什么样的逻辑才会上升为全社会的共同价值理想？

二、核心价值观所面临的培育挑战

社会主义核心价值观的培育,绝不能等同于大规模的一阵风式的宣传普及活动,其真正的挑战和关键的问题是:如何行之有效地实现全社会对社会主义核心价值观的深度价值认同,并在此基础上将之转变为社会的公共价值规范和个体价值操守,即"入心"?从背诵式的"入脑"到认同式的"入心",就如同对社会主义的认知和对社会主义的践行一样,是一个认识论、实践论和价值论相结合的巨大"文明跨越",而不是一个简单的一蹴而就的过程。从这个意义上来看,社会主义核心价值观建设,本质上仍然是社会主义"运动"的继续,是对中国特色社会主义精神文明已有成果的深度整合和推进。

在社会主义核心价值观培育的过程中,几乎所有人都认可每一个价值观概念的必要性和时代意义(虽然公众对有些概念的内涵并没有完全弄清楚),可是同样矛盾的是,公众并没有"立刻"将之转化为自己的行为准则,而是采取了"观望"的态度。实际上,在培育和建设社会主义核心价值观之前,我们已经进行过一次类似的演练——"社会主义荣辱观"建设。如果我们联系到"社会主义荣辱观"的内容,就更能体会到:我们向全社会受过完整学校教育的成年人群体宣布"什么是光荣的,什么是耻辱的"这一文明社会最简单的价值准则和道德原则,这一事件本身足以说明整个社会的价值交往原则面临着重大挑战。这也更加迫切地显示出社会主义核心价值观培育和建设的必要性和紧迫性。

如果认真分析"社会主义荣辱观"的内容,我们会发现,中国传统社会中的"等级意识"和市场经济中的极端功利主义向来无助于培养社会主义核心价值观。封建社会中的认同本质上是一种等级身份认同,这种认同的前提是一种"身份比较"——比的是"高贵"和"特权"。为了使这种"身份比较"能够成为现实,它必须依赖"外部展示"才能使这种"身份认同"成为可能。在这种情况下,现代社会中的"骄奢淫逸"和"违法乱纪"就成为彰显能力和"身份"的重要展示途径。要维持这种"好逸恶劳"的状态,必然要侵犯公共利益,"见利忘义""损人利己",这本身就是对社会主义价值立场和自身时代责任的无知和背叛。这种行为和价值观念一旦侵入到社会权力领域,必然会损害国家利益和国家安全,从而背弃所有的社会主义价值观念。从这个意义上来说,社会主义市场经济体制中的个体"追求什么"这一问题,直接关系到社会主义价值理念能否向前发展。

在市场经济的功利主义评价体制中,人们追求货币是为了获得"经济解放",而"经济解放"以后则是这一状态的维持和扩大——在激烈的市场竞争体制中维系"富裕"和"精致"的生活。在这种情况下,对已经获得的私有财产和出于安全考虑而希望获得的更多的私有财产,就成为先富者们持之以恒的价值追求。对于还没有富裕起来的"后富者"而言,"先富者"们的致富途径历历在目——他们的致富示范作用和相关捷径中并没有鲜明地表达社会主义价值立场这一维度,甚至作为一个可能选项也缺乏证据支撑。在这种情况下,在培育和践行社会主义核心价值观的过程中,整个社会的"先富者"和还没有富裕起来的"后富者"两大群体实际上就形成了一种价值观博弈:谁先认可和践行社会主义核心价值观?是否存在着可以不践行的特殊群体?简言之:老实人会吃亏的社会困境应该如何突破?

从自我反思的角度来看,整个社会的这种价值观博弈局面直接来源于思想宣传和制度建设之间的不平衡。我们的很多社会主义价值理念在宣传的过程中,往往都发生了理想和现实的混淆。也就是说,我们在宣传过程中容易造成这样的假象:我们把所要追求的理想状态,当成了已经实现的状态去描绘,从而使得社会理想被瞬间束缚于量化的指标和狭隘的领域,而没有看到——我们要去"建设"的,恰恰是当下我们不具备的、我们所缺少的和需要我们"长期"奋斗的。如果不承认理想和现实之间的差距,不把现实的问题和缺陷放在公共评判的领域,理想层面的价值观牵引力就无法真正地发挥出来。正是在这样的氛围中,我们建设了很多年的"诚信社会",仍然发生着贩卖个人信息的现实窘境——而且这些信息很可能来源于有影响力的社会组织。不仅是各种骚扰电话,甚至正规媒体上也不乏虚假广告,它们全面包裹着个体的社会信息来源。在这种情况下,"诚信社会"的宣传方式在途径上并没有与"广告"真正区别开来。也正是在这种价值观氛围中,整个社会实际上对此是作为一种被动式的"受众"而存在的,而不是作为一种主动层面上的价值观主体而存在的。实际上,在这种"广而告之"式的"广告"宣传中,传统社会主义社会中个体的"主人翁"价值定位被彻底消解了:它告诉我们一个"诚信"社会应该是什么样子的,然后个体怎么做就会进入诚信社会。这就如同一个关于牙膏的商业广告一样,一个经过技术渲染、牙齿白到自然界不存在程度的代言人告诉你:它正在用某某品牌的牙膏。其潜台词是:如果你使用这种牙膏,你也会像他一样。从认识论上来看,本质上这就是一种"欺诈":用虚构的形象宣传不可能达到的效果。真正有效的思路应该是:"不诚信"首先有哪些表现,依据什么样的社会规则特别是法律规定才能够有效解决这些问题，使我们逐步靠近"诚信社会"的理想状态。

这些现象，都是商业社会中的"合法性"存在。社会主义的理想信念宣传，绝对不能满足于这种商业广告式的"套路"，否则就会影响它的社会主义真理性。更为严重的是，商业广告式的宣传，是一种"娱乐"和"欲望"相互交织的话语系统，它并不具备超越性层面上的价值观引导作用——它的主旨是让消费者去"消费它""破坏它"，直至它的使用价值被消耗殆尽（或者在此之前就"抛弃"它）。简言之，它会使宣传内容沦落为"消费对象"而不是"信仰对象"。在社会主义核心价值观培育的过程中，我们绝对不能使其相关概念在现代话语传播体系中沦为"消费对象"。社会主义的价值理念既不是审美对象，也不是广告内容，而是一种有待于在实践中展开的"社会价值取向"，是一种社会发展理想。只有上升到这个高度，我们才能够真正以"敬畏"的心态来重新审视我们存在的意义和我们的价值追求，而不是用功利性的戏说心态来消解一切固定的价值原则。只有在这种情况下，社会主义核心价值观的相关价值理念才有可能真正进入人们的"心里"，才能获得全社会在价值观层面的"认真对待"。

社会主义价值观的培育，固然需要先进典型的推动，但是社会主义核心价值观的培育不能仅仅依靠于"讲故事""找典型"。任何一种社会价值理念，都是缺陷性社会中的超越性价值理想，是理想型价值观念在社会现实实践中的"有待展开"和"还未完成"。以往"找先进典型"的模式，在社会主义核心价值观培育过程中不能被直接"移植"。这种模式极容易造成这样的误区：某些品质已经在某些先进人物那里得到了典型、集中的反应，我们要做的，就是向他们学习，把他们的无私奉献精神运用到我们的工作中，就能实现社会理想。诚然，对先进人物和典型的认可和表彰，是社会主义社会发挥示范作用、凝聚社会价值观的重要途径。但是社会主义价值理念从根本上要求全社会范围内的"整体推进"，而不仅仅是"碎片化"的个体体验。简言之，社会主义核心价值观的培育需要国家整体层面的强力和系统推进，不能仅仅满足于把最终落实的压力简单传递给社会个体。[①]

[①] 在很多情况下，某些社会管理政策法规并没有将"法人"与"个人"置于一种"被各自公正管理"的位置上，从而导致了个体的价值观不满，进而影响到个体对社会和国家的价值观认同感。比如，有的城市禁摩，但是却没有禁止摩托车的销售；火车站和机场禁烟，但是其商店里却摆放着琳琅满目的香烟。这种区别对待的态度，容易影响个体对相关政策和政府形象的价值认同感，使其产生怀疑态度。

三、将核心价值观建设纳入价值观启蒙的视野

中国当代价值观启蒙,从认识论上来看,是从"解放思想、实事求是"开始的,其现实的推动因素是社会主义市场经济。虽然对于什么是"社会主义市场经济"有着多种看法,但是邓小平的"计划和市场都是经济手段"①的基本判断,为其基本性质的判定划定了一个明确的边界:依靠市场发展社会主义生产力,满足人民群众日益增长的物质和文化生活需求,实现共同富裕,并最终消灭各种形式(包括市场经济体制中的)的剥削和压迫。相比较于传统社会的价值关系,市场经济从根本上改变了各种社会主体的价值关系,再度增强了其"以物的依赖性为基础的人的独立性"②特征,开启了社会主义价值观启蒙的新时代。在这种情况下,作为"工具"的市场经济体制,在社会主义社会中仍然需要社会主义价值立场的规训,否则我们便无法真正区分社会主义市场经济体制和资本主义市场经济体制(尤其是在经济全球化或者资本全球化的大背景中)。从这个意义上来看,将社会主义核心价值观建设纳入中国价值观启蒙的宏观视野,是一种时代的必要和必需。

首先,以社会主义核心价值观切入中国价值观启蒙,能够在全社会的层面内创造一个基本的公共价值观平台,为社会主义理想、时代责任和个人幸福有机结合起来创造可能。无论是社会主义核心价值观建设这样一个切入点,还是中国价值观启蒙这样一个动态的过程,都不能简单满足于相关内容在大众面前的直接呈现(作为一种在历史实践过程中的逐步展开,这种直接呈现本身也是不可能的,这种观点本身就是违背马克思主义的),更不能急于在传统文化中寻找"社会主义"的价值观"典型"或"经典表述"。中国价值观启蒙的一个重要挑战在于不同群体之间的价值观分化和冲突——如果缺乏社会主义价值立场的干预,这些不同的价值观群体将很难进行最基本层面的价值观交流和讨论,更无法达成基本的价值观共识。在这种情况下,社会主义核心价值观的 12 个概念(虽然在表述上仍旧具有提炼和发展的空间),实际上在最大的范围内为全社会的价值观交流和共识的达成提供了一个基本的话语平台。

只有在这样一个价值观公共平台中,社会主义理想信念才有可能超脱市场经济的干扰和束缚,真正从社会发展方向的角度引领当代中国价

---

① 《邓小平文选》第 3 卷,北京,人民出版社,1993,第 373 页。
② 《马克思恩格斯全集》第 46 卷上,北京,人民出版社,1979,第 104 页。

值观启蒙,并不断强调改革开放的基本方向——中国特色社会主义。只有在社会主义立场中,中国改革开放以来的财富创造对于全体国民而言才会具有社会主义的功能,具有"共享"的意义——"发展的最终目的是为了人民。在消除贫困、保障民生的同时,要维护社会公平正义,保证人人享有发展机遇、享有发展成果"①。即使在西方发达资本主义社会,货币或者物质意义上的财富也无法被直接转化为个人幸福或终极价值追求,因为单纯的货币层面上的量的增加并不能导致人生存在意义境界的相应提升。相反,在欧美发达资本主义国家里,宗教仍然在个人生活中扮演着重要的"意义填充"角色。对于中国的价值观启蒙而言,社会全体的意义追求必然要落实到社会发展理想层面,并在时代责任的履行中形成与个人幸福追求的有机互动。只有实现了这三个层面的有机统一,社会主义核心价值观才能真正在全社会范围内实现"内化于心",成为当代中国社会价值观的指引。只有社会主义核心价值观深入到个体价值追求的微观层面,真正激发和树立起当代社会主义建设者的责任意识和敬业精神,才能为中国的价值观启蒙塑造出价值观上的"主心骨",从而真正发挥超越性价值追求层面对现实功利性要素的指导和规训作用。也只有在这个基础上,中国的价值观启蒙才能真正约束市场经济所带来的极端功利主义和货币拜物教倾向。

其次,以社会主义核心价值观推动中国的价值观启蒙,能够从真善美有机统一的层面来引导中国价值观启蒙的终极方向——人的自由全面发展。在很多情况下,我们并没有将马克思主义语境中的"人的自由全面发展"真正推到公众认知的环境中来,也没有进行必要的价值观层面的普及——"人的自由全面发展"作为一种社会主义发展的"价值取向",是对一切社会利益关系固化现象的反对。进入新世纪以来,房价飞涨,特别是城市学区房房价飞涨的背后,反映着竞争环境中整个社会对于社会资源不公正分配的深层担忧。面对这一担忧,市场经济采取了"以恶制恶"的方式来进行自我保护:既然整个分配方式都是不公正的,那么我就想尽一切办法进入最不正义的群体——利益既得者群体。在此过程中,某些大型国企进入房地产市场,客观上的确为人民群众生活条件的改善做出了巨大贡献,但其操作方式仍然是不折不扣的"资本逻辑"。国有资本进入房地产领域,并没有有效地缓解资本市场的"投机热情"和消费市场

---

① 习近平:《习近平在联合国成立70周年系列峰会上的讲话》,北京,人民出版社,2015,第3页。

的"生存焦虑"。它们更多地从资本增值的角度来理解房地产开发,用相互炒作、轮流坐庄的方法来抬高房价,而没有注意到这种土地资产价格的自我"虚标"并不能真正提高整个国家的竞争力,更没有注意到这有可能造成改革开放以来第一次大规模出现的"代际剥削":拥有大量房产的中年阶层正在等待新生社会群体迫于"刚需"而接盘。这种行为本身就严重地伤害了改革开放之初"先富带动后富"的步骤设定。

鉴于此,社会主义核心价值观的培育和建设,能够从根本上保证中国价值观启蒙过程中认知对象的正确性,使对社会的财富的创造及其使用形成符合社会主义价值立场的价值观共识。在这种情况下,公众对社会主义核心价值观的认识就不会再仅仅停留在"24个字"的量化形容方面,而是围绕关于社会主义本质这一根本问题,继续深入挖掘其在中国价值观启蒙中的主导内容,最终找到社会主义核心价值观在现实社会中的"对应物",实现"认知正确"。只有在这个基础上,我们才能确保使社会主义核心价值观真正成为社会公共价值规则,并通过上升到制度设计的高度规训整个社会的财富创造、分配和消费过程,在培育和建设社会主义核心价值观的过程中处理好知识、审美、伦理和功利层面的各种关系,围绕改革开放的社会主义性质,在工具理性思维能力空前高涨的同时树立起坚定的社会主义价值立场,实现"正确认知"。

再次,将社会主义核心价值观融入中国价值观启蒙,必须重视公众情感宣泄背后的价值诉求。社会主义核心价值观的培育和建设必须成为公众情感生活的底蕴和情感宣泄的价值观基础。在公共价值观领域,不能简单采取"堵"或"疏"的技术性途径来面对公共价值观质疑。单纯的"堵"必然会使不满或疑虑加重,把社会主义核心价值观建设推向反面;单纯的"疏"则容易失去社会主义意识形态的主导权,引起社会价值观的混乱。为此,必须要在合理引导的基础上,通过相关制度建构和必要的程序设计,确保人民群众的价值观主体地位,尤其是从制度上为其监督作用的发挥创造尽可能大的条件,从根本上确保社会公正在各个方面的"监督权",形成对反社会主义价值事件的有效威慑。只有通过制度建设,才能确保核心价值观贯穿在整个社会经济运行体制过程中,真正成为"基础性"的核心价值观,而不是"一部分人对另一部分人"的强制价值要求。只有在制度建设的基础上,我们才能通过必要的程序设计充分发扬社会主义民主,才能为公众价值诉求的解决搭建基本的正义平台,并使相关问题得到有效、彻底及在全社会范围内"示范"意义上的真正解决——对于社会主义而言,"民主不是装饰品,不是用来做摆设的,而是要用来解决人民要解决的问题的"①。只有这样,社会主义核心价值观才有可能真正"像空气一样无所不在、无时不有",并从根本上推动中国价值观启蒙。

为此,社会主义核心价值观的培育不仅需要与公众的价值诉求相协调,而且必须融入改革开放的制度改革和建设中来,在逻辑上清晰地定位和处理好执政党、政府、各种市场主体、社会与个人的关系。只有在这种情况下,我们才有可能充分认识到当下时代环境中可能对公众价值评价造成负面影响的相关因素,从而克服将市场"神圣化"进而将西方资本主义"标杆化"的错误倾向,使得社会主义建设与社会主义价值观信念不仅实现逻辑和历史的真正统一,而且还能实现社会文化层面上的"代际传承"。在这一过程中,我们仍然需要认真反思和吸取苏联破产的教训。在很多情况下,我们对社会主义核心价值观的研究往往专注于与西方价值观的对比以及对自身传统文化资源的发掘上,实际上对以往社会主义运动和建设史的总结和梳理同样重要。通过这种对比研究,我们能够更深刻地理解:为什么在有些人那里,对资本主义的口头批判和实践向往同时发生着。②

总之,以社会主义核心价值观引导中国价值观启蒙,要谨防财富创造方面的动机偏离,确保改革开放的总体目标与社会经济发展动机的内在一致。社会经济发展的动机不能被直接等同于制度改革和设计的动机,因此,社会主义核心价值观不仅要融入中国的制度建设,而且要上升为中国制度改革的价值观灵魂。也只有在这种环境中,我们才能在当代中国价值观启蒙中真正克服各种不良价值观诱惑,合理掌控人生欲望和需要,真正培养出优秀的社会主义建设者和接班人。

四、以核心价值观建设保障价值观启蒙安全

由于历史和现实的原因,中国价值观启蒙始终面临着内部和外部多重因素的挑战、威胁和诱惑。对于中国价值观启蒙而言,其最根本的安全底线在于,如何使中国的价值观启蒙稳固地在社会主义的立场上坚定

---

① 习近平:《在庆祝中国人民政治协商会议成立65周年大会上的讲话》,北京,人民出版社,2014,第18页。
② 从价值观视角进行苏联解体问题的研究,一个重要的课题就是:苏联为什么最终背离了社会主义的价值观?到底是哪些隐性因素逐步摧毁了苏联内部的价值观认同?例如,1959年7月24日,在莫斯科举行的美国国家展览会开幕式上,时任美国副国务卿的理查德·尼克松和时任苏联部长会议主席的尼基塔·赫鲁晓夫在厨房用具展台前展开的关于东西方意识形态的"厨房辩论"。双方对自己社会制度的未来均抱有充分信心。但颇具讽刺意味的是,赫鲁晓夫的孙女妮娜·赫鲁晓夫早在苏联解体前,就已经认同了美国的价值观,选择到美国定居生活。

地朝向社会主义的价值目标前进。近代以来中国现代性转型的文化史一再表明，传统文化、外来文化乃至以"反传统"和"断裂"为旗号的新生代文化，都无法也无力承担并完成这一使命。在这种情况下，社会主义核心价值观的培育和建设，就从根本上关系着中国价值观启蒙乃至整个社会主义意识形态的安全。

社会主义核心价值观的培育和建设，能够为整个社会文化体系的健康发展发挥支撑作用。改革开放以来，特别是进入21世纪以来，我们一直在强调"讲好中国故事"，但我们在文化创作领域始终没有能够讲出真正精彩的"中国故事"。在很多情况下，特别是在影视传媒领域，我们反而闹出了"中国笑话"。这其中的一个重要原因在于，我们在文化产品的创作和营销中，始终缺乏一个最基本的维度——缺乏社会整体层面的文化自我认同。正是在这种情况下，我们很多文化作品才出现了"过度娱乐化"的问题。"过度娱乐化"表面上看起来"不问国事"、不涉及政治敏感问题，但是它的一个弊端就是容易解构一切严肃话题并使之发生认识论和价值观上的双重扭曲。正是在这样的价值观环境中，艰苦卓绝的十四年抗日战争，在影视作品中被渲染成了手撕鬼子、裤裆藏雷、手榴弹炸飞机等挑战人类智商底线的"剧情"。在这种"娱乐语境"中，抗日战争这一艰苦卓绝、付出巨大代价的救亡史大有被塑造成娱乐史的危险。与此同时，"戏说"中国古代历史，将之变成才子佳人、帝王将相的游戏史、权谋史和纵欲史的作品也开始大量出现，唐明皇和杨贵妃的"历史素材"更是被某些导演赋予了"马背上的交配"这样的荒谬剧情。各种花边、炒作和混乱的男女关系传闻，在某些人那里成为提高知名度的不二之选——"审丑"一度大有排挤"审美"之势。在这种情况下，建设社会主义的文化自信，首先就要在文化审美层面上坚持社会主义的价值立场并树立社会主义的价值观自信。如果没有这种价值立场和价值观自信，我们在历史回顾中将无法找到自己的位置和意义，历史就会被解读为纵欲史和权谋史，而不是人民群众的创造史和斗争史。

如果没有真正意义上的"社会主义核心价值观"，"当代中国精神"就不可能真正凝聚起来，就不可能为"中国故事"提供当代中国价值观的支撑，从而使之沦落为"传统文化剪辑"或"精神安慰的鸡汤"。在文化领域，价值观是一个必争的制高点。与当前本土文化作品"仍待努力"的态势形成鲜明对比的是，西方发达国家的文化商品，特别是美国好莱坞的某些作品①，在中国却具有相当广泛的市场。在这种情况下，很多中国的文化公司选择与国外知名电影公司和知名导演"合作拍电影"的方式，试图使中国电影走出去。从市场推广的角度来看，这种做法有可能提高中国电影拍摄和后期制作的技术水平，但如果我们讲不好"中国故事"，其后果则可能是用中国的资金和演员，面向中国和世界人民，去讲述西方的价值观故事。从这个意义上来，社会主义核心价值观的培育，绝不能缺少文化培育这一重要领域——文化培育的目标不仅仅是使中国的文化商品走向世界，而是以社会主义核心价值观为支撑的中国现代社会主义文化走向世界。

如果说文化作品是文化传播的现代主流标识的话，那么语言就是文化的基本载体。一个民族和国家的语言安全，是价值观安全的前提和基础，也是中国价值观启蒙顺利进行的基本保障。由于社会生产方式从计划经济为主到市场经济为主的体制转变，引起了当代中国人社会存在方式及其价值观念的剧烈变化。这种变化同样也反映在大众话语的言说方式和内容中。从总体上来看，随着改革开放的发展，中国的社会分工越来越专业，传统的阶级话语体系开始解体，不同领域的话语风格也在逐渐形成自身特色。各种专业术语的出现，为不同领域中人们的相互交流和了解设置了众多的专业技术门槛。特别是在经济学领域中，西方的研究方式和话语方式占据了更大的主动性。马克思主义政治经济学在这种极端量化的视角中反而很难找到发挥话语主动权的机会。其中一个重要原因在于，单纯关注货币或财富的量的增长的经济模型，相当程度上会忽视对"公平"问题的研究。与此相对应的是，目前已有的研究公平问题的学术领域，却又缺乏对社会财富真实语境的必要了解，更多的是关于"公平观"的研究。在这种情况下，以社会核心价值观融入社会财富的生产制度，能够有效地在理论上为"效率"与"公平"的深度探讨创造新的空间。

随着生产力快速发展所带来的生活水平的提高，生活内容的碎片化与表达方式的精致化也开始成为大众传播的重要特点。随着新的社交媒体的出现，整体化的生活方式被极大改变，这种改变在不同群体中具有不同的特点。如果说，微信中"快看""速删"反映着碎片化信息采集过程中的恐慌感，那么其背后同样隐藏着一种"幸灾乐祸"式的信息接收姿态：

---

① "美国梦"的一个重要特点是，通过"小人物"来彰显"大责任"。不可否认的是，为了商业利益的需要，特别是进入全世界文化市场的需要，它必须要考虑到各个国家和地区文化接受的最低水平。但是其中通过"小人物"或"普通人"来"拯救世界"的叙事风格，本质上与他们的抽象自由平等观是一致的。

我"抢先"得到了相关的信息财富，从而有效避免了相关伤害，而别人还在经受类似伤害。与此同时，微博和微信养生信息的传播同样也是沿袭着"恐慌型传播模式"——癌症与某些食品，甚至某些时刻的关系。在这种情况下，避免这些生活方式就能够实现"精致"和"精确"的生活，从而延缓生老病死。如果说，这是一种恐慌式的话语传播模式的话，自媒体所刻画出来的日常生活，追求的则是一种精致的生活碎片。它通过定格某些特定的场景（比如饮食）来传播一种基于消费，也是为了彰显消费的"文化存在感"。在这种情况下，饮食、旅游、情感乃至整个人生，其意义都在于向他人展示。在这种碎片式的自我展现中，真实的面孔被美图软件所修改和扭曲，各种光线渲染和背景模式使得所有的展示都带有一种自我炫耀的色彩。世界在个体那里获得了"无限小"的位置——所有的意义都被拍进了一个平面内，而唯独缺少整个社会层面的超越性意义。在这里，社会层面的整体理想变得可有可无，令人愉悦的自我展现成了所有话语和画面的中心。从这个意义上来看，微信、微博和其他自媒体的出现，实际上预示着一个个体自主性空前高涨的商业时代的到来——这个时代急需一种社会层面的超越性理想。

在某些群体中，将身体的某些伦理禁忌器官日常语言化已经成为必不可少的语言方式，新生的网络交往手段也在隐秘地挑战着传统公共伦理交往规则的底线。而这一切，既不是发生在庙堂之上，也不是发生在知识精英的群体中，而是发生在新生代群体和非主流群体中，并被他们奉为一种潮流。与传统的革命话语方式乃至极端政治话语方式不同，身体器官口语化这种语言行为虽然是不自觉的，也没有明确的价值观表态，从表面上看这种身体器官的口语化仅仅是个人修养的一种表现，但从其规模和扩散程度来看，这实际上反映着改革开放新环境下不同代际之间对待中华优秀传统文化乃至当下社会主义文化的"隐性态度"：一种解构超越性理想和追求，并局限于纵欲式生活方式的态度。正是在这样的价值观语境中，网瘾、吸毒、飙车等现象才进入了现代"问题少年"的词典。这种行为不仅会消解传统社会中的伦理底线，而且还会把某些人的生活方式引导到纵欲主义的极端中去。

总之，社会主义核心价值观的培育和建设，在大的方面必须上升到制度设计的高度，在小的方面则要深入到微观的话语方式和行为方式中来，生动地体现在中国特色社会主义建设的全过程。在实现这一价值追求的过程中，我们必须明确：由谁扛起社会主义核心价值观培育和建设的大旗，按照什么样的逻辑推动其在整个社会主义建设中的真正落地。

第四章　中国价值观启蒙的内生性要求与积淀

从历史的层面来看，近代以来的中国是被"卷入"西方资本主义列强所主导的现代价值秩序中的。这一"被动卷入"的过程造成了中国本土文化与现代性价值立场的"断裂"——前者根本没有时间和条件进行自身的现代性转型。在这种情况下，中国价值观启蒙的一个基本使命就是建立一种"内生性"的逻辑，处理好传统文化、西方文化与马克思主义立场之间的关系，真正发展出立足中国实际的价值观理论，在推动社会主义核心价值观培育和建设的过程中，规划和规范中国的价值秩序的发展。

第一节　西方价值观的"非普世性"及其逻辑建构

近代以来，中国各阶级给出的"现代性方案"中就一直存在着致力于复制"西方民主资本主义"的价值观倾向和实践性努力。这种倾向和努力不仅体现在 20 世纪初中国民族资产阶级革命的相关口号中，也体现在五四运动以来的相关知识潮流中。与之相对应的是，在西方资本主义阵营那里，对社会主义国家的"和平演变"和对非社会主义国家的"西方民主化改造"的相关努力从来就没有停息过。问题在于，与"被演变或被改造地区"的"西方精英文化代言人"的期望完全不同的是，这种"演变"或"改造"给这些国家和地区带来的后果非但不是西方式的繁荣，反而使这些地区陷入了衰退、动乱乃至分裂之中。从现实的结果来看，西方资本主义国家的这种"价值观输出"引起了被输出国家和地区在文化层面本能的"排异"反应，并引发了一系列国际和地区问题。在这种情况下，在目前还是资本主义主导的全球化进程中建设社会主义核心价值观，就必须对资本主义价值观形成明确的理论认识。与此同时，在培育和践行社会主义核心价值观的过程中，我们所要面对的一个重大理论问题是，如何讲清楚社会主义核心价值观中的"自由""平等"与西方资本主义价值观中的"自由""平等"之间的关系。对于上述问题的理论回答，客观上需要系统梳理资本主义近代价值观旗帜的"自由""平等"以及"博爱"的历史生成模式及其逻辑关系。在此基础上，我们才有可能在相关价值观概念上讲清楚社会主义与资本主义的本质区别，揭示在马克思主义的语境中对自由、平等等现代概念进行"社会主义"阐释的可能性和必要性。

一、西方信仰领域中的差异性价值观模式

黑格尔在讨论包括中国在内的东方世界时，曾经认为，"我们西方人所称的'上帝'还没有在东方的意识内实现，因为我们的'上帝'观念含有灵魂的一种提高，到了超肉体的境界"[①]。进入现代社会的中国人往往从"辩驳"的角度来看待上述观点：你们误解了我们，我们也有你们的东西。实际上，如果从差异性的角度来看，中国的确没有西方的"一神论式宗教语境"（即使存在着类似的宗教，或者西方宗教在中国的传播），正如李约瑟所认为的那样，"古代中国所认识和崇拜的最高神灵并非希伯来人和希腊人意义上的造物主"[②]。在这种情况下，西方文明近代以来的宗教解放必然具有不同于东方世界的特点——这就从文化土壤角度否定了在中国完全"复刻"西方模式的可能性。纵观西方社会从封建主义向资本主义社会转型的过程，我们会发现，这不仅是一个社会关系逐步得到重构的历史过程，也是一个对人的本质不断"再谱写"的过程，同时还是一个各种价值观相互碰撞、主流价值观不断"再生"的过程。这一过程既表现在政治和经济层面上，也表现在信仰层面上，由此出现了"宗教解放""政治解放"等术语。在现代社会，面对来自西方社会的"自由""平等"等价值观，我们需要对此有着清醒的理论认识。从价值观的角度来看，西方近代以来的宗教解放运动，实际上提供了一种信仰领域中的关于自由与平等的差异性主体建构模式。

第一，从人与世界的关系来看，西方的宗教解放运动为西方现代价值观中人的地位的提升做了最基本的意识形态铺垫。宗教解放运动在思想文化领域中的直接影响是通过重构人与神的关系最终提高了"人"的地位。在《论犹太人问题》中，马克思指出了宗教批判的逻辑框架——"反宗教的批判的根据是：人创造了宗教，而不是宗教创造人。就是说，宗教是还没有获得自身或已经再度丧失自身的人的自我意识和自我感觉"[③]。正是在这种逻辑框架中，宗教成了人的本质力量异化的产物，远远没有达到"宗教里的苦难既是现实的苦难的表现，又是对这种现实的苦难的抗

[①] ［德］黑格尔：《历史哲学》，王造时译，上海，上海书店出版社，2006，第114页。
[②] ［英］李约瑟：《文明的滴定》，张卜天译，北京，商务印书馆，2016，第307页。
[③] 《马克思恩格斯文集》第1卷，北京，人民出版社，2009，第3页。

议"①的高度。宗教批判就是要把被人所误解了的、本该属于人的力量和属性,从上帝那里还给人本身。在这样的一种人与信仰对象位置互换的逻辑框架中,"人"被塑造为世界的主人,成为世界意义的中心。

第二,从宗教与社会的关系来看,西方的宗教解放运动并没有也不可能消灭宗教,而是一定程度上把以往宗教的地位让渡给了"理性"。西方文化的一个重要特点就在于其"所固有的、特殊形态的'理性主义'"②,由西方理性思维方式支撑的宗教批判并没有推翻宗教本身,而是一种理性与前现代信仰之间地位的置换:用抽象的人的概念去置换宗教中最高神灵的概念,用抽象的人的地位去取代宗教中最高神灵的地位。在这样的思维方式中,"青年黑格尔派同意老年黑格尔派的这样一个信念,即认为宗教、概念、普遍的东西统治着现存世界。不过一派认为这种统治是篡夺而加以反对,另一派则认为这种统治是合法的而加以赞扬"③。其中,无论是"篡夺"还是"合法",概念和逻辑均发挥着基础性的建构作用。对宗教的理性逻辑化的思维方式,同时也构成了近代西方文明在信仰领域与其他文明形态的重大区别。

第三,从个体与整体的关系来看,西方的宗教解放运动降低了传统信仰在现代西方社会主流意识形态中的不容置疑的权威地位,为个体主体在信仰领域内的差异性的自由创造了基本前提。经过宗教解放运动,信仰问题某种程度上成为个体主体可以"平等"地"自由选择"的问题。这同时也意味着前现代西方社会中对于某种信仰必须无条件接受的高压"同一性"价值观模式的解体。甚至在西方个别国家中,某种特定的信仰权威在公共教育体制中被极大消解甚至驱逐了。与之形成鲜明对比的是,某些其他文明系统中的宗教信仰模式,并没有经历这样的一个社会主流价值观领域内的"宗教解放"的过程,其"同一性"的价值观模式相对于各个主体而言仍然占有极大优势。

第四,当我们从价值观的角度来审视现代西方社会中的信仰自由时,我们发现,"宗教解放"视野下的"自由""平等"实际上是西方现代文明语境中选择权领域中的、抽象的"自由"与"平等"。这种"自由"与"平等"模式一方面认为其文明范围之内的信仰观念之间并没有高下等级之分,由此延伸出不同信仰之间的"平等"与"自由"。另一方面,面对不同的信仰

---

① 《马克思恩格斯选集》第1卷,北京,人民出版社,1995,第2页。
② [德]马克斯·韦伯:《新教伦理与资本主义精神》,康乐、简惠美译,桂林,广西师范大学出版社,2010,第12页。
③ 《马克思恩格斯文集》第1卷,北京,人民出版社,2009,第515页。

形态，个人又有选择是否加入或加入哪种形态的"平等"与"自由"。这两个方面之所以能够成立，本身还是基于对差异性价值观主体的承认和尊重——作为个体的价值观主体，并没有剥夺其他人信仰或改变其信仰的权力。这也就意味着，相对于传统信仰的"同一性"，宗教解放在个体领域中承认：差异本身就是合法的。

综上所述，近代西方的宗教解放，在社会价值观领域导致了两个层面上的价值观主体的"解放"：信仰形态之间的身份"平等"和发展"自由"以及信仰者身份的"平等"和选择的"自由"。这是一种基于理性建构起来的、承认多元差异性的价值观模式。问题在于，宗教解放运动只是关注到了理论上的积极方面，而没有关注到现实的消极方面。它只是从理想状态上规定了差异性主体间"和谐共处"的模式，并没有"解决"不同信仰之间和不同信仰者之间的差异性——导致不同主体之间不平等和不自由的现实差异性因素。

二、西方政治解放语境中主体身份的同一性规定

进入21世纪，当西方国家在政治上强行推广其价值观外交，在价值观上奉行以西方文明为中心的"普世主义"逻辑的时候，"霸权主义、强权政治依然存在，保护主义、单边主义不断抬头，战乱恐袭、饥荒疫情此伏彼现，传统安全和非传统安全问题复杂交织"[1]。这其中的一个重要诱因在于，在西方资本主义主流价值观演化的历史进程中，信仰领域中的"自由"和"平等"，如果放到更广阔的政治背景中，其主体身份会由差异性演变为同一性，并有可能造成被传播地区的社会动乱。而导致这种这动乱的原因西方国家又无力根除——西方资本主义社会并没有真正实现自己的价值观口号的社会历史条件。

第一，宗教解放视野中的对人的抽象理解非但没有在政治解放的领域内得到克服，反而得到了强化——上升为忽视主体身份差异性的抽象同一性模式。在现代资本主义的人权视野中，平等就是"每个人都同样被看成那种独立自在的单子"[2]，实际情况却是，西方近代的政治解放"一方面把人归结为市民社会的成员，归结为利己的、独立的个体，另一方面把人归结为公民，归结为法人"[3]。这种思维方式在价值观领域就表现

---

[1] 习近平：《携手共命运　同心促发展——在2018年中非合作论坛北京峰会开幕式上的主旨讲话》，北京，人民出版社，2018，第5页。
[2] 《马克思恩格斯文集》第1卷，北京，人民出版社，2009，第41页。
[3] 同上书，第46页。

为用一般的抽象资本主义价值理念去统摄现实的个体——"在国家中，即在人被看作是类存在物的地方，人是想象的主权中虚构的成员"①。也就是说，在"政治解放"的视野中，原子式的个人的差异性政治权利只有服从于资本主义国家的抽象意识形态安排才能获得这种抽象的、建立在资本主义社会关系中的"自由"和"平等"。最终的逻辑结果是，"人没有摆脱宗教，他取得了信仰宗教的自由。他没有摆脱财产，他取得了占有财产的自由。他没有摆脱经营的利己主义，他取得了经营的自由"②，而这一切都是建立在现实的不平等和不自由的前提之上的。

第二，"政治解放"中关于自由和平等的抽象同一性模式，直接以忽视人与人之间的差异性因素——在资本主义剥削关系中的不自由和不平等——为前提。表面上看，政治层面的自由、平等，规定了每个健全公民在法律上具有相同的基本权利和义务，实际上，这是一种忽视现实差异性的同一性主体身份设定："当国家宣布出身、等级、文化程度、职业为非政治的差别，当它不考虑这些差别而宣告人民的每一成员都是人民主权的平等享有者……国家根本没有废除这些实际差别，相反，只有以这些差别为前提，它才存在。"③在这种情况下，以资本主义私有制和雇佣劳动为基础的现代资本主义人权价值观非但没有达到自身所标榜的"普适性"，最终只是成为一部分人的"特权"——"自由这一人权不是建立在人与人相结合的基础上，而是相反，建立在人与人相分隔的基础上。这一权利就是这种分隔的权利，是狭隘的、局限于自身的个人的权利"④。

第三，宗教解放和政治解放主要发生在近现代西方文明的范围内，它不可能顾及其他文明和外来群体的异质性。"无灵魂的专家，无心的享乐人"⑤的情形在现代西方社会是合法的。问题在于，当西方国家在全世界范围内强行推行"价值观外交"并认为"这空无者竟自负已登上人类前所未达的境界"⑥时，利益的短视使它们忽视了不同文明之间的异质性并低估了可能导致的严重后果。即使在现代西方国家内部，这种异质性也直接关乎着社会稳定。现有西方法律系统，虽然不支持特定宗教信仰在社会意识形态领域内的"同一性"，但是在法律主体的范围内仍然采取了形

---

① 《马克思恩格斯文集》第1卷，北京，人民出版社，2009，第31页。
② 同上书，第45页。
③ 同上书，第29~30页。
④ 同上书，第41页。
⑤ [德]马克斯·韦伯：《新教伦理与资本主义精神》，康乐、简惠美译，桂林，广西师范大学出版社，2010，第183页。
⑥ 同上书，第183页。

式上以西方文明为标准的"同一性"策略。对于继承了西方宗教解放传统的现代西方人,在其价值观领域一定程度上具备了承受理性批评和接受理性质疑的能力,但是对于没有经历过这一传统的外来移民,即使接受"摆脱了宗教的政治解放让宗教持续存在,虽然不是享有特权的宗教"①这一观点,也无法接受自己的超越性信仰被其他人"理性批判"、质疑甚至合法的"诽谤"这一事实。

第四,虽然西方政治领域中的自由、平等规定了个体在价值观领域中的原子式的权利,但在对待非本土宗教的问题上,仍然倾向于马克思在《论犹太人问题》中所批判的布鲁诺式的"人为了能够获得普遍人权,就必须牺牲'信仰的特权'"②的逻辑结局。这也能够为法国的查理周刊事件提供一种价值观层面的解释。作为移民进入西方社会的外来群体,虽然被西方现代国家法律程序所接纳,但是他们的宗教信仰的模式实际上并没有被西方社会接纳。在这种情况下,欧洲近现代政治解放视野中的"人权"遗产反而会一直损害其作为超越性价值观的"外来信仰",直到其被迫接受类似于"放弃"信仰的行为:允许社会上的一部分"平等"的人在法律政治的范围内"自由"地伤害外来群体信仰层面的价值观。

对于西方文明乃至整个现代文明而言,作为一种社会模式,"政治解放当然是一大进步"③,它代表了人类现代文明发展的趋势。对于非西方国家而言,对西方文明这种"进步"的论断必须密切结合西方文明自身的历史。从表面上看,西方政治解放所面对的问题是:在一个具有同一性批判权力的社会系统中,异质性的价值观主体自由选择的权利应该如何得到尊重的问题。实际上,最关键的问题在于,资本主义至今并没有突破马克思所给予的时代分析:"资产阶级生存和统治的根本条件,是财富在私人手里的积累,是资本的形成和增殖;资本的条件是雇佣劳动。"④从社会关系层面来说,即使是有限的自由和平等的主体也并不是普遍意义上的抽象个体,而是资本主义不公正社会关系中的承载者。

三、外在嵌入式的"博爱"及其后果

正是因为西方价值观中自由和平等在信仰领域和政治领域中存在"先天不足",当某些西方国家以自由、平等、人权等口号进行全球性的价值

---

① 《马克思恩格斯文集》第 1 卷,北京,人民出版社,2009,第 37 页。
② 同上书,第 39 页。
③ 同上书,第 32 页。
④ 《马克思恩格斯选集》第 1 卷,北京,人民出版社,1995,第 284 页。

观扩张的时候,造成的结果却是:很多遭受其价值观"倾销"的那些国家和地区陷入了混乱。甚至作为这种价值观的发源地,西方国家近年来恐怖事件也在屡屡发生,丝毫没有消失之势。随之而来的问题是:为什么向全世界大肆强行推广他们的自由、平等价值观的现代西方资本主义文明,却无法在其内部实现最起码的"博爱"状态?

第一,"博爱"价值观的主体应该和"自由""平等"的价值观主体一样,本质上都是个体主体,应该是"每个人"的权利。问题在于,宗教解放中的差异性逻辑和政治解放中的同一性逻辑之间的冲突,使得二者不可能实现社会交往层面的逻辑融洽。这实际上仍然没有超越马克思所讨论的资本主义时代中宗教解放和政治解放之间的二元对立价值思维模式:"政治国家的成员信奉宗教,是由于个人生活和类生活之间、市民社会生活和政治生活之间的二元性;他们信奉宗教是由于人把处于自己的现实个性彼岸的国家生活当作他的真实生活;他们信奉宗教是由于宗教在这里是市民社会的精神,是人与人分离和疏远的表现。"[①]在这种情况下,为了达到维系社会稳定的"博爱"状态,其主体最终转移到了作为社会暴力机器的"国家"身上。这就造成了这样一个逻辑悖论,"博爱"并不是由自由、平等的个体主体内生的,而是依靠外在嵌入式的强制性暴力主体来维系的。

第二,外在嵌入式的"博爱"非但不能实现价值观主体之间真正意义上的和谐的社会关系,反而有强化由文化异质性所造成的隔阂的风险。面对外来价值观因素不断加入的现实,二者之间的逻辑差异有可能造成不同群体和集团之间的价值观隔阂乃至冲突。现代西方社会中来自其他文明系统中的外来移民,其自身价值观传统中并没有经历过类似于欧洲文明的近代宗教解放运动,更没有经历过宗教信仰的绝对权威与理性质疑之间的关系性反思。他们的整个价值观形态对于其宗教信仰来说仍然接近于无条件的绝对同一性。西方国家对外来移民公民身份的政治认可,并不意味着外来移民能够顺利地融入西方的价值观传统。在这种情况下,隐匿于文化传统中的异质性因素,随时可能引发本土民众和外来移民在价值观领域内的矛盾乃至冲突。加之某些外来移民团体并没有加入西方信仰系统的强烈动机,更是给西方社会的价值观融合带来了严峻挑战。

第三,外在嵌入式的"博爱"本质上仍然是一种"同一性"的"博爱"。这种"同一性"时刻隐匿在现代西方文明关于"信仰自由"的异质性面孔之

---

① 《马克思恩格斯文集》第1卷,北京,人民出版社,2009,第36~37页。

后：对基于西方理性化了的信仰传统的自信。在此情况下，面对外来移民，西方主流价值观并不是真正秉持着自由、平等等所谓"人权"理念去对待对方的宗教信仰，而是用自身的价值观框架去"匡正"并最终融合它们。西方有学者在过去几年间对某些外来移民群体进行了持续调查，"最后均得出结论，的确存在以宗教为基础的歧视"[1]。面对少数群体的外来价值观与西方主流价值观在融合的过程中出现的逻辑混乱，西方社会又不可能依靠政治领域的价值观来维护自身的宗教价值观。在最终的社会制度设计上，"博爱"全面走向了自身的反面：从对个体权利的强调逐步转变为对国家暴力机器的强调。

第四，外在嵌入式的"博爱"无法为外来宗教价值观提供最基本的认同感。在一个移民社会中，不同的文明形态之间存在着历史和传统的重大差异，信仰领域中的差异性逻辑面对个体利益和社会公共利益在剥削性社会关系中的根深蒂固的结构性矛盾，不可能形成一个价值观领域中的共同体，而只能依靠外力维持一种最低层面的"互不干涉"状态。问题在于，这种"互不干涉"的状态在政治解放的领域中被不断突破，一次次揭露了"博爱"的虚假社会本质，使个体与社会对立起来——"正是由于特殊利益和共同利益之间的这种矛盾，共同利益才采取国家这种与实际的单个利益和全体利益相脱离的独立形式，同时采取虚幻的共同体的形式"[2]。在这种情况下，我们有理由认为，即使在西方国家内部，现代西方价值观也并没有真正实现自身的价值观口号。

总之，"博爱"的出场，不可能真正解决西方近现代发展过程中的逻辑对立——公共性领域与现实存在状态之间的矛盾。建立在资本主义剥削性社会关系基础上的、以一部分人的"不自由"和"不平等"为基础的"自由"和"平等"的价值观，不可能在整个社会关系的领域中内生出"博爱"的逻辑结果。在现实的缺陷性社会关系与人的自由全面发展的价值追求之间的矛盾没有得到现实解决之前，西方文明不可能具备实现自身口号的基本条件。

四、"西方价值观幻想"的生成及警示

从历史的角度来看，西方自由、平等和博爱的现代价值观非但没有在本土真正实现过，而且这些国家在全球殖民和掠夺的过程中也从来没

---

[1] 张小溪：《穆斯林移民如何融入西方社会》，载《中国社会科学报》，2016-01-03。
[2] 《马克思恩格斯选集》第1卷，北京，人民出版社，1995，第84页。

有在受剥削和压迫的地区实现过。相反,在西方资本主义以外的地区,西方价值观的这些"领导者"们往往首先和落后地区的最反动的势力合作。与西方侵略者全面的"非正义"形象形成鲜明对比的是,作为"受害者"的部分群体,却产生了"完美化"西方价值观的强烈倾向,形成了一系列"西方价值观幻想"。我们之所以称之为"幻想",一个重要的原因就在于,这些价值观群体将西方的价值观口号等同于西方资本主义社会现实,并将之凌驾于认识论之上,最终形成了一种"价值观偏执":即使接触到一些西方现实社会的"反证",他们也拒绝接受这些事实,而是主动选择忽略和无视它们。

从社会群体区分的角度来看,在不发达国家和地区通往现代性的道路上,"最底层"的农民阶级往往最不容易陷入"外来价值观幻想",直接原因就在于这一阶层无法直接在"受益"的意义上接触外来侵略者,相反,二者还会产生深刻的价值观隔阂。与之相关的是,"西方价值观幻想"这一群体的产生往往具备以下三个条件:一是在与某一国家相关主体的现实价值交往中能够得到物质回报并对其文化特别是价值观产生强烈认同意识;二是在这种认同意识确立的过程中,在国家层面上的"发达"与"发展中"的比较中获得了"优越感",并在对后者所产生的强烈"歧视"感中进一步强化了"优越感";三是上述二者的发生并不符合本民族或国家的公共价值观背景,使得整个社会价值观体系对上述两种行为产生了强烈的抵制,这进一步加剧了这些群体与本民族和国家身份认同之间的隔阂,最终造成了二者的相互敌对。从这个角度来看,最普通的"西方价值观幻想"群体的特征就是"自我价值观奴化",而最极端的"西方价值观幻想"群体必然会成为"逆向民族主义者"——他们以承认本民族和国家身份为耻[①],相对于他们所崇拜的价值观,他们在精神上自诩为"代言人";相对于本土价值观,他们又自认为是"拯救"后者的"上帝"。对于任何国家和民族而言,这些群体的出现,对于其达成核心价值共识都会造成一定的冲击。

从认识论上来看,"西方价值观幻想"直接建立在非马克思主义的社会历史视野之中。正是缺乏客观科学的社会历史视角,价值观问题在某

[①] 实际上,这一问题不仅仅局限于"西方价值观幻想",它也可以被表述为"外来价值观幻想"。例如,随着改革开放的发展,思想文化领域日益活跃,网络上出现了一个新兴词汇:"精日"群体(即"精神日本")。这些人在自我身份认同层面已经把自己划入"(自己想象中的)日本人的人群"。这一人群中的少数人出于对日本文化特别是侵略中国文化的"极端崇拜",甚至到了仇恨自我民族、以自己是中国人为耻的境地。

些人那里才成为追逐潮流的跟风,某些独立的个体才转化为价值观依附式的"某某粉(丝)",个别人甚至做出极端行为。从历史的角度来看,近代中国的自强史,同时也是中国社会在新的世界环境中重新找寻、探索和树立自身核心价值观的历史。其中,中国传统价值观与外来价值观,特别是西方价值观的关系始终对中国的社会价值观环境产生着重要影响。在改革开放的新时期,在我们用中华优秀传统文化涵养社会主义核心价值观的同时,我们不仅需要注意到近代中国社会转型中信仰层面价值观的时代变化,同时也要注意到中华文明中的这种价值观变化与西方文明相应价值观变化的历史差别,并以此处理好与其他文明形式中的信仰价值观的关系问题,确保我们的社会主义核心价值观培育和建设始终在立足中国历史阶段、朝向中国特色社会主义发展方向的基础上博采众长、兼收并蓄。

在培育和建设社会主义核心价值观的过程中,我们需要防止大规模出现对西方价值观或其他文明价值观的无条件认同模式——"人类历史告诉我们,企图建立单一文明的一统天下,只是一种不切实际的幻想"[①]。价值观始终是建立在特定的价值关系基础之上的——"价值观是人类在认识、改造自然和社会的过程中产生与发挥作用的。不同民族、不同国家由于其自然条件和发展历程不同,产生和形成的核心价值观也各有特点"[②]。对于现代中华文明来说,虽然我们仍然处于一个政治经济和思想文化上全面"现代性"的过程中,但是这一过程是建立在中国自身发展史和中华民族所特有的历史积淀的基础之上的,只能是中国特色社会主义的"现代性"过程,而不可能是中国"复刻"西方的现代性历史。全盘拿来主义的模式不仅会引起本土价值观念的激烈反抗,更有引发因"水土不服"而两败俱伤的社会风险。简言之,我们要具有世界视野、中国立场、文明高度。

在培育和建设社会主义核心价值观的过程中,我们必须坚持社会主义核心价值观的"内生性"原则。我们所坚持的"内生性"并不是一种放任自流、自然发展的旁观态度,而是要在社会主义发展导向的指引下,以最广大人民群众的根本利益为价值立场,积极吸收人类文明的优秀成果,立足中国历史和实际,以实事求是的态度,解决实际问题,达成社会共

[①] 习近平:《弘扬和平共处五项原则 建设合作共赢美好世界——在和平共处五项原则发表60周年纪念大会上的讲话》,北京,人民出版社,2014,第10页。

[②] 习近平:《青年要自觉践行社会主义核心价值观——在北京大学师生座谈会上的讲话》,北京,人民出版社,2014,第8页。

识。我们需要清醒地认识到,西方现代文明的价值观框架远非其所标榜的普适性,而是有其独特的生长土壤。当欧洲文明遇见世界文明的时候,欧洲文明自以为是的"普适性"的理性主义文化传统并没有达到自己的价值观霸权的目标,而是遇到了挑战。正是在这种情况下,中国对外交往过程中致力于建立"平等相待、互商互谅的伙伴关系"[1],而不是西方资本主义的霸权行径。也只有在尊重价值观"内生性"原则的基础上,社会主义现代性视野中的"主权观"才能真正超越资本主义的价值视野,并有效应对资本主义"人权高于主权"的价值观欺诈——"主权原则不仅体现在各国主权和领土完整不容侵犯、内政不容干涉,还应该体现在各国自主选择社会制度和发展道路的权利应当得到维护,体现在各国推动经济社会发展、改善人民生活的实践应当受到尊重"[2]。

在培育和建设社会主义核心价值观的过程中,我们需要注意信仰层面的价值观与政治层面的价值观的重大区别。从某种层面上来说,我们的社会主流价值观仍然处在一个"启蒙"的阶段,各种价值观不仅相互交织、相互影响,甚至有时会或多或少产生不同程度的价值观冲突。与此同时,即使在中国社会主义精神文明建设飞速发展的今天,我们仍然没有类似于西方文明中的宗教解放和政治解放的历史经历,也没有其他文明中严格意义上的政教合一的经历。这在客观上也就要求我们必须独立开辟由社会主义核心价值观培育和建设的"中国道路"和"中国模式"。这种"道路"和"模式"从根本上坚持着"人民主体"而不是"个人主义"的基本价值立场,它坚持的是社会主义人民观视野中的最大利益和共同价值选择,并与资本主义的强权逻辑形成了本质区别——"一个国家走什么样的道路,只有这个国家的人民最有发言权。一副药方不可能包治百病,一种模式也不可能解决所有国家的问题。生搬硬套或强加于人都会引起水土不服"[3]。

西方宗教解放和政治解放中的自由、平等和博爱的逻辑冲突,带给我们的另一个启示在于,核心价值观的形成,不仅要有共同的价值观"情境",而且要有共同的价值关系"语境"。在中国社会主义核心价值观培育和建设的过程中,最关键也是最基本的挑战恰恰在于这种"情境"和"语

---

[1] 习近平:《习近平在联合国成立70周年系列峰会上的讲话》,北京,人民出版社,2015,第15页。

[2] 同上书,第15~16页。

[3] 习近平:《习近平主席在出席亚太经合组织第二十六次领导人非正式会议时的讲话》,北京,人民出版社,2018,第6页。

境"的培育和营造。在此,我们必须把社会主义核心价值观的培育和建设放在中国特色社会主义理论体系的大背景中,以毛泽东思想、邓小平理论、"三个代表"重要思想、科学发展观、习近平新时代中国特色社会主义思想为基础,营造全民共同的价值观和价值关系,使社会主义核心价值观真正"内化于心、外化于行"。

第二节 马克思与"资本主义启蒙"的相遇及其态度

无论从何种维度来理解"启蒙",都会涉及对不同社会形态及其价值观转型的模式思考,不同程度上内嵌着看待资本主义的眼界和对待社会主义的态度。从思想史的大背景来看,马克思哲学同样植根于对西方近现代启蒙思想养分的汲取和思维方式的扬弃。近年来,当中国学术界开始广泛研究德法启蒙、苏格兰启蒙,抑或《启蒙辩证法》意义上西方马克思主义的"启蒙理性批判"时,一个前提性问题也随之显现:生长于西方文明环境中的马克思,与启蒙究竟是何种关系?对于上述问题的研究和解读,不仅关系到我们看待西方资本主义的立场和视角,也反映着我们对自身发展道路的定位和期望。

一、马克思与"资本主义启蒙"的"相遇"

在西方近代以来的思想发展史中,"启蒙"概念是在多个层面上被使用的:它或者被定位为近代西方资本主义兴起过程中相对于封建主义的"祛魅",或者被看作是思维方式层面上的"理性的方法",或者被限定为某一特定区域和特定时间的社会思潮。从文本的角度来看,马克思在其思想发展的过程中不仅与资本主义启蒙的思想要素有过"交叉",甚至这种"交叉"一度在马克思哲学思想发展中产生过重要作用。从总体上来看,直到青年黑格尔时期,马克思所研究和探讨的问题并没有完全脱离德国传统理性思辨哲学的阵地,其对"启蒙"的使用同时涵盖了以上各个方面并表现出了自己的特点,但随着政治经济学研究的深入,马克思对"启蒙"的态度经历了一个由"积极认同"到"思想资源的批判性使用"的重大转折。

直至博士论文阶段,马克思对"启蒙"总体上保持着一种"积极认同"的态度。在1835年马克思的中学毕业论文《青年在选择职业时的考虑》中,"人的活动持续地受到已经形成的环境的限制,这是一个至少与启蒙运动和百科全书派一样古老的思想"①。此时的"启蒙"在马克思那里不仅是相关思想观点的表达,同时还表现为一种带有浓厚文化浪漫主义色彩的思维方式。在1837年《给父亲的信》中,马克思开始意识到"严重障碍正是现实的东西和应有的东西之间的对立"②,并试图"转而向现实本身去寻求思想"③,但这种"转向"更多是关注点的转移而不是思维方式的转型。在博士论文中,马克思更是将宽泛意义上的理性的"祛魅"功能与启蒙运动中的自由主义思想结合起来,将18世纪的启蒙精神在外延上延伸到整个西方文明史的领域,从而与黑格尔哲学中的"绝对精神"形成了理论呼应。正是在这个层面上,马克思把普罗米修斯"我痛恨所有的神"作为格言,并盛赞伊壁鸠鲁是"最伟大的希腊启蒙思想家"④。

纵观这一时期马克思对相关"启蒙"思想要素的使用,我们可以发现他仍然遵循着德国古典哲学"二元对立"的思维方式——着重强调理想观念和现实世界、非理性思维方式和理性思维方式的区别和对立,并试图以理想性的价值理念来规划现实。这也就意味着,马克思在"博士论文"期间所讨论的"原子偏斜""自由"等问题,实际上仍然是在近代资本主义启蒙的宏观框架内进行的——他通过理性主义和人道主义的高扬来进行关于人的权利的抽象建构。在这样的思想背景中,宗教解放、政治解放等资产阶级革命议题顺理成章地进入了马克思的视野,成为马克思思想发展史上与资本主义启蒙"相遇"并一度同行的重大理论话题。与当时所有的启蒙主义者一样,马克思一方面对近代西方启蒙精神表现出了肯定和支持的态度,注重从概念和推断的逻辑矛盾等方面进行思想论战,另一方面他也和其他思想家一样面临着资本主义启蒙的棘手问题:"如何在一个不自由的世界中创立自由主义?"⑤

《莱茵报》至《德意志意识形态》时期,马克思逐步超出资本主义启蒙的思维方式,其对现实问题的分析过程和解决方案开始逐步具有"新唯物主义"⑥的色彩。在1842年《历史法学派的哲学宣言》中,马克思对胡果的讨论仍然带有极强的"理性主义"的色彩:"胡果同18世纪的其他启蒙思想家的关系,大体上就像摄政者的荒淫宫廷主政时期法兰西国家的解

---

① [英]戴维·麦克莱伦:《马克思传》,王珍译,北京,中国人民大学出版社,2005,第10页。
② 《马克思恩格斯全集》第40卷,北京,人民出版社,1982,第10页。
③ 同上书,第15页。
④ 同上书,第242页。
⑤ [美]彼得·盖伊:《启蒙时代》下,王皖强译,上海,上海人民出版社,2015,第456页。
⑥ 《马克思恩格斯选集》第1卷,北京,人民出版社,1995,第57页。

体同国民议会时期法兰西国家的解体的关系一样"①，而后者却是"新精神从旧形式下的解放"②。在随后《关于林木盗窃法的辩论》一文中，马克思关于封建社会之间的历史状况的分析，特别是其"精神"和"动物"关系类比的概念辨析方式，与卢梭"自然的或生理上的不平等"和"精神上的或政治上的不平等"③的思维方式仍然存在着极大的相似之处。由于秉持着启蒙运动的思维方式，这一时期的马克思在接触社会具体事件时明显地感觉到理论上的不适应，以致其后来回忆道，"1842—1843年间，我作为《莱茵报》的编辑，第一次遇到要对所谓物质利益发表意见的难事……关于自由贸易和保护关税的辩论，是促使我去研究经济问题的最初动因"④。在随后通过靠近费尔巴哈哲学并超越青年黑格尔派的过程中，纵使还缺乏系统性的前提论证，但马克思已经产生了众多天才式的观点和想法。《1844年经济学哲学手稿》中马克思关于"异化劳动"特别是"类本质"的论述，虽然在一定程度上仍然具有康德哲学"道德律"的特征，某种意义上甚至带有亚里士多德哲学的色彩，但"自由的有意识的活动"⑤这种"理论预设"开始预示着"实践逻辑"的雏形。更为重要的是，马克思开始为上述观点寻求经济学的支撑。在随后的《德意志意识形态》中，马克思对"人"的理解已经正式超出了以"抽象的人"为中心的启蒙框架，从"实践"着手对"现实的人"这一概念进行历史生成式的分析："我们开始要谈的前提不是任意提出的，不是教条……这是一些现实的个人，是他们的活动和他们的物质生活条件，包括他们已有的和由他们自己的活动创造出来的物质生活条件。"⑥

随着政治经济学研究的逐步深入，马克思对"启蒙"一词的使用开始带有"资本主义时代"的维度。在《1861—1863年经济学手稿》中，马克思使用了"'启蒙的'经济学"⑦这种表述来形容古典经济学在贵金属和兑换率问题上的本末倒置。在评价兰盖的时候，马克思认为他"反对他同时代的启蒙运动者的资产阶级自由主义理想，反对资产阶级刚刚开始的统治"⑧，认为他比资产阶级更加反动。在这种话语使用方式中，"启蒙"一

---

① 《马克思恩格斯全集》第1卷，北京，人民出版社，1995，第232页。
② 同上书，第232~233页。
③ 《卢梭全集》第4卷，李平沤译，北京，商务印书馆，2013，第229页。
④ 《马克思恩格斯选集》第2卷，北京，人民出版社，1995，第31页。
⑤ 《马克思恩格斯选集》第1卷，北京，人民出版社，1995，第46页。
⑥ 同上书，第66~67页。
⑦ 《马克思恩格斯全集》第35卷，北京，人民出版社，2013，第348页。
⑧ 《马克思恩格斯全集》第33卷，北京，人民出版社，2004，第417页。

词的资本主义价值论的意味逐步消淡，认识论上的描述性使用更加明确地服务于对资本主义经济模型的揭露。在这种"相遇"并不断"超越"的过程中，马克思哲学的"问题域"也逐渐成形——在认识论上要超越资本主义的价值关系，在价值观上要超越资产阶级的抽象口号。从这个层面来看，虽然许多资本主义启蒙思想家与马克思都不约而同地讨论了现代社会的某些问题，但他们在逻辑前提和思维方式层面仍存在着重大区别。如果说，启蒙时代的资产阶级思想家们注重的是用理性的精神消解封建迷信、用抽象权利平等的思想对抗直接的封建等级关系，并以此建构一个理想社会的话，那么在马克思那里，问题逐渐演变成：以理论上重现人类社会发展的基本逻辑为前提，以政治经济学的方式进行科学论证，指明扬弃阶级压迫和阶级剥削的历史之路，最终实现全人类的真正解放。这使得马克思在如何对待资本主义的问题上，最终与寄希望于通过抽象理性原则进行社会修正或改良的"启蒙精神"实际地区别开来。

从总体上来看，马克思与"启蒙"有过明确的"相遇"甚至一度"相知"，但并不存在"关于马克思的启蒙思想"这一问题——"启蒙"没有构成博士论文以后马克思哲学的主要议题。与此同时，马克思与资本主义启蒙的"相遇"并不是对马克思哲学的贬低，而是整个马克思主义前行的基础。正是在这个基础上，马克思才能在各种思想论战中不断地超越时代的同行者。在这种超越中，亚当·斯密、大卫·李嘉图、巴师夏、黑格尔、费尔巴哈等资本主义时代的代表人物纷纷进入了马克思哲学批判的视野，成为马克思在思想上不断前行的理论阶梯。即使从最广泛的西方文明理性思维方式的层面来看，马克思与启蒙也更多的是一种批判性超越的关系，而不能被简单理解为：马克思的某种观点，早在其出生之前就在某某先哲那里得到了系统论述。

二、马克思对待"资本主义启蒙"的态度：重构认识论前提并推向彻底

对马克思与启蒙关系的研究，最有可能陷入的误区是，混淆启蒙的逻辑与资本主义逻辑在马克思思想中的位置，武断地认为马克思思想中一直"内嵌着"西方启蒙思想的维度。实际上，"博士论文"以后，启蒙的目标在马克思哲学中逐渐消淡。不仅如此，18世纪资本主义启蒙所无法预见的社会问题，与《莱茵报》时期的马克思开始正面遭遇，成为亟须破解的理论难题。在这种情况下，马克思通过在认识论上逐步澄清资本主义的内在逻辑，不仅揭示了启蒙逻辑的不彻底性，而且将其推向了"彻底"，并在政治经济学的层面上给予科学证明——任何资本主义内部的社

会改良都无法实现其启蒙时代的口号,只有从根本上扬弃资本主义生产关系才能克服资本主义的内在矛盾。

如果不能超越启蒙的抽象思维方式,就不可能真正在理论上超越资本主义时代。作为"18世纪贯穿欧洲的知识潮流","启蒙运动中的知识分子都认为自己……代表了人类的最高志向和可能性。他们是改革者,相信这一目标可以通过逻辑论证、批评和辩论来实现"①。正是在这样的抽象理性思维方式中,社会变成了以人的抽象权利认同为基础的关系建构,自然界则在量化的工具理性思维方式中以社会财富来源的面貌得以呈现。在这样一种基于抽象原则而建构起来的语境中,历史被浪漫主义化了——"启蒙的原则是秩序和进步,自信能够控制自然和历史,相信常识和普世人性"②。即使在马克思的时代,致力于超越黑格尔哲学的费尔巴哈,一旦涉及社会历史领域,马上又会因为上述"启蒙的原则"而蜕变为"半截子唯物主义"——"当费尔巴哈是一个唯物主义者的时候,历史在他的视野之外;当他去探讨历史的时候,他不是一个唯物主义者。在他那里,唯物主义和历史是彼此完全脱离的"③。从这个意义上来看,马克思主义的生成同时也意味着马克思对"启蒙的原则"在认识论和价值论层面的双重超越。

马克思对待资本主义启蒙问题上的彻底性,在根本上表现为对资本主义启蒙"逻辑框架"的理论超越。在启蒙思想的笼罩下,18世纪"在所有主要的欧洲语言中,这个时代都被称作光的时代"④。马克思在《1857—1858年经济学手稿》中也曾用类似的句式来表达自己的思想,但显现出了完全不同于资本主义启蒙运动的理论出发点——马克思称生产是一种"特殊的以太"和"普照的光"⑤,是人类生活得以实现的根本前提。马克思对社会生产实践的重视,决定了历史唯物主义视野与资本主义启蒙视野的本质不同。即使在《德意志意识形态》时期,马克思带有"假设"性质的"原初历史的四个因素"⑥的分析,就显现出了全面超越启蒙思维方式的努力。此时的马克思虽然还没有全面涉及政治经济学的领域,但

---

① [英]劳埃德·斯宾塞:《启蒙运动》,盛韵译,北京,生活·读书·新知三联书店,2016,第1页。
② 同上书,第170页。
③ 《马克思恩格斯选集》第1卷,北京,人民出版社,1995,第78页。
④ [英]劳埃德·斯宾塞:《启蒙运动》,盛韵译,北京,生活·读书·新知三联书店,2016,第1页。
⑤ 《马克思恩格斯全集》第30卷,北京,人民出版社,1995,第48页。
⑥ 《马克思恩格斯选集》第1卷,北京,人民出版社,1995,第81页。

他通过分析人类社会实践活动，把自然界纳入了人类社会的发展史，开始从理论上致力于实现人类社会自我发展和自然界改变的逻辑上的一致，从而为历史唯物主义的产生奠定了重要的思想前提。也正是在这样的理论视角中，实践开始作为现实的问题被引入了哲学的领域，逻辑和历史的统一才找到了理论突破口——"环境的改变和人的活动或自我改变的一致，只能被看作是并合理地理解为革命的实践"①。

如果无视抽象权利的理性逻辑与社会生产的实践逻辑之间的重大区别，任何对马克思哲学"启蒙"意义上的直接套用，都会弱化其超越资本主义逻辑的价值指向。对马克思与"启蒙"关系研究的困难之处在于，"启蒙"不是马克思重点关注的问题，马克思没有直接否定资本主义启蒙的问题，而是从更高的维度把整个资本主义时代推向了"彻底"——资本主义启蒙的口号和最终目标在资本主义社会中非但无法得到彻底实现，其思维方式背后反而隐藏着新的剥削和压迫。与此同时，马克思哲学对资本主义启蒙框架的"超越"，也不是西方马克思主义代表人物霍克海默和阿多诺意义上的"启蒙辩证法"——不能将资本主义的启蒙与西方文明开端意义上的理性思维方式进行"同一性"处理。阿多诺和霍克海默由于脱离了马克思哲学的实践视角，无法突破资本主义启蒙的基本框架，因此才产生了这样的结果——"凡是和统治思想不合拍的，都再也无法表达出来了"②。相比之下，在马克思那里，资本主义的自由、教育、法等观念"本身是资产阶级的生产关系和所有制关系的产物……这种意志的内容是由……这个阶级的物质生活条件来决定的"③。也就是说，在资本主义启蒙那里被认为是出之于理性或先验的自由、平等的那些现代权利，是资本主义经济条件的时代表现，内嵌着阶级社会的剥削关系，仍然是不彻底的、不平等的。资本主义的启蒙成果虽然表现出了相对于整个前资本主义社会的巨大进步，并没有超脱阶级社会的价值建构——"至今的一切社会都是建立在压迫阶级和被压迫阶级的对立之上的"④。

三、马克思对待资本主义的态度是一种"革命"而非"启蒙"

如果说，资本主义启蒙运动的思想主题是反封建并以此为基础提出

---

① 《马克思恩格斯选集》第1卷，北京，人民出版社，1995，第55页。
② [德]霍克海默、阿道尔诺(阿多诺)：《启蒙辩证法：哲学断片》，渠敬东、曹卫东译，上海，上海人民出版社，2006，第2页。
③ 《马克思恩格斯选集》第1卷，北京，人民出版社，1995，第289页。
④ 同上书，第284页。

相关"完美资本主义"理论设计的话,那么马克思的思想主题则同时贯穿着"向前看"意义上的反封建和反资本主义两条线索,并最终导向了对所有剥削性社会关系的彻底革命。基于这一基本立场,马克思从未在社会主义或共产主义的视野中系统论述过资本主义启蒙意义上的"自由""平等"等价值理念。这并不意味着马克思不重视人的权利,相反,他将"一部分人"的自由、平等等抽象权利推向了"每个人"的自由全面发展的实质权利。从这个意义上来说,相对于资本主义启蒙意义上的现代抽象逻辑,马克思哲学的革命性从根本上来说是一种"解放的逻辑"。

马克思哲学不仅从根本上冲破了资本主义启蒙的结构,扬弃了它的主要问题,而且还把这些结构和问题本身归结为压迫和剥削的领域。相对于资本主义启蒙,马克思的"解放"所导向的不再是一种抽象的价值理念,而是一种现实的"社会空间"——"在那里,每个人的自由发展是一切人的自由发展的条件"[①]。只有在这样的"社会空间"中,真正意义上的"自由个性"才会发展起来,而这又要求"建立在个人全面发展和他们共同的社会生产能力成为他们的社会财富这一基础"[②]之上。只有在这种具有"解放"意义的"社会空间"中,人与人之间在价值关系上的根本对立才能够被克服,基于剥削性价值关系的"一部分人的特权"才能够被"自由人的共同体"所取代。也只有在这个意义上,我们才能够说,资本主义启蒙意义上的"自由""平等"等价值观口号才能真正摆脱剥削性社会关系的束缚并具备社会主义和共产主义的内涵。简言之,在马克思哲学"解放的逻辑"中,资本主义启蒙的抽象逻辑实际上被"祛魅"了——它的时代缺陷及超越这种缺陷的方式得到了系统展现。马克思把资本主义启蒙中人的地位和价值的问题真正放到了社会历史的发展空间中,在逻辑上理顺了无产阶级的解放、每个人的解放和所有人的解放的关系,并从社会历史发展的角度指出了消除对抗性社会价值关系的时代使命。

相比较于资本主义启蒙的抽象口号,马克思哲学"解放的逻辑"在社会历史领域有着坚实的认识论基础——它建立在对资本主义的政治经济学分析之上。这也是马克思哲学至今在现代社会仍然具有强大话语权的理论原因之一。马克思对商品的分析,对资本的分析,对商品拜物教的分析,对地租的分析,系统揭示了资本主义社会运转的逻辑构架。这种分析既体现在经济层面上,也体现在意识形态层面上。马克思不仅揭露

[①] 《马克思恩格斯选集》第1卷,北京,人民出版社,1995,第294页。
[②] 《马克思恩格斯全集》第46卷上,北京,人民出版社,1979,第104页。

了资本逻辑的剥削本质，而且揭示了这种剥削本质在现代社会中是如何被遮蔽起来并获得正面评价的。与此同时，马克思所有的分析和预测并没有陷入资本主义启蒙的抽象性泥淖，而是始终立足于现实的社会状况："无论哪一个社会形态，在它所能容纳的全部生产力发挥出来以前，是决不会灭亡的；而新的更高的生产关系，在它的物质存在条件在旧社会的胎胞里成熟以前，是决不会出现的。所以人类始终只提出自己能够解决的任务。"[①]正是在这种对社会历史前提的尊重中，解放的逻辑与社会发展的历史事实才实现了理论和实践上的内在一致。

纵观马克思思想发展的全部历程，我们可以认为，马克思不是沿袭了资本主义启蒙的问题，而是"扬弃"了资本主义启蒙的问题：马克思在揭露和批判资本主义时代弊端的基础上，从"历史科学"的视角消解了资本主义启蒙口号的神圣性，指出了资产阶级革命的口号并不能在资本主义的时代框架之内真正实现。资本主义启蒙的问题最终在马克思哲学中丧失了存在的语境：它不再是一种对资本主义现实的粉饰和导引，而成了对资本主义现实的揭露和批判。由此，在马克思哲学中并非存在着"人学"的空场，在他的解放理论中，始终显现着人的自由发展的社会空间这一终极价值指向。从这个意义上来看，马克思非但没有离我们远去，他所提出的资本主义的问题及其面对这一问题的态度始终回响在所有现代社会中。

四、"马克思与资本主义启蒙关系研究"的当代意义

西方启蒙问题研究在当下中国学界的时兴，始终隐含着一个立足于中国本土的现实问题：我们要以何种姿态来对待西方资本主义文明及其价值思维方式？从中国近代以来的现代性转型来看，即使是资本主义启蒙意义上的反封建，对于中国现代性进程意义上的"启蒙"也只有借鉴作用，而没有"模板"作用。在漫长的中国封建社会中，"士绅"阶层构成着传统文化的支柱，"包括正式在官僚系统中任职的士大夫精英，以及非正式地管理乡村事物的地方名流。他们之下是农民阶层"[②]。要对中国的封建文化进行"启蒙"意义上的反思，就必然涉及对"士绅阶层"的历史分析。这一领域，无论从形式上还是内容上，都截然不同于资本主义启蒙所面对的教士和贵族联盟。因此，单纯地局限于价值观模型之间的理论推演，

---

① 《马克思恩格斯选集》第2卷，北京，人民出版社，1995，第33页。
② [美]魏斐德：《中华帝国的衰落》，梅静译，北京，民主与建设出版社，2016，第3页。

并不能真正解释"为什么中国会走上社会主义道路"这一中国近代以来最为重大的历史命题和"启蒙"背景。

西方启蒙问题研究并不能为改革开放以来的中国社会价值观转型提供思路指引,但它至少为中国现代社会价值共识的达成提供了某种资源借鉴。文学是价值观的重要表现领域,西方启蒙的相关问题同样发挥着重大影响作用。例如,有观点认为,20 世纪 80 年代中国"美学与文艺学话语的基本理论预设大部分可以追溯到西方启蒙主义现代性,并与当时整个中国学术文化界的西化思潮遥相呼应。其中有三个主导性话语:一是普遍主体与人的自由解放,包括'主体性''人的自由''人的解放''人道主义'等;二是'向内转',包括从物质世界('外宇宙')转向心理世界('内宇宙')和从政治等非文学领域转向文学的自身领域;三是科学美学思潮以及美学文艺学研究中的科学主义倾向。这三套主流话语的共同性在于批判改革前的社会主义"[1]。问题的关键在于,如果没有关于社会主义基本价值立场的共识,批判就有可能变为无视乃至否定,为此,我们需要认真思考:如何在马克思哲学的视野下,结合中国的实际情况,理性地审视西方启蒙的思想路径和文化资源?特别是如何处理好其与社会主义核心价值观的关系?从现实的角度来看,即使将改革开放以来中国社会思想文化的巨大发展进步视为一种相对于"传统"的启蒙,这也不是近代以来西方资本主义意义上的"抽象权利建构"。"解放思想、实事求是"作为中国改革开放的思想旗帜,非但没有否定社会主义的基本价值立场,反而努力吸收人类文明的一切积极成果,不断巩固和发展社会主义,不断深化对社会主义本质的"再认识"。在这一过程中,中国特色社会主义道路的价值立场并没有导向一种抽象的人权设定,而是一开始就立足于中国人民的现实需求:"贫穷不是社会主义,社会主义要消灭贫穷"[2]。我们自身的挑战在于,随着在生产力层面上与西方资本主义国家差距的不断缩小,随着社会主义市场经济体制功能的不断完善,社会主义市场经济体制的价值观导向与理想状态中的社会价值共识仍然具有一定差距。正是在这种情况下,社会主义核心价值观的培育和建设才愈发必要和紧迫。

西方资本主义启蒙研究的一个可能贡献在于,它有助于在近现代价值转型的文化土壤和内容呈现方面使我们对资本主义价值观的生长逻辑

---

[1] 高建平:《新时期文艺学二十年学术讨论会综述》,载《文艺争鸣》,1998(4)。
[2] 《十二大以来重要文件选编》,北京,中央文献出版社,2011,第 311 页。

和资本主义价值体系全球扩张的模式形成清晰的认识。随着改革开放的发展，我们越发感觉到，"资本不是一种个人力量，而是一种社会力量"①。作为一种社会力量，它必然要在人的现实的社会交往中体现出来，并表现为一定的价值关系和价值观。改革开放以来资本市场在中国的重新建立和完善，本身就对社会主义核心价值观建设提出了新的时代要求：如何在多元的价值观环境中确立和维护社会主义的共同价值信念？在总体上还是由发达资本主义国家主导世界市场的情况下，资本主义市场经济模式背后的价值理念也会对中国的社会主义市场经济产生巨大影响。在确保生产力快速发展的情况下实现改革开放成果的"全民共享"，就需要经济发展手段和社会主义价值立场的有机统一。因此，"中国道路""中国模式"绝不仅仅是经济层面上的，它同样也必须体现在价值观层面上。面对这种新情况，我们不仅要在经济领域努力争取国际话语权，还必须同时在价值观层面上争取和维护国际话语权。这也意味着，中国经济走向世界，同时也会使社会主义核心价值观面向世界。

进行马克思哲学与西方启蒙的关系辨析，也有助于我们进一步解读社会主义核心价值观中的"自由""平等""民主"等与资本主义价值观相重合的概念。如果我们单纯满足于通过反复灌输和机械背诵来牢记这些语词，就无法清晰认识到社会主义与资本主义的本质区别，无法在核心价值观领域真正维护社会主义价值立场和确立社会主义价值导向，最终反而会助长资本主义价值观念在中国的传播。从这个意义上来看，社会主义核心价值观的培育和建设，实际上承担着改革开放以来价值观层面上的"社会主义启蒙"作用。只有社会主义核心价值观与社会主义基本经济制度实现逻辑上的内在契合，真正通过社会主义价值立场规训社会主义市场经济中的人的实践活动，其正向功能才能被充分发挥出来。这在客观上就要求社会主义核心价值观必须全面融入社会主义制度建设的全过程，使其成为社会主义市场经济体制乃至整个社会主义制度的价值观灵魂，让它的精神像空气一样无时不在、无时不有。

第三节　社会主义核心价值观的"正义"形象及其表述逻辑

从表面上看，社会主义核心价值观与马克思主义正义观研究的同时进行，似乎是一种"资源浪费"，并且围绕马克思是否存在"正义观"，学

---

① 《马克思恩格斯选集》第1卷，北京，人民出版社，1995，第287页。

界一直存有争议——从文本的角度来看,马克思本人非但没有对此问题进行过系统阐述,反而在贬义的层面上大量使用"正义"一词。从现实层面来看,关于马克思正义观的研究更多的是当代中西意识形态角逐在价值观领域的反映——面对资本主义价值观的全球蔓延,我们需要从马克思主义的视角挖掘相关思想资源,并对西方正义观进行评判,从而在理论上消解资本主义价值观的迷惑性。为了实现这一目的,马克思正义观的当代建构就必须超出西方政治学抽象概念的范式,在尊重文本的基础上显现出其与西方正义观的本质不同。在这种情况下,对马克思正义观进行界定并梳理其逻辑结构,就具有强烈的理论和现实意义。

一、马克思"正义观"表述的"再评价"逻辑

对马克思正义观的肯定性研究主要表现在两大领域。一是借鉴西方政治哲学视角,从价值规范的维度出发进行马克思正义观的探讨,其典型特征是将公平、正义、公正等概念置于通用的层面上,从而表现出对一般现代性规则的认可和追求。二是基于马克思正义思想的文本梳理,从历史唯物主义的视角建构马克思的正义观,立足于分配正义、解放正义等领域进行马克思正义观的革命性逻辑解读。这两种视角都不否认马克思的"正义观"是一种价值观/价值原则,但并没有明确它是一种什么样的价值观/价值原则,其与资本主义的价值观/价值原则在概念建构层面上有何不同。特别是随着社会主义核心价值观的提出,如何理顺马克思的正义观与"公正"乃至所有社会主义核心价值观基本概念的关系,客观上也成为一个需要解答的理论问题。针对上述问题,一种可能的回答是:马克思的正义观并不是简单地直接呈现"什么是正义",而是对"什么是资本主义正义"进行的"再评价",它在本质上是一种"关于价值评价的再评价"。正是在这种"再评价"的表述逻辑中,马克思正义观的理论建构以及对资本主义的价值观批判才成为可能。

首先,马克思对待资本主义价值观的态度本身就是一种"关于价值评价的再评价"。一种价值观要成为社会主流价值观,必须被社会公众在"评价"的层面上认为是"合理"的。问题在于,"合理"的不一定是"正义"的。在资本主义市场经济体制中,"合理"就是工具理性意义上资本增殖的一般规律和法则。与此相呼应的是,单纯从西方政治学的规则视角进行正义观阐释,恰恰无法解释为什么资本主义兴起的同时伴随着大量被评价为"不正义"的社会现象——正如马克思在《资本论》中所引用的托·约·邓宁的那段话那样,"一旦有适当的利润,资本就胆大起来……如果

动乱和纷争能带来利润，它就会鼓励动乱和纷争。走私和贩卖奴隶就是证明"①。正是基于华丽的抽象理念和不正义的现实之间的巨大鸿沟，阿马蒂亚·森才退而求其次，致力于阐明"我们如何才能回答促进公正和消除不公正的问题，而不是为关于绝对公正的本质这样的问题提供答案"②。相比较之下，马克思关于资本主义社会的价值评价，从根本上是对作为资本主义社会之"理"的资本本性的揭露，而不是关于资本主义价值理念的评价。正是在这个层面上，马克思主义整体意识形态框架都是建立在对资本的剥削本性进行"再评价"的基础之上的，这种"再评价"同时也构成了整个马克思正义观建构的"元评价"。从这个意义上来看，马克思对资本主义有过"革命"③的评价，但是从未有过"正义"的评价，但他却用"正义事业"④来形容"共产主义"。

其次，马克思"关于价值评价的再评价"真正实现了认识论与价值论的有机统一，而现代西方正义观恰恰无力弥合二者之间的分裂。在封建社会人身依附的价值关系中，任何超越等级的价值观都会被认为是"不正义"的。资本主义社会虽然提出了自由、平等、人权等价值观口号，表现出了巨大的时代进步，但是它本身却无力将其真正现实化。正是在资产阶级正义观止步不前且只能大声叫嚷之处，马克思正义观的理论建构才获得了时代的生命力，它从认识论上指出了资本主义价值关系的内在缺陷——"在政治国家真正形成的地方，人不仅在思想中，在意识中，而且在现实中，在生活中，都过着双重的生活——天国的生活和尘世的生活。前一种是政治共同体中的生活，在这个共同体中，人把自己看作社会存在物；后一种是市民社会中的生活，在这个社会中，人作为私人进行活动，把他人看作工具，把自己也降为工具，并成为异己力量的玩物"⑤。在此基础上，马克思正义观从社会基本价值关系的层面上指出了超越的路径——"代替那存在着阶级和阶级对立的资产阶级旧社会的，将是这样一个联合体，在那里，每个人的自由发展是一切人的自由发展的条件"⑥。艾伦·伍德在否定马克思存在着一以贯之的正义观的时候，敏锐地意识到了不同时代正义观与其生产方式的内在契合性，但问题在于，

---

① 《资本论》第1卷，北京，人民出版社，2004，第871页。
② [印]阿马蒂亚·森：《正义的理念》，王磊、李航译，中国人民大学出版社，2012，第3页。
③ 《马克思恩格斯选集》第1卷，北京，人民出版社，1995，第274页。
④ 《马克思恩格斯全集》第42卷，北京，人民出版社，1979，第457页。
⑤ 《马克思恩格斯文集》第1卷，北京，人民出版社，2009，第30页。
⑥ 《马克思恩格斯选集》第1卷，北京，人民出版社，1995，第294页。

他没有看到这种阶级社会中的"内在契合"并不是一种完全契合,从而忽视了马克思正义观的历史发展维度——"历史同认识一样,永远不会在人类的一种完美的理想状态中最终结束;完美的社会、完美的'国家'是只有在幻想中才能存在的东西;相反,一切依次更替的历史状态都只是人类社会由低级到高级的无穷发展进程中的暂时阶段"[①]。

再次,"关于价值评价的再评价权"的争夺始终是社会阶级斗争的一个重要领域。从正义观的角度来看,正义观与"统治思想"存在着逻辑上的同构性,"任何一个时代的统治思想都不过是统治阶级的思想"[②]。任何统治阶级要把自己的思想转变成社会的统治思想,就必须获得"正义"的面孔。统治阶级的价值观一旦实现了这一点,它就会借助正义观的"再评价"功能在意识形态领域发挥统治作用——它会直接影响人们对特定价值观"是否合理"的价值评价。从这个意义上来看,"正义观"是特定价值观能否上升为主流价值观的必经逻辑环节。就此而言,西方资本主义的正义观研究实际上起着为其抽象平等、自由和人权观念进行深层理论论证的作用。如果说,在封建社会中,这种"再评价"的主体被静态地限制在统治阶级范围内的话,那么在欧洲资产阶级革命中,工人阶级则开始进入这种"再评价"的主体之列,试图获得独立的"再评价"权利,并在意识形态领域引发了激烈的阶级斗争。正是在这种历史背景中,马克思主义的产生,从理论上论证着现代工业无产阶级推翻资本主义制度的时代合法性。20世纪上半期,以卢卡奇肇始的西方马克思主义者们开始了资本主义意识形态批判,试图从思想文化的层面上揭露现代资本主义文明的意识形态麻醉作用,但由于远离了马克思主义政治经济学的支撑,社会批判理论最终滑向了文化浪漫主义的泥淖。

最后,正义观虽然在本质上是一种价值观,但却是关于社会普通价值观是否"合法"的理论论证和社会理解方式。相比较于资本主义"正义观",马克思"正义观"的理论建构,并不是像社会调查那样单纯通过直接的数据呈现来表明问题,也不是满足于抽象价值原则的高扬,而是在"历史科学"的认识论前提下,对以往剥削性正义观进行的"再评价"。正是在这样的表述逻辑中,我们才能把马克思正义观的研究与普通价值观的研究区分开来,我们才能在马克思同当时各种错误思想的论战中梳理和建构马克思的正义观,并使之具有人类解放的价值向度。

---

① 《马克思恩格斯文集》第 4 卷,北京,人民出版社,2009,第 270 页。
② 《马克思恩格斯全集》第 4 卷,北京,人民出版社,1958,第 488 页。

二、马克思"正义观"内容建构的"再评价"向度

从总体上来看,马克思的正义观建构不能像资本主义正义观那样基于某种抽象原则实现直接的内容呈现,它的建构必须遵循对资本主义的"再评价"逻辑,这在客观上就要求实现历史唯物主义基本视野与马克思正义观内容挖掘的有机统一。如果没有历史唯物主义的视野,关于马克思正义观的建构就有可能脱离当下时代的文明特点,变成一种纯粹的"文本考证";如果单纯用历史唯物主义的框架来"匡正"马克思的正义观,马克思正义观就有可能被限制在"阶级斗争史"的范畴之内。基于上述立场,在马克思正义观的内容建构中,需要涉及以下"再评价"向度:

第一,马克思正义观对资本主义价值观"内容"的再评价。任何一种价值观都是特定时代价值关系的反映。马克思主义的特殊之处在于,它不仅在认识论层面上追求对资本主义价值关系的真实呈现,而且同时致力于认识论、价值论和实践层面上对资本主义的全面扬弃。马克思对资本主义价值观的再评价,是植根于对资本主义价值关系的科学分析基础之上的,他首先肯定了资本主义生产关系对于人类文明的巨大贡献——"资产阶级在它的不到一百年的阶级统治中所创造的生产力,比过去一切世代创造的全部生产力还要多,还要大"[①]。如果离开了这种客观的价值关系前提,我们就容易单纯地从资本主义价值观逻辑矛盾的角度进行马克思正义观的阐释,而没有注意到资本主义正义观的强大价值关系支撑,从而忽视生产力对于扬弃资本主义价值观的前提作用。正是在这个意义上,对资本主义正义观内容的再评价,不仅需要关注马克思所进行的资本批判,同样需要关注资本主义生产关系对整个世界的改变和冲击。在这样的视角下,对资本主义价值观内容的再评价,就不会囿于简单的否定,而是在承认生产力发展前提的基础上,澄清其价值追求和现实表现的制度根源,实现资本主义价值观内容的"自我否定"。

第二,马克思正义观对资本主义价值观"逻辑"的再评价。资本主义的正义观与其价值观在逻辑上秉持着高度的"同一性"——基于抽象原则的理论探讨,而不是首先分析"不正义"是如何在人类社会历史中产生和演变的。正是在这种治标不治本的视角中,阶级社会中的"文明时代是在'恶性循环'中运动,是在它不断地重新制造出来而又无法克服的矛盾中

[①] 《马克思恩格斯选集》第1卷,北京,人民出版社,1995,第277页。

运动，因此，它所达到的结果总是同它希望达到或者佯言希望达到的相反"①。罗尔斯的《正义论》所研究的是"分配正义"，而马克思则从根源上解释了为什么"鄙俗的贪欲是文明时代从它存在的第一日起直至今日的起推动作用的灵魂"②以及它是如何起作用的。从这个层面上来看，马克思正义观对资本主义价值观"逻辑"的再评价，是建立在对"资本主义不正义是如何运行"的揭示之上的。正是在这种语境中，"剩余价值理论"才能从根本上揭示资本主义不正义现实的根源。在不同的社会环境里，资本主义价值观在逻辑上也存在着"内外不统一"的巨大问题，表现出了交织着虚伪和残忍的西方中心主义典型色彩——"当我们把目光从资产阶级文明的故乡转向殖民地的时候，资产阶级文明的极端伪善和它的野蛮本性就赤裸裸地呈现在我们面前，它在故乡还装出一副体面的样子，而在殖民地它就丝毫不加掩饰"③。

第三，马克思正义观是对资本主义"价值思维方式"的再评价。资本主义价值思维方式的最大特点在于，它虽然在抽象的层面上承认人的尊严和权利，但在现实中却将这些口号植根于对资本和货币的考量之上；它虽然抽象地高扬人的自由和平等，但这一切却服务于将劳动力变为商品的逻辑，从而实现资本对工人"自由"和"平等"的剥削。正是在这样的价值思维方式中，"资产阶级在它已经取得了统治的地方把一切封建的、宗法的和田园诗般的关系都破坏了。它无情地斩断了把人们束缚于天然尊长的形形色色的封建羁绊，它使人和人之间除了赤裸裸的利害关系，除了冷酷无情的'现金交易'，就再也没有任何别的联系了……它用公开的、无耻的、直接的、露骨的剥削代替了由宗教幻想和政治幻想掩盖着的剥削"④。这一切之所以可能，就在于资本主义的价值思维方式从根本上粉碎了宗教幻想和政治幻想在当代社会主流认识领域内的理论合法性。资本增值的本性造就了资本主义价值关系中唯利润至上的价值思维方式，并把整个社会评价体系现实化为赤裸裸的利益关系。在这样的评价体系中，"资产阶级抹去了一切向来受人尊崇和令人敬畏的职业的神圣光环……撕下了罩在家庭关系上的温情脉脉的面纱，把这种关系变成了纯粹的金钱关系"⑤。

---

① 《马克思恩格斯选集》第3卷，北京，人民出版社，1995，第728页。
② 《马克思恩格斯文集》第4卷，北京，人民出版社，2009，第196页。
③ 《马克思恩格斯全集》第12卷，北京，人民出版社，1998，第6页。
④ 《马克思恩格斯选集》第1卷，北京，人民出版社，1995，第274～275页。
⑤ 同上书，第275页。

第四，马克思正义观是对现代资本主义社会价值理想的"再评价"。马克思的正义观不是一般地反对和否定资本主义的相关价值理念，而是基于现实价值关系的研究对已有价值理想进行"再评价"。如果资本主义的价值关系根源不得到全面扬弃，资本主义社会的价值理想不可避免地会承担掩饰剥削、麻痹反抗的精神鸦片的作用，而"资产阶级生存和统治的根本条件，是财富在私人手里的积累，是资本的形成和增殖"①，这就注定了资本主义社会的价值理想不可能基于资本逻辑得以实现。对资本主义社会价值理想的超越，必须植根于对剥削性价值关系的扬弃。在马克思的视野中，"旧思想的瓦解是同旧生活条件的瓦解步调一致的……信仰自由和宗教自由的思想，不过表明自由竞争在信仰领域里占统治地位罢了"②。正是在这样的思维方式中，马克思主义才克服了空想社会主义的缺陷，建立了科学社会主义理论，粉碎了以往阶级社会所虚构的"永恒真理，如自由、正义等等"③。也正是在这样的批判性"再评价"系统中，马克思指出了未来正义社会的价值状态——"建立在个人全面发展和他们共同的社会生产能力成为他们的社会财富这一基础上的自由个性"④。

总之，马克思对资本主义及其一切剥削社会价值观的"再评价"，从根本上解构了其"永恒正义"的外观，揭示了剥削性价值关系背后的不正义的社会根源。马克思正义观的建构，必须以这种"再评价"为逻辑指向和内容向度，从而保证马克思哲学批判性、革命性和科学性在马克思正义观中的有机统一。只有这样，关于马克思正义观的内容建构才会成为可能，马克思正义观的价值指向才能够被进一步明晰。

三、"再评价"视野中正义观建构的逻辑起点

只有在一个完善的逻辑链条中，马克思正义观的建构才能真正呈现出系统的价值指向并符合科学社会主义的基本价值立场。马克思正义观的"再评价"特点，并不妨碍马克思正义观建构在逻辑起点上的正面立场。从目前来看，在马克思正义观的研究中，"分配正义"和"解放正义"的问题占据了关注的焦点，但它们均无法成为马克思正义观建构的逻辑起点——前者脱离了生产过程，后者则更多的是一个价值理想。虽然也有学者提出了"生产正义"的观点，但如何将"生产正义"与"资本批判"进

---

① 《马克思恩格斯选集》第1卷，北京，人民出版社，1995，第284页。
② 同上书，第292页。
③ 同上书，第292页。
④ 《马克思恩格斯全集》第46卷上，北京，人民出版社，1979，第104页。

行明确区分并导出正面的价值评判标准,是一个明显的理论困难。为此,可能的解决方案是,将"劳动解放"作为马克思正义观建构的逻辑起点。

第一,作为马克思主义哲学首要的、基本的观点,实践的最基本的社会表现就是劳动。从概念上来看,用"生产正义"作为起点并补全"分配正义"和"解放正义"的逻辑链条,很容易掩饰生产过程中人与自然、人与社会、人与自身的矛盾,忽视马克思文本中工业无产阶级和资产阶级的矛盾,从而造成马克思哲学批判立场的丧失。这也很容易虚构一个"生产正义"的抽象评判标准,进而在下一阶段陷入蒲鲁东式的"分配正义"的圈套——依靠劳动券来消灭资本剥削。这样的思维方式恰恰是马克思在批判蒲鲁东时所一再反对的。另外,"生产正义"作为一个非马克思哲学的术语,很难在马克思哲学视野中进行与资本主义生产关系的界定。相比较之下,"劳动解放"非但不存在与资本主义生产关系的概念纠结,而且能够获得文本的直接支持——"劳动解放"不仅是马克思进行资本主义社会批判的基础视角,同样也是马克思哲学的追求之一。早在《1844年经济学哲学手稿》中,马克思就已经系统地阐述了"异化劳动"的思想。"异化"虽然是马克思早期所使用的一个带有青年黑格尔哲学色彩的术语,但是"异化劳动"却隐含着劳动的目的和劳动的社会性质之间的分裂和对立。在《德意志意识形态》中,马克思更是从劳动在文明社会中的表现——不自觉的分工——入手,阐述不自觉的社会分工所带来阶级压迫。我们甚至可以这样认为,劳动解放始终构成着马克思所追求的人类解放的基础维度。

第二,只有在"劳动解放"的视野中,资本主义乃至一切阶级社会中的"分配不正义"问题才能得到系统呈现,从而为"分配正义"的探讨提供一个基本的事实基础。抽象正义观研究最突出的问题在于,它并不是从现实出发来解释"正义"理念及其局限性的,而是试图用"正义"的理想图景来规训现实,从而在经济基础和上层建筑何者起决定作用的问题上陷入了唯心主义。"至今一切社会的历史都是阶级斗争的历史"[①],阶级对立和斗争的根源就在于社会生产实践。在劳动的社会形式发展史中,与不自觉的"分工同时出现的还有分配,而且是劳动及其产品的不平等的分配(无论在数量上或质量上);因而产生了所有制,它的萌芽和最初形式

---

① 《马克思恩格斯选集》第1卷,北京,人民出版社,1995,第272页。

在家庭中已经出现，在那里妻子和儿女是丈夫的奴隶"①。随着资本主义的发展，"大工业不仅使工人对资本家的关系，而且使劳动本身都成为工人不堪忍受的东西"②。在社会基本生产关系领域仍然充斥着剥削和压迫的情况下，无论为"分配问题"订立何种面向抽象人权的价值规范，都不会导致真正的"正义"的实现。作为整个资本主义不正义逻辑环节的一部分，分配问题必须在劳动解放视野中才能够得以透视，这种"劳动解放"同样能够契合马克思主义扬弃资本主义生产社会化与生产资料资本主义私人占有制之间矛盾的理论和实践努力。

第三，从"劳动解放"的层面去看待马克思的"解放正义"，能够为最终的人类解放提供一个全面的社会价值关系评判基础。马克思对未来社会并没有直接的描述，更多的是提出一种关于社会价值关系解放状态的设想——"建立在个人全面发展和他们共同的社会生产能力成为他们的社会财富这一基础上的自由个性"③。这一设想的基本前提就是社会生产的解放——对社会生产的共同参与和对生产能力的公共占有，为从根本上扬弃私有制提供了基本的生产力前提。因此，在马克思正义观的视野中，在归根结底的意义上，不正义的根源在于社会生产，对不正义问题的克服也必须从劳动解放的角度进行。也正是在这样的逻辑序列中，马克思主义的"革命"观才会获得正义的评价，通过革命获得的解放将导向一种真正意义上的正义——基于劳动解放的"分配正义"和"解放正义"。只有真正消除了劳动生产中人对人的剥削问题，才能为其他不正义问题的解决提供基础——"人对人的剥削一旦消灭，民族对民族的剥削就会随之消灭"，其他不正义问题也会随之找到相应的解决路径。

总之，无论是将"分配正义"还是"解放正义"作为整个正义观建构的逻辑起点，都会陷入马克思所批判的资本主义价值观的抽象思维模式。马克思正义观的逻辑建构，客观上既需要为"分配正义"和"解放正义"完善逻辑环节，同时又需要关照整个社会经济链条的完整性。立足于社会生产，能够更好地为"分配正义"和"解放正义"问题的分析提供一个基础性视角。也正是立足于劳动生产，马克思正义观的"再评价"逻辑才能在历史唯物主义的视角中得以系统展开，同时获得自身的理论合法性和对资本主义的批判力。这种合法性和批判力也构成了21世纪以来马克思主义研究所必需的一种话语背景。随着西方政治学相关思维方式和研究成

---

① 《马克思恩格斯选集》第1卷，北京，人民出版社，1995，第83页。
② 同上书，第115页。
③ 《马克思恩格斯全集》第46卷上，北京，人民出版社，1979，第104页。

果进入中国,如何确保社会主义基本价值立场不被消解并树立社会主义的正义形象,对于社会主义核心价值观培育和践行的顺利推进具有重大作用。

四、马克思"正义观"与社会主义核心价值观建设

马克思正义观在当下面临的一个现实问题是:如何处理其与社会主义核心价值观的关系?或者说,是否能够将马克思正义观研究作为核心价值观子概念"公正"的资料注脚?对于这一问题的回答,需要从以下两个方面进行。

在社会主义核心价值观培育和践行的过程中,我们所遇到的一个直接挑战是,在背诵和记忆层面我们很大程度上实现了社会主义核心价值观的"入脑",但实现从"入脑"到"入心"的转变并达到"日用而不觉"的状态,则是宣传和教育所无法完全承担的。为此,学界通行的观点是主张研究现代社会的认同模式,以期把握社会主义核心价值观的认同规律,实现社会主义核心价值观更为高效的传播。然而,单纯通过认同模式的研究并不能从根本上改变传统宣传思想工作"灌输"模式在个体价值观独立性和多元性环境中所引起的价值观反弹现象。相比较之下,马克思正义观的研究,能够为核心价值观在全社会范围内的落地提供一种"再评价"或"元评价"的思路,使"被灌输"变为"主动认同"。从这个意义上来看,马克思正义观的研究并不仅仅是社会主义核心价值观研究的注脚,在一定程度上它还能够从价值评价的层面更好地维护社会主义的价值观形象,不仅能够有效地应对资本主义价值观的诘难和攻击,还有助于从根本上消解资本主义价值观的虚假正义形象,从而为核心价值观的培育和践行创造一个良好的话语环境。

在社会主义市场经济发展和完善的过程中,我们所面临的一个基本的价值关系挑战在于,市场经济作为发展生产力的手段,其依靠资本驱动的内在逻辑有可能造成社会评价的立场固化,从而滋生极端个人主义和极端功利主义并严重干扰社会主义核心价值观的培育和践行。市场经济中的某些个体和资本主体,其违法违规行为并非出自对法律和社会主义价值立场的"无知",而是来自工具理性层面上的"精确计算"——当违法违规所得大大高于付出的代价时,资本牟利的决心和能力就会无限膨胀。这种价值评价方式一旦蔓延,就有可能使一部分人从一己私利的角度看待社会主义核心价值观,造成核心价值观在经济交往领域中的"边缘化"。在这种情况下,马克思正义观能够从"再评价"的层面论证改革开放

和社会主义价值指向的合法性。随着中国改革开放的发展，我们成功地实现了"一部分人先富起来"，但如何实现"先富带动后富"则成为一个紧迫的时代任务。马克思正义观的"再评价"功能，也有助于进一步坚定整个社会关于社会主义本质的价值设定，为"共享社会"的真正到来提供评价支持，从而使得社会主义核心价值观不仅仅是一种当代社会的价值共识，更成为一种社会主义建设深入发展的理论需求和现实需求。

总之，社会主义核心价值观的培育和建设，客观上需要马克思正义观的"再评价"视角。面对整个社会价值体系复杂化的新局面，马克思正义观的"再评价"视角有助于社会主义核心价值观真正融入社会主义政治和经济体制建设，从价值评判和价值观再评价的层面上全面维护社会主义道路的理论合法性，以更好地应对资本主义价值观的冲击。正是在这种"再评价"视角中，社会主义核心价值观中与资本主义价值观在概念表述上的重合之处才能真正得到基于社会主义立场的充分阐释。只有全社会的基本价值评价立场和视角达成共识，社会主义核心价值观才能真正获得"正义"的形象，成为人们的价值自觉和行为自觉，才能真正地在社会生活中像空气一样无时不在、无处不有。

第四节　历史唯物主义的范式演变与价值研究的理论视野

以社会主义核心价值观引导中国价值观启蒙，始终隐含着一个重大的理论考验：如何在新的历史条件下坚持与发展马克思主义，为中国特色社会主义核心价值观的新实践不断提供理论支撑与价值观动力？这也一直是马克思主义中国化研究的重中之重。近年来，历史唯物主义再次成为热点，并取得了一系列突破性进展，如基本问题的再讨论、方法论审视和范式研究，等等。与传统历史唯物主义研究范式相比较，当下研究总体上呈现出了一幅"掐头去尾"的体系外观——"阶级"立场与"共产主义"社会导向的"悬置"。这种"体系"外观一方面是改革开放以来对传统历史唯物主义范式时代反思的结果，另一方面是在对当代社会进行逻辑重构的基础上，对历史唯物主义的动力机制和社会导向的历史演变所做出的理论澄清，这种"体系外观"的当代完善及其价值观引领作用的发挥，仍然是历史唯物主义研究不可回避的基本问题。改革开放以来，马克思主义价值哲学的兴起①，为推动这一转型提供了一定程度上的借鉴视角。

一、马克思哲学中的历史唯物主义

作为马克思主义源头的马克思哲学，其关于社会历史的分析构成了社会主义革命理论的合法性前提。恩格斯曾经用"历史唯物主义"②这一概念来总结马克思的历史观，"认为一切重要的历史事件的终极原因和伟大动力是社会的经济发展，是生产方式和交换方式的改变，是由此产生的社会之划分为不同的阶级，是这些阶级彼此之间的斗争"③。这实际上是对阶级社会中社会发展动力机制"归根到底"④意义上的定位。这种定位，直接决定了马克思的哲学乃至马克思主义能否在社会历史观领域成为一种同时具有严密逻辑性、实证性、实践性和时代超越性的"历史科学"而存在。在马克思的哲学中，这种"历史科学"具有以下特点：

第一，这种动力机制在基本原理上虽然具有普遍性，但在具体问题的阐发上主要是从近代欧洲资本主义发展的历史分析中展开的。这种展开对于非欧洲地区的社会主义革命而言，极易形成以欧洲为中心的"世界性"⑤视角，并滋生"本本主义"和"教条主义"的思维方式。在《共产党宣言》中，马克思的确认为，世界各国特别是欧洲发达国家的无产阶级革命应该是跨国界式的、世界历史性的行为——它以"全世界无产阶级，联合起来"⑥的方式推翻资本主义世界。实际上，马克思也曾经对东方社会特别是亚细亚生产方式进行过相关研究。特别是马克思对待俄国社会主义道路所表现出的高度谨慎的态度以及跨越资本主义"卡夫丁峡谷"的表态，本身就意味着非欧洲的社会主义革命并不一定要等到本国"资本主义高度发达""工业无产阶级力量强大"之后才能进行。与此同时，这种被误会了的"世界性"也容易与欧洲资产阶级和资本主义生产关系在全球的辐射式

---

① 改革开放以来，面对蓬勃发展的市场经济，历史唯物主义研究以认识论与价值论关系的澄清为切入点，以"体系破碎"的外观呈现出了转型态势。从表面上看，这表现为构成传统历史唯物主义动力机制的"阶级"问题的退场和共产主义社会理想的淡化，从而使"转型"在某种程度上具有了"危机"色调。实际上，这种状况恰恰是对历史唯物主义传统范式的时代重构和基于中国现实的当代重建。马克思主义价值哲学的兴起，一方面加速了这一过程，突破了传统历史唯物主义中阶级问题意识形态化的局限性，再现了马克思新唯物主义的价值追求，另一方面又为从现实出发推动历史唯物主义研究范式转型开启了理论空间。

② 《马克思恩格斯选集》第 3 卷，北京，人民出版社，1995，第 704 页。

③ 同上书，第 704～705 页。

④ 同上书，第 739 页。

⑤ 《马克思恩格斯选集》第 1 卷，北京，人民出版社，1995，第 276 页。

⑥ 同上书，第 307 页。

扩张过程相混淆，从而在一定程度上把欧洲文明的发展模式认定为世界各国人民的发展模式。在欧洲文明近代全球扩张的过程中，虽然其"资产阶级，由于开拓了世界市场，使一切国家的生产和消费都成为世界性的了"①，但同时也是欧洲资本主义全球剥削和掠夺的过程。正是兴起于欧洲的资本主义生产方式在全世界范围内的扩张和由此建立的世界市场，使得资产阶级时代的阶级对立简单化了——"整个社会日益分裂为两大敌对的阵营，分裂为两大相互直接对立的阶级：资产阶级和无产阶级"②。

第二，无产阶级和资产阶级在利益和意识形态上的对立，根源于资本主义生产方式的历史局限性。虽然意识形态的批判有助于揭示这一过程，但这种历史局限性并不能简单地通过意识形态的批判加以解决。相反，它深深地植根于人类社会生产力发展的客观历史阶段，并造就了生产关系特别是生产资料所有制关系的"强制性"——一部分人通过对生产资料的占有"强制性"地剥削和压迫大多数人。在资本主义时代，这种情况表现为，"资产阶级生存和统治的根本条件，是财富在私人手里的积累，是资本的形成和增殖；资本的条件是雇佣劳动……资产阶级无意中造成而又无力抵抗的工业进步……生产的是它自身的掘墓人"③。这显然是一种在社会发展中历史生成的、从社会存在到社会意识的逻辑顺序。无产阶级意识形态的觉醒和阶级意识的高扬，正是来源于对社会历史和自身处境的真实认识。这也是对资本主义意识形态和前资本主义意识形态"祛魅"的过程。正是在这个意义上，马克思既强调，"应当让受现实压迫的人意识到压迫，从而使现实的压迫更加沉重；应当公开耻辱，从而使耻辱更加耻辱"④，同时也始终高度肯定现代无产阶级暴力革命的合法性和必要性。

第三，在马克思和恩格斯关于社会发展动力机制的分析中，始终内含着超越性的价值维度。这种超越性的价值维度在具体的个人那里可以以一种"坚信"形式的"信仰"表现出来，但在社会和国家的层面上则必须以"科学社会主义"这种高度理性的"历史科学"的形式形成公共价值观。马克思和恩格斯并没有像空想社会主义者那样直接描绘未来社会的具体面貌，更不存在着传统宗教意义上的"救世主义"，但是却对未来社会的价值关系进行了超越剥削和压迫的定位和展望——"建立在个人全面发展

---

① 《马克思恩格斯选集》第1卷，北京，人民出版社，1995，第276页。
② 同上书，第273页。
③ 同上书，第284页。
④ 同上书，第4～5页。

和他们共同的社会生产能力成为他们的社会财富这一基础上的自由个性"①。这种被冠以"共产主义"名称的"自由人的联合体",本质上是对私有制社会中"以物的依赖性为基础的人的独立性"②的社会价值关系的超越。这种超越的社会前提就是社会生产力的高度发展。无产阶级推翻资产阶级进而掌握全部社会生产力的最终目的,就是为了实现这种以"每个人的自由发展是一切人的自由发展的条件"③的"联合体"④为基础的价值关系。

在社会主义运动史上,马克思的关于社会历史的观点具有不可估量的重要作用——社会主义运动的兴起、无产阶级意识形态的觉醒、社会主义国家的建立乃至共产党作为社会主义国家执政党合法地位的确立,在理论合法性上都要归功于这种基本定位。然而,在社会主义国家建立以后的新的时代条件下,苏联模式下的历史唯物主义解读却走入了一种片面性的极端。

二、苏联历史唯物主义解读范式中的公式化和抽象化倾向

在马克思和恩格斯那里,历史唯物主义在理论立足点上是以对人类历史的科学分析为基础的。正是在这种历史的视野中,马克思关于历史的观点才表现出了"历史科学"的外观,马克思关于历史的辩证法思想才表现为一种实践中的历史生成。这种生成绝不是一种黑格尔哲学三段论式的僵化应用。正如列宁所指出的那样,"恩格斯在反驳攻击马克思辩证法的杜林时说:马克思从未打算用黑格尔的三段式来'证明'任何事物,马克思只是研究和探讨现实过程,马克思认为理论符合现实是理论的唯一标准。假使说,有时某种社会现象的发展符合肯定—否定—否定的否定这个黑格尔公式,那也没有什么奇怪,因为这在自然界中根本不是罕见的现象……恩格斯立论的重心在于:唯物主义者的任务是正确地和准确地描绘现实的历史过程,选择例子证明三段式的正确,不过是科学社会主义由以长成的那个黑格尔主义的遗迹,是黑格尔主义表达方式的遗迹罢了……'辩证'过程的例子……不过是表露了学说的起源"⑤。

然而,在斯大林那里,马克思关于历史的思维方式却表现为一种外来输入——"历史唯物主义就是把辩证唯物主义原理推广去研究社会生

---

① 《马克思恩格斯全集》第46卷上,北京,人民出版社,1979,第104页。
② 同上书,第104页。
③ 《马克思恩格斯选集》第1卷,北京,人民出版社,1995,第294页。
④ 同上书,第294页。
⑤ 《列宁选集》第1卷,北京,人民出版社,1995,第30~31页。

活，把辩证唯物主义原理应用于社会生活现象，应用于研究社会，应用于研究社会历史"①。在这种视野中，"社会历史，已不复是一堆'偶然现象'，因为社会历史已成为社会底规律性的发展，而社会历史底研究已成为一种科学"②。这就使人类历史发展与自然界发展丧失了本质区别。如果说，在马克思、恩格斯和列宁的理解中，直接推动阶级社会发展的阶级斗争是在现实的经济关系中历史地产生的，是理论对阶级社会发展现实进行辩证、超越性的分析、概括和总结，那么，在斯大林式的理解中，这种机制已经变成了一种带有公式色彩的自然科学规律。

正是由于苏联教科书对历史唯物主义关于历史必然性的僵化理解，斯大林时期的苏联模式的马克思主义实际上忽视了马克思曾经指出的苏联本国国情的特殊性。在苏联模式高度集中的计划经济体制下，随着社会主义生产力的进一步发展，整体性的、抽象的无产阶级利益，实际上处于绝对高于个体劳动者的地位。在统得过多、过死的高度集中的计划体制下，"苏共没有把提高人民的物质生活水平作为社会主义的基本目标看待"③，这就从社会关系和现实物质条件上限制了个体主体进一步发展，最终造成了新的个体存在的片面性。简言之，它越来越束缚个体的发展，而不是朝向促进人的自由全面发展前进。这也在客观上为苏联后期抽象人道化思潮的泛滥提供了生存空间。

三、改革开放以来历史唯物主义范式研究的时代突破

改革开放以来，随着解放思想、实事求是的理论态度的重新落实，我国学界对历史唯物主义的研究表现出了自己的时代特色。那就是在认识论领域进行事实判断与价值判断的区分。20世纪80年代前期国内学界关于"真理阶级性问题的讨论"④，实质上反映了传统历史唯物主义研究范式中的立足于抽象阶级主体的、公式化的价值判断标准是否适用于认识论上的现实实践中的主客体关系问题⑤。在此问题上，针锋相对的

---

① [苏]斯大林：《辩证唯物主义与历史唯物主义》，北京，人民出版社，1949，第1页。
② 同上书，第18页。
③ 曹长盛等：《苏联演变进程中的意识形态研究》，北京，人民出版社，2004，第43页。
④ 《中国哲学年鉴(1983)》，北京，中国大百科全书出版社，1983，第48～49页。
⑤ 这一思想解放的过程，同样反映在文学领域。20世纪80年代初国内学界就出现了关于人性、人道主义的大规模、长时间的论争，"到1983年，发表的有关人性、人道主义和异化问题的文章已经达到700多篇。1984年，这场讨论达到了高潮，一年之中有500余篇论人的文章见诸全国大大小小的报刊……1986年，这场讨论又重新'升温'"（田忠辉：《探究隐秘世界的努力：中国当代文艺心理学研究反思》，北京，北京师范大学出版社，2019，第81页）。

两种观点都没有能够说服对方。其中一个重要理论原因在于，认识论中的抽象主体概念并不能够解答现实个体主体对与主客体关系的评价问题，这不仅涉及"真与假"的事实判断，而且关系到现实主体的价值定位和现实存在状态。

随着"价值哲学"的兴起，关于"真理阶级性问题"的讨论出现了转机，这就是"价值认识有无阶级性"[①]问题的讨论。阶级问题研究从认识论与价值论混淆到价值关系澄清的视角转换，意味着理论界开始在社会价值评价标准的问题上讨论阶级问题，从而第一次对以往的作为社会评价与价值判断标准混淆的、抽象的、公式化的阶级划分传统进行理论反思。在此过程中，同样出现了两种鲜明对立的观点。传统的观点认为，价值作为主客体之间的特定关系，不但客体状况是构成价值的必要因素，主体状况也是构成价值判断的必要因素。价值认识具有以不同阶级的利益和需要为转移的特点，因此价值认识是具有阶级性的。

这种思路如果进一步延伸，就会导致两个问题：价值判断是否具有客观性和真理性？按照这种观点，价值判断涉及了现实的客体的状况，必然具备客观性和真理性的要素；与此同时，以阶级概念为基础的抽象主体划分，又使得价值认识在不同的抽象阶级主体之间出现了真假对错之分。在资本主义社会中，作为抽象价值主体的无产阶级与其他阶级的价值认识就发生了绝对对立。然而，以此为依据的价值认识并没有回答这样一个认识论问题：无产阶级的价值认识与其他阶级的价值认识在认识发生的内在机理上究竟有何本质区别？同样，这种观点也无法回答这样的现实问题：为什么以传统阶级划分为社会评价标准的社会主义建设会遭受重大现实挫折？这其中一个重要理论教训就在于，不能在抽象主体的意义上讨论价值评价的真假问题，也不能在抽象主体的层面上把阶级问题作为价值认识的标准。

与"价值认识阶级论"相反的观点认为，"价值不是一个实体范畴，而是一个关系范畴"[②]，不能把物体的价值当成是物自身的属性。价值关系虽然涉及主体，以主体为转移，但并不是以主体的意志为转移。一个认识是否是真理，并不是能由认识主体的阶级立场所决定的，而要看它是否同反映的对象相符合。这种观点的理论意义首先在于，它把价值认识定位于关系范畴。在传统的历史唯物主义的解读范式中，阶级恰恰是作

---

① 《中国哲学年鉴(1986)》，北京，中国大百科全书出版社，1986，第23页。
② 马俊峰：《价值认识、真理价值与真理阶级性》，载《哲学动态》，1985(4)。

为一个抽象的实体范畴出现的——它以抽象主体的属性入侵现实主体的属性,在认识论上造就了以阶级区分为基础的价值评价标准。其次,它解决了为什么在同一阶级内部会有不同的价值认识的问题,而不是像传统解读范式那样,把某一阶级内部所有个体成员的价值认识强制统一到一个抽象主体的价值定位上来。再次,它回答了不同现实主体间不同价值认识如何达到统一的问题——尽管对同一事物的价值认识因主体的不同而不同,但特定对象对于现实主体的价值关系,在一定条件下总是确定的。作为价值认识对象的这种关系范畴,相对于认识主体来说,是在主体之外客观存在着的。正因为如此,价值认识才具有客观性。

后者的观点逐渐为学界所接受。阶级问题在近一百年间作为一种认识评价和价值区分的标准在认识论中逐渐被淡化了。在打破了传统的阶级评价体系的基础上,学界开始了广泛的理论探索。随后,历史唯物主义传统范式在社会主义社会内部公式化的"斗争"外观逐渐淡化,其立足于现实的建设和发展的一面被充分重视。[①]

四、历史唯物主义研究范式时代转变中的价值维度

在马克思主义哲学中,历史唯物主义不仅是一种实证性的"历史科学",还承担着现实的教育功能——通过对历史和现实社会发展结构的逻辑重构指明未来社会的发展导向。在传统的历史唯物主义研究范式中,以抽象阶级主体为支撑的阶级意识与价值同化机制构成了唯物史观关于社会价值体系建构和社会理想教育的基础。随着"阶级"概念在价值论内

---

① 这一过程同样反映在改革开放以来文学领域的发展中。面对改革开放以来社会价值关系和价值关注点的巨大变化,传统的文学模式也经历着巨大的挑战。2000年7月,美国学者J. 希利斯·米勒在北京语言大学参加"文学的未来:中国与世界"国际学术研讨会时提交的论文《全球化时代文学研究还会继续存在吗?》引起了中国文学界的长期争论。在这一过程中,中国文学界实际上也提出了转型的主张和实践,并对"日常生活审美化"和"文学审美"进行了学科层面的区分。例如,童庆炳就认为,日常生活审美化虽然和文学一样有审美,但这种审美是"感觉的评价",是眼睛的美学,而非"感情的评价",远非心灵的审美。这种"眼睛的美学",不会引起人们对社会深层次问题的批判性思考,反而会使人们"忘掉那些社会上存在的种种问题(如贫富悬殊、东西部发展不平衡、城市和农村的巨大差异、环境污染、贪污受贿、分配不公等)"。陶东风认为,文化研究能够克服简单化的阶级论。简单化的阶级论把社会关系简单、机械地还原为阶级关系,然后又将阶级关系与经济基础直接关联起来。这种模式不能有效分析文艺作品,并对作者和读者造成了巨大伤害。文化研究突破了这种简单化的阶级分析框架,转而去关注社会关系和权力关系的复杂性。即使关注阶级,它也不直接将文本之内的阶级状况与文本之外的阶级现实画等号。对上述问题的讨论和区分,无疑极大推动了中国文学理论学科的反思性发展,并提出了新时代环境中"文学研究要重建唯物史观"的理论目标(参见肖明华:《作为学科的文学理论:当代中国文艺学科反思问题研究》,北京,北京师范大学出版社,2019,第9、44、45、77、86页)。

的"悬置",一方面改变了在社会主义社会内部以阶级为主要社会发展动力的认识判断和价值定位,另一方面也在一定程度上造成了传统"共产主义"社会理想的"空场",形成了当下历史唯物主义范式研究"掐头去尾"的体系外观。也正是这种空场,为从中国当下现实出发推动中国特色社会主义核心价值体系建设、核心价值观建设和和谐社会建设,为历史唯物主义在新时期的发展,提供了理论生长空间。

在唯物史观范式转化的过程中,把价值认识的对象定位于关系范畴,为从理论上回答改革开放以来价值主体多元化以及随之而来的价值观多元化的社会现实提供了可能。价值哲学的视角能够尊重现实社会主体的切身利益和价值选择并予以合理的解释。随着社会主义市场经济的发展,个体主体在传统核心价值观中确立的"螺丝钉"式的价值定位逐渐被社会主义市场经济体制下的独立个体多向选择的价值定位所取代,经济活动的成功成为衡量个体主体社会价值和存在意义的重要标准。在关于集体主体与个体主体关系的定位上,现代的集体主体更多地依靠经济手段来处理同个体主体的关系,开始从市场经济的角度来面对个体主体。与此同时,个体主体间的关系处理也逐步定位于竞争性的市场机制,物质利益成为社会经济交往的现实基础。

价值哲学的视角同样为中国特色社会主义核心价值体系和核心价值观体系的建构提供了理论支持。以现实的个体为主体的价值判断并不意味着主观性,相反,恰恰是价值判断的主体间性及其现实的主客体关系造就了价值认识的客观性,并以此为基础形成共同的价值观。改革开放以来,社会价值判断的基本标准发生了从"以阶级斗争为纲"向"以经济建设为中心"的变化,从强调阶级区分定位深入到强调生产力定位,生产力维度由此成为体现社会主义制度优越性的头面旗帜,马克思主义建设性的一面被充分重视和发挥。在发展生产力的基础上,以中国特色社会主义制度在物质文明和精神文明建设中的现实优越性为基础,在整个社会的范围内形成核心价值观共识,进而实现建设中国特色社会主义的和谐社会的社会理想。在此视角中,社会价值评价标准、社会核心价值观与现实的个体价值观在本质上形成了一种和谐的共生关系,而不是一种强制同化的隶属关系。在此意义上,"和谐社会"作为一种中国特色社会主义建设的近期甚至中长期社会理想,并不是与马克思主义关于"共产主义"社会的发展理想相矛盾的。相反,这是在尊重中国社会生产力发展水平,充分考虑到社会现实主体的现实存在状态的基础上,推进中国社会发展的现实选择。

五、历史唯物主义范式转型中的时代挑战

随着阶级问题与认识论、价值论关系的逐渐厘清，随之而来的是一个更加艰巨的问题，那就是对中国特色社会主义社会发展的价值路径的理论澄清。甚至可以说，它构成了整个马克思主义中国化的时代挑战——如何从历史唯物主义角度进行社会主义市场经济条件下"先富"到"共富"的历史合理性论证和现实可能性说明。在改革开放40多年后的今天，传统历史唯物主义仍然没有能够对"摸着石头过河"式的时代探索历程勾画出清晰的历史发展逻辑。

在当下社会多元化的价值关系背景中，历史唯物主义范式转型中的首要挑战就是要论证如何能够在"市场经济"的条件下，在实现了"先富"以后，"后富"乃至"共富"如何可能。正如邓小平所预见的那样，"十二亿人口怎样实现富裕，富裕起来以后财富怎样分配，这都是大问题。题目已经出来了，解决这个问题比解决发展起来的问题还困难。分配的问题大得很"[①]。正是在这样的语境中，邓小平一再强调，"共同致富，我们从改革一开始就讲，将来总有一天要成为中心课题"[②]。只有解决了这个问题，才有可能在与资本主义的市场经济的不同之处，形成社会发展道路的合法性论证，才能真正形成具有中国特色的社会主义现代性旗帜。

或许还有一个问题需要进行解答，那就是：如何在社会主义国家防止"阶层"向"阶级"的转变？或者说，如何防止作为一个阶级的"资产阶级"的再生？在马克思那里，阶级概念的社会物质前提就是不自觉的社会经济生产方式或社会分工，在没有消灭自发的社会分工的基础上，消灭阶级是不可能的。剥削性的经济生产方式及其所有制关系，是构成阶级的一个基本物质基础。有学者指出，在社会主义社会，特别是在社会主义中国，随着三大改造的结束，"阶级"问题在中国已经被"消除"了，随之无产阶级作为一个受剥削阶级也被消除了。即便如此，随着改革开放的进行，随着资本运作的普遍化，随着一个个"上市公司""股东"的出现，简言之，随着资本的合法化，在无产阶级政党掌握了国家政权的情况下，虽然没有了资本主义意义上的直接的阶级对立，但产生"阶级"现象的现实物质基础仍然在中国现实存在着，雇佣者和被雇佣者的劳动状况仍然存在着。从经济上承认阶级存在的可能性，并不意味着返回阶级斗争的

[①] 《邓小平年谱(1975—1997)》下，北京，中央文献出版社，2004，第1364页。
[②] 《邓小平文选》第3卷，北京，人民出版社，1993，第364页。

时代。相反，承认现实社会生产方式的这种时代特点，对于坚持改革开放社会主义性质重要性的认识，对于充分重视和坚持国有资产在社会主义建设中的主导性的控制力，对于解决社会公正问题，促进和谐社会的建立，仍然能够提供一种现实的社会生产方式层面的视角。

第五章　中国价值观启蒙的领导者及其使命

改革开放以来，社会思想文化领域的多元化态势在主体、内容和形式等方面日益加深，其中某些领域甚至可以用"混乱"来形容。从价值观的角度来看，其中一个重要原因在于核心价值观尚未作为一种行为操守准则在公众日常生活中得到清晰显现。为了有效应对上述问题，在社会主义核心价值观培育和建设的过程中，有必要在全社会范围内明确以下三个问题：中国价值观启蒙的领导主体是谁？应该沿着什么样的逻辑推进社会主义核心价值观建设并引导中国价值观启蒙？社会主义核心价值观建设到什么程度才会真正地推动中国价值观启蒙？实际上，这也是对"谁领导？谁先做？如何做？"问题的根本性解答。

第一节　"政府"在中国价值观启蒙中的作用

改革开放以来，在中国人的社会生活中，"政府"的角色和作用发生了重大的变化：它不仅是整个改革开放政策的执行者，而且是现实社会利益分配的调节者——"政府"不仅要进行自我定位，而且还要在重新定位与市场经济中不同"集体"的关系的同时，在具体权力运行过程中理顺自身、集体和个体的关系。在这种情况下，要确保中国价值观启蒙的顺利进行，就必须分析和梳理"政府"的"价值中介"作用。在这一过程中，我们既要防止"无政府主义"极端倾向的泛滥，也要防止"唯政府主义"的价值观懒惰。

一、社会主义国家的"政府"不能成为独立的价值观主体

在马克思主义的视野中，"政府"在本质上是"国家机器"，是为"统治阶级"服务的工具，其所确立的"一般政治"[1]不过是阶级压迫的体现。在社会主义中国建立之前，借助于自身的暴力特征，"政府"始终试图在整个社会价值关系结构中担任主流价值观的"领导者"角色，并与"文人群体"发生着微妙的关系。这其中的一个重要原因在于，在存在着阶级和阶

---

[1]　《马克思恩格斯全集》第3卷，北京，人民出版社，1960，第57页。

级对立的社会环境中,"政府"不仅是特殊社会利益集团的化身,还试图把这种特殊利益渲染成普遍利益——"占统治地位的思想不过是占统治地位的物质关系在观念上的表现,不过是以思想的形式表现出来的占统治地位的物质关系"①。正是在这样的社会阶级结构中,文人群体才与社会统治集团展开了长达几千年的合作,并产生出"学好文武艺,货卖帝王家"的价值立场。也正是在这个意义上,当清政府取消科举制度以后,中国封建社会的传统知识分子群体随之无法为其统治的合理性进行价值观论证,从而导致了清末以来价值观局面的混乱。

　　社会主义国家虽然坚持无产阶级专政,但其人民立场从根本上消解了"政府"作为暴力机关成为当代中国价值观"领导者"的可能性——"人民群众"是"国家"的主人,这就决定了作为"国家机器"的"政府"要维护"人民群众"的利益,为"人民群众"服务。改革开放以来,各级政府部门的价值观形象也在不断发生变化,总体上沿着从"保姆式政府"到"社会服务型政府"的路径在不断演变,但是在一些关键领域(如扶贫)它仍然坚持对人民群众的全面带领。由之带来的问题是,改革开放初期,政企不分的模式使得政府直接掌控的资源异常丰富,"有困难,找政府"成了一种通行的做法。随着改革开放的不断发展,及政企分开的不断深入,政府自身的规则规章制度也开始不断把"权力关进笼子里","万能政府"的形象被不断削减,以至于有人发出"找政府,有困难"的价值观感慨。实际上,改革开放并不仅仅是让中国人在经济的层面上摆脱贫穷、走向富裕,它同时还伴随着中国人在价值关系和价值观领域的全面"现代性":建立社会主义的现代交往规则和价值理念,在走向社会主义法治社会的过程中实现社会主义物质文明和精神文明的极大发展。在这种背景下,政府的功能更多是依照社会主义的价值立场行使社会政治和经济权力,而不是像传统社会那样,实现个体对集体的绝对价值观依附。

　　从中国社会主义价值观启蒙的语境来看,政府非但无力承担主流价值观领导者的角色,甚至自身都不能成为独立的价值观主体。中国政府是中国共产党领导下的人民政府,它是中国共产党领导下的全国人民治理自己国家的工具。这种工具使用得当,就会促进国家物质和精神财富的增长;如果失误,则会带来改革开放的巨大损失。在价值观的层面上,我们客观上需要界定执政党和政府之间的价值关系,不能把政府和执政党混为一谈。否则,就容易发生民众将地方政府的治理失误等同于执政

---

① 《马克思恩格斯选集》第 1 卷,北京,人民出版社,1995,第 98 页。

党的执政错误这样的严重混淆。特别是在社会主义核心价值观培育和建设的过程中，执政党的价值观领导者的角色更是需要从根本上加以强调。结合以往宣传中国特色社会主义重大治国理念层面的经验教训，在宣传社会主义价值理念的过程中，我们要着重防止"社会主义核心价值观"宣传的形式化，尤其是"过场化"。要切实做到这一点，就不能仅仅依靠"政府相关宣传机构"组织相关"宣贯"或"宣讲"活动，而必须把责任主体统一凝聚到"社会主义执政党"这一价值观领导主体身上，避免分散和转移。

改革开放的实践一再证明，一旦执政党稍微放松对社会主义价值立场的强调，国家权力领域的贪腐就极易泛滥。政府虽然不能承担引领和建构社会主义现代性启蒙的历史使命，但却是规范社会主义价值关系的权力"枢纽"，本身就承载着社会主义的权力定位作用。政府主体在行使公共权力的过程中，通过各项规章设计、公共事务处理、宣传引导等方面的工作，凸显自身社会主义价值定位。政府通过对现实价值关系的调节和规训，特别是在制度层面上落实社会主义的价值立场，实现社会公共权力方面的价值观表态。这种实践层面的价值观表态，能够在全社会范围内对"政府执行党的方针政策的行政能力"层面的公信力形成关键性的影响。近年来信息媒体网络不断发展，民众在网络上对"大事件"发表观点数量的急剧增多，本身就说明了社会主义权力立场与公民个体价值立场在社会公共性领域中的"亲密接触"。这种"亲密接触"对政府的价值关系调控能力和价值形象建设提出了巨大挑战。很多并不是由政府部门引发的社会重大问题，相关政府部门在表态的过程中也往往"引火烧身"，被转移为公众宣泄的目标。这其中的一个重要原因在于，民众始终将政府视为社会主义价值立场表态的重要领域——一旦相关政府部门表态与社会主义价值立场有出入，就会造成公共价值观领域的剧烈动荡和强烈反弹。

在中国特色社会主义市场经济的时代背景中，社会成员的生存方式变得空前多样化、风险化，价值关系、价值立场乃至价值观领域也呈现出了复杂的新局面。其中鱼龙混杂，良莠不齐。一系列具有社会负面影响的重大事件的发生，在一次又一次挑战着国民道德底线的同时，更使我们认识到明确社会主义价值立场的重要性和迫切性。政府面对具体社会事件，在处理不同主体之间现实社会关系的同时，也意味着对不同价值关系的梳理和引导。在此过程中，政府行为本身就体现出基本的社会主义价值立场定位和价值观导向，也就意味着对中国特色社会主义价值立场的明确表态。中国特色社会主义现代性价值立场的建构，并不是单向的，而是互动的。对"在新的历史条件下产生和发展起来的消极东西"①的态度，对个体主体正当合法价值关系的尊重和保护，直接关系到政府的榜样示范作用和中国特色社会主义现代性价值立场规训的实际效果。在这其中，社会主义现代性的价值立场应该贯穿在每一个制度设计和具体社会事件中，体现在政府部门的每一个社会作为和价值观表态中。

二、改革开放以来"政府"价值观形象建设的使命和挑战

在集体主体面向市场转型、个体劳动力市场化的同时，政府部门权力运行必须面向市场经济，但其价值定位绝不能市场化。相反，它要在熟练驾驭市场运作规则的同时始终表现出符合国情的、具有社会主义性质的价值定位和价值导向。"政府"虽然不能成为社会主义核心价值观的领导者，但在核心价值观培育和建设过程中始终发挥着"价值中介"的作用——它不仅要把执政党的价值原则贯彻到国家权力运行的具体实践中，而且要保障这种实践与社会主义的基本价值立场的根本一致。正是在这个意义上，社会主义国家的政府在本质上区别于以往任何国家形式的政府——其正面价值观形象来源于对"人民群众"根本利益的尊重和维护。这既是改革开放以来"政府"价值观形象建设的时代使命，同时也是一项艰巨挑战。

与传统的计划体制不同，对于中国政府而言，在改革开放、发展社会主义市场经济体制的过程中，当"阶级斗争"的视野逐步淡去以后，如何去具体界定"人民群众"及"人民群众的利益"是一个高度复杂的任务和艰巨的历史使命。在马克思主义的视野中，"人民群众"是一个历史范畴，泛指一切对社会历史发展起推动作用的非剥削阶级成员。在阶级社会中，"人民群众"包括一切对历史发展起着推动作用的"非剥削性"阶级、阶层和社会集团。在传统社会主义体制下，经过"阶级分析"的"人民群众"从总体上来看是一个经济共同体和政治共同体的有机统一：他们整体利益的实现过程与整个社会发展的步伐是完全一致的，他们的个体利益也是完全配合整体利益的发展的。在这种情况下，政府与个人基本上不存在任何利益和意识形态层面的冲突或对立，所有的社会主体都朝向同一个目标——建设共产主义社会。在这样的价值结构中，个体对整个社会（包括政府）的价值观认同是异常坚固的，一般不会因为物质利益的暂时受损而破坏与集体（包括政府）的关系。它所面临的最大问题在于，在个体高

---

① 《邓小平文选》第3卷，北京，人民出版社，1993，第36～37页。

度依附集体的价值结构中,个体的独立性和自主性并没有得到真正展现并有效推动理想意义上的社会主义生产力的大发展。

相比较于计划经济时代,改革开放以来"人民群众"不仅发生了社会成分的巨大变化,而且其成员的自我认同机制也呈现出了高度复杂化的"不稳定状态"。在改革开放的过程中,传统社会主义社会中的"工人""农民"和相当数量上的"脑力劳动者"转化成了当代"人民群众"群体的主要组成部分,但市场的竞争性体制又使得他们彼此之间的关系极大地不同于传统计划经济下的状态。除此之外,他们中的绝大多数非但不属于社会主义市场经济体制中的"资本"所有者群体,而且还能感受到后者的强制力量。在现代社会,"资本"本身就是一种社会权力,是调节市场中资源的分配、产品的生产和商品的消费的经济权力——占有资本,意味着在社会资源分配和消费领域中占据优势,同时也意味着在市场评价体制中占有优势。传统意义上的"人民群众"虽然是市场经济的受益者,但并不是资本的所有者,也不可能成为资本的所有者。从马克思主义的视角来看,新兴的社会阶层,特别是跟社会生产有关的阶层,它们对当下中国的时代发展确实起着"推动作用",理应被纳入当代"人民群众"的范围。问题在于,在市场体制中,劳动力的雇佣者和被雇佣者群体存在着结构上的分配矛盾和生活方式及水平上的重大差别。这些矛盾和差别大大加剧了当下"人民群众"这一群体构成和矛盾形式的"复杂性",对政府维护社会稳定的工作提出了巨大挑战。

在这种情况下,政府如何去精确界定"人民群众的利益"是一件非常困难的工作。最稳妥的方法是,从最大多数人、长远发展的角度去界定"最广大人民群众的根本利益"。这种"广义视角"内嵌着一种总体性的逻辑次序:首先是整体意义上的生存权,其次是整体意义上的发展权。随着市场经济的发展,我们发现,环境污染者、行贿者、色情服务业涉足者等社会问题群体,本身都来自"人民群众"。如何使得"人民群众"不再分化出这些问题群体,铲除产生上述问题的社会土壤,成为政府社会管理和服务所面临的巨大挑战。与此同时,改革开放的一段时期内,某些地区的暴力拆迁也没有处理好这一问题——在无视社会主义基本价值立场的情况下,把具体的商业利益混同于地区整体利益,把GDP的数量等同于"人民群众"的生活质量,从而引发了不少社会矛盾,并影响到了这些地区的政府形象。

在这样的时代语境下,某些以往未加深入思考的问题,反而迫切需要明确的解答。例如,"国家公务人员"是"人民群众利益"的公仆还是"人民群众"的公仆？在当代政府形象建设的过程中，我们面临着一个几乎是"逻辑悖论"的命题：一群社会权力的行使者和社会的管理者，如何可能同时又是"被管理者"的"公仆"①？单纯依靠学习借鉴西方管理方式，无法对这一问题进行有效解答。在此过程中，无论管理者群体和被管理者群体社会身份出现何种程度的不平等，都会从根本上违背"社会主义社会人人平等"这一基本价值信条。当代"公仆"的价值观阐释，实际上并没有超脱中国传统文化中的"官本位"思想，至多是一种从政者层面自觉发生的位置调换，而没有真正改变"官重民轻"的传统价值观念。从历史上来看，哪怕是在封建王朝的末期，中国也基本上没有出现过相对于平民意义上的"弱势"政府——前社会主义国家的政府始终扮演着与"民"相对立的管理者和剥夺者的角色。② 正是在这种价值观语境中，某些自称为"公仆"的人，同时也称自己为"父母官""百里侯"——人民的"父母"和"长官"如何能够成为人民的"仆人"？从社会主义的价值立场来看，"党性和人民性的关系，本来是一个有着明确答案的问题。然而，在一些人那里，却变得'复杂而敏感'。比如，有人问'你是替党讲话，还是替老百姓讲话''你是站在党的一边，还是站在群众一边'；有人振振有词地说人民群众人数超过党员，所以人民性大于党性。类似这种似是而非的说法，把党性和人民性割裂开来、对立起来、搞碎片化，在理论上是错误的，在实践上也是有害的，必须加以廓清和纠正"③。

只有在社会主义的语境中，"国家公务人员"才能被称为"社会主义国家的公仆"——维护和发展高度统一的社会主义国家利益和人民群众利益的群体。社会主义的"国家性"，是建立在"人民性"的基础之上的。从功能的角度来看，"国家公务人员"只能成为"人民群众利益"的"公仆"（或者用"捍卫者"更好），而不是某一群人的服务者——"坚持人民性，就是要把实现好、维护好、发展好最广大人民根本利益作为出发点和落脚点，坚持以民为本、以人为本，解决好'为了谁、依靠谁、我是谁'这个根本

---

① 据说，"公仆"这个词来源于普鲁士国王腓特烈二世（Friedrich Ⅱ von Preu&szlig, 1712—1786）："我是这个国家的第一公仆。"腓特烈二世对普鲁士进行了一系列的改革，使普鲁士数十年之内成为欧洲的强大国家，为德国的统一奠定了基础。这是一个国家利益至上的语境，"公仆"的对象实际上是国家利益。对于一个"等级意识"特别强烈的国家而言，"公仆"往往强调其"身份的低下"的"服务者身份"。

② 近年来，我国出现了很多"领导干部学习传统文化中的治理思想"的相关学术会议和培训活动。在这种活动中，我们要注意防范其"民本"思想中的"养肥了再宰"的意识。只有在价值观领域意识到社会主义治理理念与前社会主义治理理念的本质不同，才能谈得上社会主义立场之上的方法论借鉴。

③《坚持党性和人民性相统一》，载《人民日报》，2013-08-27(1)。

问题"①。人民群众的利益在宏观上是公共利益,在微观上表现为具体利益。这种公共利益和具体利益只有在社会主义价值立场得到坚决贯彻的过程中才能得到最全面的保障和最大程度的发展。在实际的操作中,"社会公共利益"极容易被传统社会中延伸下来的"政治突击"或"搞运动"的行政命令传统所冲击,从而发生违背科学常识和基本社会准则的事件。例如,在缺乏充分保障的情况下,个别工程建设为了赶在某个特定日期之前向重大节日"献礼",违背基本施工准则,造成工程质量不合格、事后返工等严重后果。这不仅违背了社会主义社会的基本公共利益②,损害了各方的具体利益,而且违背了所有现代社会的基本公共权力规则。

正是由于缺乏统一的价值规范,某些政府部门和相关部门在行使自身管理权力的时候,才会产生巨大的危机感甚至无助感。也正是在这个层面上,一个在普通公众看来近乎"笑话"的表态才被不断重复:国家公务人员,特别是基层国家公务人员,甚至金融系统的工作人员,是社会"弱势群体"③。实际上,当这些部门和相关人员自称是"弱势群体"的时候,更多的是出于一种"价值观的彷徨"。这种"价值观彷徨"来自改革开放过程中所面对的各方面的挑战性工作所带来的巨大压力。在此过程中,这种"弱势"更多的是一种"价值认同"层面的弱势:大量基层事务工作,在很难得到社会真正认可和赞赏的情况下,极易产生价值观层面的疲惫和懈怠;在这种情况下,相关人员结合自身的巨大付出,很容易在同一领域与其他社会"优势群体"(主要是商业精英群体)进行比较并产生负面情绪,甚至在少数人那里演变成强烈的价值观不满。在这种"跨界"的比较中,少数国家公务人员正是由于丧失了基本的社会主义立场,才铤而

---

① 《坚持党性和人民性相统一》,载《人民日报》,2013-08-27(1)。
② 在社会价值观转型期,如何在社会主流价值观层面确立起"公共"的合法性,也是一个巨大挑战。费孝通先生在20世纪40年代曾经做过如此描述:"我想天下没有比苏州城里的水道更脏的了,什么东西都可以向这出路本来不太通畅的小河沟里一倒,有不少人家根本就不必有厕所。明知人家在这条河里洗衣洗菜,毫不觉得有什么需要自制的地方。为什么呢?——这种小河是公家的。"(费孝通:《乡土中国》,北京,人民出版社,2008,第25~26页)虽然"公私对立"的意识在传统社会主义时代一度消失,但在社会主义市场经济体制建设的过程中,对"私"的重视同时也隐含着一部分人对"公"的觊觎。这种情况极易使某些个体产生仅仅享受改革红利而将所有公共性责任都推到执政党和政府身上的错误价值定位。
③ 从价值观的角度来看,某些群体在自我评价领域中将自身归结为"弱势群体",并不仅仅是因其自身在整个社会价值结构中的位置,而更是来自其"价值观感受"。这种"价值观感受"最直观的反映是"自身的价值愿望无法得到最大限度的实现",从而表现出了对相关制约性因素的无力和沮丧。当实际上的"强势群体"在不断声张自己是"弱势群体"的时候,实际上表明中国社会的价值关系改革在制度的层面进入了关键攻坚期——它要调整的不仅仅是价值关系,而是整个社会价值关系的价值定位。

走险，滑入权钱交易的腐败泥潭。这些问题和现象在社会舆论中的传播，又反过来严重地损害着政府形象，极易使人民群众对政府产生价值观上的不信任感。

总之，在社会经济体制转型、政治体制改革的过程中，"政府"作为社会主义国家机器必须始终明确自身的社会属性和价值立场，并在此基础上极尽可能地在整个系统内明确统一的价值操守和价值规范，如此才能确保在复杂的社会利益关系中始终"跟着党走"而不形成自己的部门利益或特殊利益。

三、改革开放以来"政企分开"的价值观意义

中国人民政府是中国共产党领导下的国家权力组织，是"为人民服务"社会主义价值理念得以落地的强大载体。中国共产党作为社会主义执政党，并没有自己的特殊利益。与之相对应的，国家权力部门，除了"最广大人民群众的根本利益"之外，也不能够有自己的特殊利益。因为在社会主义社会中，任何一个国家权力部门，一旦形成自己的部门利益或特殊利益，必然要在相应程度上侵犯社会公共利益、游离于"人民群众的根本利益"之外。

从价值观上来看，在传统社会主义体制下，高度管控的计划体制本身就造成了国家机关经济和行政功能的"合一"。特别是在中华人民共和国成立初期一穷二白的情况下，它在客观上确实也有助于集中全社会之力进行突破性的经济建设。计划体制最突出的价值关系特征就是"一大二公"。在这种价值环境中，各级政府均无法形成特殊的部门利益——公有制的价值关系和价值观环境会在权力领域极大消解私利性价值关系，并将"以公谋私"视为对阶级立场的背叛。在这种情况下，传统计划体制中人们的价值关系高度一致、价值观高度统一，绝大多数成员的劳动热情也很高涨，然而，这种"政企不分"的体制管理模式却阻断了各经济部门之间的竞争性关系，无法全面激发生产力构成要素的积极性，导致了整个生产系统竞争活力特别是成本和质量管控力的下降，最终造成了"产品好坏一个样""生产多少一个样"的惰性生产系统，始终未能摆脱计划体制下物资普遍短缺的社会困境。

在社会主义市场经济体制中，"政企分开"的具体实践也是考验社会主义价值关系的一大难题。随着传统计划体制"一大二公"价值关系在社会主义市场经济体制中的消解，所有的行业和部门不仅面临着发展生产、实现财富增长的任务和使命，同时还要在市场经济的环境中用经济手段证实自身存在的合法性。在这种情况下，"政企不分"的问题更加明显：它不仅有可能形成特殊的部门利益，产生行业和利益壁垒，还有可能通

过非法利益输送通道形成特殊利益集团和"利益壁垒",从根本上损害中国特色社会主义的价值立场,威胁经济发展、社会稳定和国家的长治久安。实际上,这种情况在改革开放之初的很多政府人员的"语言表述"中也能得到显现:某些地方行政负责人经常以"我的GDP""我的财政收入"来"指代"他"所在地区的GDP和财政收入"。这种带有极强的私有产权意识乃至封建价值立场残余的表述,从根本上来自"政企不分"体制下相关人员过分庞大的社会管理权力,以及缺乏有效监督所导致的社会主义立场和共产党员党性的淡化。从某种意义上说,"政企不分"的体制也导致了相当一部分国家公务人员坠入贪污和腐败的犯罪深渊。

从现实结果来看,虽然在改革开放初期,我们就已经提出了"政企分开"的政策并采取了几次大的改革措施,但至今仍然没有达到"令人基本满意"的状态。其中一个重要的原因在于,我们以往偏重于从"技术"的层面上实现"政企分开",而忽略了"国有资产"在市场经济中的"价值观意义",从而导致了国有企业改革进程中问题频出。从价值关系上来看,"技术"层面上的"政企分开"的基本思路是:依照不同的价值关系领域,构建各自独立的价值主体,使"国有企业"成为自主经营、自负盈亏、自我约束、自我发展的"商品生产者和经营者"。问题在于,这种在"政府"和"企业"之间"横向切一刀"的做法,并没有涉及二者的"社会主义"存在背景,尤其是基于社会主义立场的"主体价值观"的重建问题。

所谓"政企分开"中的"主体价值观"问题,指的是"谁的政府""谁的社会生产组织"这一根本价值归属问题。改革开放以来,在政府管理和改革的层面上,"人民主体"的价值地位一直得到强调和强化。相比较之下,在"国有企业"改制过程中,这个重大问题并没有得到类似于政府改革层面上的重视。改革开放以来,特别是20世纪八九十年代,国有资产的失控和流失是价值观缺位和制度乏力双重因素影响的后果。在市场经济体制下,国有企业运营中的"价值观缺位"主要表现为价值归属层面上的"所有者意识"的缺位。这种"所有者意识"首先表现为国有企业内部人员"传统意义上的主人翁意识"的消失——它带来的直接后果是个体对企业忠诚程度的降低[1],它的延伸后果就是某些国有企业的"社会责任感"的淡化。

---

[1] 针对这种情况,很多国有大型企业纷纷效仿欧美和日本等国的大公司,建设"企业文化",甚至追求"以企业为家"和"以企业长期愿景为员工终极价值目标"。问题在于,企业文化本身无法抵御员工社会责任感的整体淡化趋势,无法消除工作以外的生活压力。往往容易变成企业领导层自娱自乐的"老大文化"。在大多数情况下,它更多的是蜕变为"多劳多得"的"年终奖文化",而不是核心价值观认同。

这种状况不仅直接影响到员工的社会自我认同，而且极易使他们把自身抛入纯粹的"雇佣劳动者"的负面价值观评价体系中。这种现象典型地反映在很多人的自我评价中——"我不过是给国有企业打工而已"的价值定位或者是出现重大社会责任事故时"临时工"的相关托词。在这种类似于"价值归属虚无主义"的自我定位中，我们在员工层面就很难建立起对国家财产监管的积极性，更难以将其上升到"价值观主动"和"制度主动"的价值观层面上来。

在价值定位的层面之外，国有企业改制还存在着另一个有待于向公众进行价值观层面解答的问题：国有企业改制的目标，是否是"国有资产"的"资本化"？如果是这样，那么国有企业在何种程度上是"社会主义"的？在市场体制中，国有企业当然要盈利，为此必须进行资本运作。问题在于，如何处理国有企业的社会责任与资本盈利之间的关系。例如，21世纪以来，国有企业携带大量资本大规模进入房地产领域，不断拉高地产价格。这种行为的积极结果是：通过土地竞价，提高了地方政府的土地收益，进而增加了地方公共建设资金；通过资本运作，丰富了住房市场的商品供应，快速提高了人民大众的居住水平。与此同时，它所带来的价值观负面后果同样值得注意：它伤害了中低收入人群的住房刚需；过快的城市化进程产生了大量不劳而获的"新富豪"，直接绕过了改革开放通过"诚实劳动、合法经营"致富的劳动标准，甚至产生了"房地产兴国"的社会倾向，等等。如果单纯从国有资产保值增值的角度看待这些问题，就会使公众产生对"国有企业"价值观的反感和不信任，进一步加剧国有企业在社会主义改革中的价值立场迷失。

从价值观的逻辑次序来看，在中国改革开放的过程中，无论是政府还是企业，其目标均应该是为"最广大人民群众的长远利益"服务。只有这样，才能保障其最基本的社会主义价值立场，才有可能在政府和国有企业内部真正培养出社会主义的自我认同感、时代感及责任感。如果单纯从行政机器或赚钱机器的视角来看待"政企分开"，改革开放的社会主义性质将不复存在。从这个意义上来看，"政企分开"本身就是社会主义价值关系改革的"晴雨表"：它直接反映着我们要在何种价值立场上、在何种程度上对待"社会公共财富"；这也直接反映着我们对"社会主义本质问题"的认识程度。在实践探索的过程中，社会主义公共权力与社会主义公共财富的关系定位，并不能仅仅满足于功能分离的"横向一刀切"，也不能满足于机制分离的"纵向一刀切"，而是要在社会主义市场体制中重新定位自身角色的基础上，围绕自身功能调整进行制度设计，共同服务于改革开放的价值目标。也正是在这种语境中,我们才能更深刻地体会到邓小平反复强调的"改革是中国的第二次革命"①的深刻含义。

总之,中国特色社会主义价值立场的明确和引领,绝不仅仅是一种"理论发现"或"灌输式"的单向宣传。它必须立足于现实的价值关系并对其加以合理的规训和引导。中国价值观启蒙的健康发展取决于社会主义市场经济体制能否适应并促进社会主义生产力的发展——"坚持社会主义,首先要摆脱贫穷落后状态,大力发展生产力,体现社会主义优于资本主义的特点"②。这是一项由最高社会主义价值观主体——中国共产党——主导的,由政府主体加以贯彻和落实的、全面的系统工程。它在客观上要求同时在宏观国家政策和具体社会事件中通过现实价值关系的处理和引导,全面体现社会主义的价值导向。在这种情况下,政府的社会主义价值立场就具体表现为在市场经济中对不同主体间价值关系的协调。正是在这种复杂关系的处理中,中国特色社会主义才有可能发展出不同于资本主义的价值观导向。

第二节　中国共产党必须成为社会主义价值观启蒙的领导者

在社会主体多元化的现实状况中,关于中国特色社会主义现代性价值立场领导者定位的问题变得空前重要——它直接关系到社会主义的价值立场和导向,关系到中国特色社会主义发展的价值标准和规范的制定。在社会主义市场经济体制中,资本性的集体主体并没有超越现代性原初价值立场,因此其在社会主义现代性价值立场的建构领域不可能成为领导者;多元化生存环境中的个体主体虽然对社会主义现代性价值立场能够起到微观领域内的推进和公共生活领域内的监督作用,但是微观领域的个体主体性同样需要宏观领域的公共价值牵引。更加重要和紧迫的是,在改革开放日益深化的时代环境下,整个社会发展方式的转型和社会主义价值观的重构过程是一体的。如果在这一过程中社会主义核心价值观的培育和建设出现滞后,社会价值观领域就有可能出现一些极端的不协调现象,因为"当传统价值标准沦丧的时候,许多人采取接受那些背离社会准则的信仰和生活方式的方法,去试图寻找生活的意义

---

① 《邓小平文选》第3卷,北京,人民出版社,1993,第113页。
② 同上书,第224页。

与社会认同"①。

一、通过价值目标的重新设定，提升中国现代性启蒙的层次

鸦片战争以来，中国实际上被卷入了一个由资本主义启蒙时代所主导的、"半殖民地半封建化"的过程。在这一过程中，中华文明经过近代"闭关锁国"政策发酵所形成的"天朝上国"的自大心态被彻底捣碎，整个国家和民族的自尊心遭到持续羞辱，以往的国家和文明认同模式不断被逼上绝路，陷入一场又一场日益加剧的"亡国灭种"危机中。中国近代以来的价值观启蒙正是在这种灾难性的危机境地中"被引发"的。这种"被引发"虽然首先来自在认识论上重新审视中华文明与西方文明的关系，但是这一过程始终交织着复杂的价值观情感：如何对待传统的价值观，以及如何定位自身与西方资本主义的价值观的关系？面对这一时代问题，中国各阶级给出了基于自身立场的、自己的答案，并在以后的历史实践中引起了广泛争议。

对于中国封建社会的传统农民阶级来说，"太平天国运动"和"义和团运动"本身就是他们的价值观反映。"太平天国运动"以一种本土化和封建迷信化了（如"天父附体"）的"拜上帝教"，开始了反抗清廷、建立"人间天国"的大规模农民革命战争。从促进清政府解体、促进中国封建社会终结的客观结果和反抗帝国主义侵略的实际行动来看，我们可以说"太平天国运动"具有不可否认的历史进步意义。但是从价值观的角度来看，特别是从当时农民革命领袖的社会立场来看，他们并没有表现出明显超越清政府统治者的价值立场和价值追求——在封建小农意识的狭隘价值立场中，他们在这方面穷奢极欲的程度反而超越了当时的清政府。与之类似的是，"义和拳"运动虽然是传统农民同时在"文化本能"和反抗压迫的层面进行的反抗"洋教"的斗争，却同样没有提出超越封建社会的政治纲领和社会改革方案。这两场农民运动失败的悲剧同时也是一种价值观的悲剧：披着某种宗教或迷信外衣的农民革命不可能战胜现代社会的价值观纲领。

对于晚清政府的洋务派和改革派来说，"师夷长技以制夷""中学为体、西学为用"等策略均没有涉及中国传统封建价值观与西方资本主义价值观的本质区别，更没有将其提升至建设现代国家所需要的价值观层次。在这种情况下，即使是单纯文化领域中的中西交流也不可能实现价值观

---

① ［美］文森特·帕里罗等：《当代社会问题（第四版）》，周兵等译，北京，华夏出版社，2002，第 47 页。

层面上的相互尊重，况且双方实力极不对等。在很多关于清政府军队与侵略者交锋时一触即溃、仓皇而逃的事件分析中，我们往往发出这样的感慨：如果他们坚持到底，或许失败的就不是中国。然而，从价值观的角度来衡量：一是他们不可能坚持到底。这些士兵非但没有现代意义上的国家意识，而且根本就不是"人民军队"，反而以腐败和掠夺为荣——他们一有机会，就会对自己的人民实施同样（甚至不输于帝国主义军队）令人发指的暴行。二是即使他们取得了暂时性的胜利，他们的价值观也会很快令这些胜利的成果消失殆尽，因为他们根本就不懂得这些胜利的现代意义。

中国的资产阶级革命也不可能改变落后中国的这一价值观"顽症"。无论是孙中山政府、北洋政府还是蒋介石政府，都没有在价值观上树立起真正的国民自主性。在这种将侵略者视为"友邦"的价值关系定位中，北洋政府、国民党政府永远也不可能将帝国主义赶出中国，更不可能有将帝国主义赶出中国的价值观决心和信心（这从1949年以后"台湾当局"对待美国政府的态度就能得到鲜明体现）。[①] 与此同时，北洋政府从来没有认真地对待过中国的封建文化传统特别是封建价值观问题，而只是关心如何把清政府赶下台，以一些空洞的纲领"取而代之"。在这种混乱的价值立场下，蒋介石政府不断与国内外的一切反动势力进行联姻（他个人甚至还采取封建社会中"拜把子"的方式笼络人心），直至使一国政府的最高领导者降格到与上海黑帮势力相勾结的地步。从这个角度来看，在中国倡导资产阶级道路的势力集团存在着严重的软弱性，不仅表现为一种机体层面的先天畸形，而且还表现为价值观领域中的"极度缺钙"——他们不可能把中国引向一种真正现代国家意义上的文明状态，更不可能引领中国的价值观启蒙。

从历史上来看，马克思主义进入中国，的确存在着外部的刺激性因素，但马克思主义在中国的飞速生长，却存在着客观的价值关系基础和迫切的价值观呼唤。从当时中国封建主义、帝国主义和官僚资本主义相互勾结，民族资本主义软弱无力的社会背景来看，要实现中国的独立、

[①] 虽然"台湾当局"目前把国民党赶下台，并力求"台独"。"台独"更多的是追求相对于大陆的"独立"，而不是现代国家意义上的"独立"，否则他们就绝不会主动邀请"美国军舰"保护他们和停泊在由他们暂时控制的港口。从价值观附庸式的逻辑来看，"台独"的最终目标并不是现代国家意义上的"中华民国"，而是成为美国或日本的一个"省"甚至"殖民地"。从现代国家的视野来看，"尽管海峡两岸尚未完全统一，但中国主权和领土从未分割，大陆和台湾同属一个中国的事实从未改变"（习近平：《为实现民族伟大复兴 推进祖国和平统一而共同奋斗——在〈告台湾同胞书〉发表40周年纪念会上的讲话》，北京，人民出版社，2019，第8页）。

自主和强大，必须有一种同时能够超越封建主义、资本主义的社会价值观指引。马克思主义恰恰是建立在对以往人类阶级压迫和剥削进行科学分析和超越性批判的基础之上的——它所提出的超越资本主义的价值追求不仅具有可信性而且具有可行性。我们甚至可以这样说，马克思主义在中国的生长，从理论上使中国人民自1840年来第一次重拾起了价值观上的自尊心和自信心——中国的工人和农民阶级在中国共产党的领导下找到了一条比资本主义和封建主义更好的发展道路。从这个意义上来看，马克思主义来到中国后，随着中国共产党的成立和壮大，中国价值观启蒙的高度得到了极大提升——超越封建主义和资本主义，建立社会主义。

有了这种先进理论的支撑，中国人民才真正在现代性领域建立起了理论自信和道路自信，并逐步找到了适合中国国情的马克思主义"认同方式"：农村包围城市。从中国马克思主义价值观普及的规模和深度来看，中国革命"农村包围城市"的道路同样适合中国价值观启蒙的普及路径。土地改革的实行，从根本上改变了中国农村的价值关系，斩断了封建主义的束缚和国民党反动政府的统治基础，为社会主义价值立场的确立准备了最初的社会前提。在这一过程中，中国共产党组织的各种宣传和文化活动，从价值观上全面推动着中国农村的现代性启蒙——它把中国农民（在主动参与的情况下）从封建的价值观蒙昧状态飞速提升至社会主义的初级政治觉悟，并形成了一种对封建主义剥削和资本主义压迫的近乎价值观本能的反对。农村革命根据地的建立，本身就是当时中国价值观启蒙的强大堡垒，延安更是被奉为"革命圣地"。相比较之下，中国当时的大城市虽然表面上思想文化比较"发达"和"现代"，但是在思想领域中总体上仍然被国民党的执政思想所控制——无论从组织还是规模上来看，其在社会主义价值立场的坚定性方面远远不如农村的革命根据地。

正是在这种情况下，当时占中国人口最大多数的农民阶级率先在中国共产党的领导下实现了社会主义意义上"人民群众主体地位的自我确认"，初步具备了社会主义意义上的"主人翁"意识。正是因为有了这种价值观自信，中华人民共和国成立后相当一段时期内，尤其是工业化初期的"农业支持工业，农村支持城市"的工业化发展道路才得到了中国农民的无私支持和拥护。中国共产党领导下的中国农民阶级的这种"价值观启蒙"的跨阶段性跳跃，创新了欧洲社会主义运动中主要依靠工业无产阶级的社会主义革命路径，直接提领了中国价值观启蒙的层次和目标。这也是中国共产党结合中国国情创造性发展马克思主义的思想硕果，也是同时期所有非马克思主义现代性启蒙的"软肋"。

二、没有自身特殊利益的价值定位

中国特色社会主义价值观启蒙体现着一种彻底超越了剥削阶级利益的价值立场和价值追求。这种超越之所以可能，是因为中国共产党在价值观启蒙的引领中，始终坚持马克思主义的社会历史观与中国现实国情的"逻辑和历史的统一"。与西方启蒙"抽象人权观"不同的是，社会主义的人权观立足于现实，坚持主权和人权、生存权和发展权的辩证统一。在这种辩证统一的视角中，改革开放呈现出由点到面、愈加深入的发展态势，而没有像苏联那样采取"休克疗法"式的极端路径，从而成功地实现了改革开放过程中"中国特色"和"社会主义性质"的有机统一。这本身就是一种社会价值关系的整体改造，本身就内生着社会主义的价值观启蒙。从宏观上来看，中国共产党在近代以来中国价值观启蒙过程中领导地位的确立，是牢牢植根于马克思主义认识论的基础之上的，充分尊重了生产力与生产关系、经济基础与上层建筑的科学论断。在这样的认识论框架下，中国共产党在中国价值观启蒙中的立场表现出了以下内容：

第一，明确反对阻碍中国历史前进的反动阶级及其反动价值观。纵观中国革命史，中国共产党不仅始终高度重视党内思想文化建设，而且对社会整体思想文化建设同样高度重视。对于中国共产党而言，思想文化的革命性和物质的革命性同样重要——思想文化层面的价值观革命始终构成了武装革命的"合法性前提"。正是在这种逻辑序列中，我们才能更深刻地理解"党指挥枪""党支部建在连上"这些价值准则和方法的时代意义。从这个意义上来看，中国新民主主义革命和社会主义革命，并不仅仅是扫除反动阶级及其社会关系，同样还包括一切反动和落后的价值观念。也只有从这个角度，我们才能更好地从"价值观革命"这一角度来理解党的"整风运动"及其所带来的社会价值观影响。

相比较之下，国民党政府也有开展"政治宣传"的"政工系统"，但是它的"政工宣传"所面临的最大问题在于，这是一群"反动的价值主体"以"极端被动"的形式去宣传一些"他们自己都不相信也不接受的东西"。在这种情况下，中国国民党在群众心目中并不是"维护国民利益的党"，而是"站在国民利益对立面的党"。它不仅无力引领社会价值观发展，而且对其内部而言也丧失了基本的凝聚力，以至于曾任"政工局长"的邓文仪后来如此总结：国民党的政治"工作早已失去主动，只有被动的应付，防御敌人的发展,不能主动地彻底打击敌人"①。在解放战争中,"国民政府政工局"也曾鹦鹉学舌般地发出"执行铁的党纪,贯彻党的命令,整肃党的阵容,树立新的作风"②的呼吁。这种呼吁貌似与解放军"党指挥枪"的原则很相似,但二者的地位和影响却有天壤之别。因为在国民党军队系统中,除了早期的党代表时代,党部一直处于可有可无的地位,党组织极为松懈,官兵对党的意识淡薄。没有整个政权系统的全力支持,"国民政府政工局"的呼吁必定是苍白无力的。20世纪60年代,已败守台湾十余年的"国防部"印制了一本《国军政工史稿》,在这本书中,国民党全面反思了大陆时期军队政工建设失败的经验教训,认为作战部队在"为何而战,为谁而战"的灌输方面或"无从实施",或"亦无效果",也承认内战失败前,政工局最后的努力"故法良意美,只以部队长执行不力,导致军事失败,良非偶然"。最后得出的结论是:"军事既已解体,政治工作更是无能为力,纯粹走走过场而已。"③

第二,马克思主义社会发展的理论是一种动态的逻辑框架,这就使得中国共产党在本质上是"中国先进阶级利益"的代言人,而不是局限于"某一阶级"或"某些利益集团"的代言人。在这一方面,以毛泽东为代表的第一代领导集体,相比较于欧洲的社会主义运动思路,要更加"马克思主义化"。他们没有照搬"依靠中心城市工人阶级举行罢工和暴动"的"经典思路",而是在尊重中国国情的基础上,实事求是、具体问题具体分析,走上了建立农村革命根据地、农村包围城市的革命道路。在这一过程中,中国农民阶级扮演了欧洲传统社会主义革命中从未具有如此重要使命的角色。与此同时,中国共产党也没有忽视现代工业无产阶级的关键历史作用,其城市斗争的阵线也从未懈怠。尤其是在中华人民共和国成立以后,中国的工业化发展路线更是集中突出"工人阶级"的重要地位。1976年以来,中国共产党重新审视了中国社会的主要矛盾,认为"人民群众日益增长的物质文化生活需求与落后的社会生产之间的矛盾是中国社会的主要矛盾"。在这样的价值定位下,以经济建设为中心被提上国家日程:它开始在社会主义核心建设的环境中代表"中国最广大人民群众的根本利益"。

中国共产党之所以能够在中国近现代史上确立自身的价值观领导者

---

① 李翔:《最后的挽歌:国民党军队覆灭之际的政治工作(1948—1949)》,载《江海学刊》,2014(4)。
② 同上。
③ 同上。

角色，一个重要优势在于作为一个政治组织，它没有自身的特殊利益——而是"始终把人民立场作为根本政治立场，把人民利益摆在至高无上的地位，不断把为人民造福事业推向前进"①。马克思主义政党从价值立场上根本拒斥特殊利益集团的组织方式——"共产党人区别于其他任何政党的又一个显著的标志，就是和最广大的人民群众取得最密切的联系。全心全意地为人民服务，一刻也不脱离群众；一切从人民的利益出发，而不是从个人或小集团的利益出发；向人民负责和向党的领导机关负责的一致性；这些就是我们的出发点"②。不仅如此，中国共产党始终致力于与党内宗派主义进行坚决斗争，从理论、制度和实践的层面同时进行全面扼制——"什么是党内宗派主义的残余呢？……首先就是闹独立性。一部分同志，只看见局部利益，不看见全体利益，他们总是不适当地特别强调他们自己所管的局部工作，总希望使全体利益去服从他们的局部利益。"在反对宗派主义的过程中，同时贯穿着对个人主义的批判——"闹这类独立性的人，常常跟他们的个人第一主义分不开，他们在个人和党的关系问题上，往往是不正确的，他们在口头上虽然也说尊重党，但他们在实际上却把个人放在第一位，把党放在第二位"③。正是在这种情况下，"全心全意为人民服务"成为中国共产党的基本价值准则，并要求"共产党人的一切言论行动，必须以合乎最广大人民群众的最大利益，为最广大人民群众所拥护为最高标准"④。

第三，中国价值观启蒙植根于历史唯物主义视野中对人类社会"科学认识"的认识论基础之上，始终秉持着"人民主体"的价值定位。从中西价值观启蒙的主体定位来看，所有的现代性启蒙都通过同时存在着认识论和价值论两个相互作用的层面，来重新建构人与世界的关系。西方资本主义启蒙通过重新阐释"人"与"世界"的知识面貌及其功利性关系，为资本主义消费世界的建立准备必要的技术和价值观前提，反之，通过纵欲主义消费关系的建构，消解一切前现代禁欲主义的价值观念和生活方式。在这一点上，中国社会主义价值观启蒙与西方资本主义启蒙表现出了巨大差异。在社会主义的价值主体定位中，它不是简单描述"所有人的权利"，而是把斗争矛头首先指向"阻碍所有人权利实现"的"少数人的权

---

① 习近平：《在纪念红军长征胜利80周年大会上的讲话》，北京，人民出版社，2016，第15页。
② 《毛泽东选集》第3卷，北京，人民出版社，1991，第1094～1095页。
③ 同上书，第821页。
④ 同上书，第1096页。

力",并且科学地分析了这种"压迫性权力"的社会政治、经济和阶级基础。它在斗争的目标层面空前明确,在革命性方面彻底果断,在依靠力量方面从不掩饰对当时处于劣势社会地位的农民阶级和工人阶级的肯定。从这个角度来看,中国共产党领导的社会主义价值观启蒙并不否认和排斥西方价值观启蒙依赖所建立的科学知识体系,但是对这种体系的运用却超越了资本主义剥削和牟利的时代局限性——将之作为"第一生产力"来满足人民群众日益增长的物质文化生存需要。

如果说,中西价值观启蒙的共同追求都是确保各自的价值观口号和影响具有最大程度上的普遍性的话,那么西方的价值观启蒙与中国共产党领导的价值观启蒙在形式与内容方面则存在着本质的不同。这些不同,从根本上决定了二者的发展路径和价值目标不具有通约性。在西方近代资本主义的启蒙运动中,一定程度上存在着一个松散而又相互辩论的启蒙主义思想家群体,他们提出的一系列抽象人权主义口号,一方面适应了对欧洲封建社会关系的批判,另一方面又适应乃至推动了当时正处于上升阶段的资本主义时代精神的发展。即便如此,从本质上而言,欧洲启蒙运动的最大受益者依然是资产阶级群体,欧洲启蒙思想家们实际上自觉或不自觉地扮演了资产阶级利益代言人的角色。

正是因为坚持"把人民放在心中最高位置,坚持一切为了人民、一切依靠人民,为人民过上更加美好生活而矢志奋斗"[①]的基本价值取向,中国共产党才赢得了中国各先进阶级的价值观尊重和拥护,才能建立起最广泛的统一战线。从价值观上来看,革命统一战线同样也是价值观同盟阵线,是中国共产党引领中国价值观启蒙发展方向、维护中国价值观启蒙阵线团结的基本平台。在这一过程中,所有国家现代性转型过程中可能面临的民族主义、霸权主义等极端价值观情节,都在中国价值观启蒙过程中,被中国共产党所主导的启蒙立场有效化解,极大激发了社会主义革命者和建设者的价值观热情。这种价值立场的时代特点,是中国价值观启蒙得以全民化的基本保障:不仅领导者自身践行,而且还能影响全体社会主义的支持者和拥护者同样践行。

三、中国唯一认真超越资本主义时代局限性的政治力量

不仅是1840年以来整个中国"现代化"的历史,而且全世界范围内所

---

① 习近平:《在纪念红军长征胜利80周年大会上的讲话》,北京,人民出版社,2016,第14页。

有的"现代性启蒙",总体上都绕不开与资本主义的关系定位问题。对于近代以来的中国来说,帝国主义列强的强势入侵,是造成中国被动挨打并陷入亡国灭种危机的直接原因。在这种情况下,无论对"中国往何处去"的问题提出何种见解,都不得不面对与资本主义的关系问题。即使在改革开放以来,"和平与发展"成为世界主流,但资本主义在全球范围内仍然占据巨大优势的客观现实,使得我们在建设中国特色社会主义的过程中仍然需要认真对待与资本主义的关系问题。纵观中国整个近代史和现代史,能够真正以独立自主的姿态处理与资本主义国家关系问题的政治力量,唯一力图真正超越资本主义时代局限性的政治力量,只有中国共产党。

中国本土的传统文化和政治力量,在中国走向"现代化"的过程中,尤其是在清政府被推翻以后,几乎在所有重大问题上均无法发挥正面作用。封建势力的"反动"性突出地表现为它的价值立场是反现代的。在封建社会,这种价值立场与其本土文化是严密"同一"的。中国封建势力在近现代极不光彩表现的一个文化原因在于,直到今天,中国本土文化都没有经历完"现代性"价值观转型。正是因为这种"现代性"的未完成状态,在所有关于社会发展的具体路线问题上,它的"往回看"的价值视野往往会形成"逆历史潮流而动"的"反动价值立场"。本土文化对"明君""圣主"产生价值期望的背后实际上是一种严格等级式的社会群体价值区分;即使是在社会微观领域,它也进行"君子"与"小人"的区分,而不是首先进行"守法"与"违法"的区分。等级制的架构和二元对立的基本视角,造成了本土传统文化对"现代性"进程的极端不适应,继而在其拥挤的内心中或者个体家庭伦理中寻求微观平等秩序与人格尊重。这也是中国传统文化在"走向世界"的过程中所必须面临的时代考验。与此同时,传统文化在至今为止的各种"创新"背后,在"私有财产"的社会基本价值关系判断问题上,始终没能进行封建私有制和现代私有制两种不同语境的内容阐释,更没有进行现代个体与社会关系的重新定位。这种异常保守的思维框架,使得我们的传统文化虽然在改革开放的过程中通过各种形式为国外所"知晓",但迄今为止还从未发生过有现代国家将之作为"治国理政"基本方略的举措。从这个意义上来说,中国本土文化的价值力量无力引导中国的价值观启蒙,反而一直成为中国近现代以来最保守的政治力量和价值观倾向。

与中国本土文化力量形成鲜明对比的是,在中国近现代以来(时至今日)的价值观启蒙中,始终存在着一种"资本主义化"①意义上的价值观潮流。这种价值观潮流最初通过"工具理性"的器物层面在中国封建社会的表面划出了一条缝隙——从"中学为体西学为用"到 20 世纪初的"西学东渐"。从现实的价值关系来看,中国近代以来"资本主义化"的价值观潮流所面临的最大问题就是其始终没有在大众价值观认同方面解决好"舶来性"的问题。一是中国本土文化直到今天也没有发展出支撑西方资本主义潮流的基本价值观平台,资本主义化的话语方式和价值理念一直无法被中国本土文化真正理解和接受。一个具有代表性的事例是,当下某些国人对"名牌"的疯狂追求虽然对欧美奢侈品行业产生了巨大的刺激作用,但这些消费者消费"名牌"的目的却是前现代性的——在一个比较性的消费环境中彰显所谓的"身份"。即使是可能拥护"资本主义化"的价值观群体,也主要集中于商业和文化圈内,从而演变为"小众领域的精英主义价值观"。二是这种价值观主体的"小众"特征,始终无力改变整个社会的基本价值交往规则。这种状况使得这些"小众"群体在价值观领域中表现出带有强烈人格分裂色彩的行为模式:当他们试图用资本主义的价值理念"救"中国于危亡时,造成这种状态的恰恰就是西方资本主义国家。在这种情况下,无论是资本主义国家在华利益代言人或价值观代言人,他们必然受到整个社会的价值观指责,特别是本土价值观的仇视;当他们试图在中国发展资本主义时,他们必须要在社会公共价值观范围内为资本主义剥削这一非正义事实进行"辩护"。更加重要的是,由于这一小众群体缺乏坚实的社会根基,在社会重大问题的决策上,其不得不与它所"蔑视"或"敌视"的价值观群体妥协乃至同流合污,以损害自身利益的方式换取相应的支持——在其资本主义普世价值观的逻辑下面,掩盖的是对个体私利的追求和渴望,他们不仅无法处理与资本主义列强的关系,也无法独立处理与本土封建势力的关系。

  从世界近现代史的角度来看,很多被西方资本主义国家强行拖入资本主义体制的国家,都没有完全沿着宗主国的发展道路进入发达资本主义国家行列。进入 21 世纪以来,在美国价值观输出的大背景中,中东一些国家重新陷入了动乱状态。这其中的一个重要价值观原因在于,在本土文化的价值观核心与西方现代文明的价值核心没有达成初步共识前,这些国家的价值观启蒙不可能健康发展,必然会带来社会价值观的分离、对抗乃至极端主义。问题恰恰在于,不同文明之间的价值观内核,植根

---

① 这里所说的"资本主义化",是在相比较于"马克思主义化"的意义上被同等使用的。

于不同的文化传统和历史传承,彼此之间可以交流借鉴,但短时间内一方对另一方的统摄乃至征服,必然引起后者的激烈反抗,从而引起社会动乱。

面对这一问题,中国共产党在中国近现代价值启蒙中对封建价值观的前提——封建土地所有制关系——采取了"彻底粉碎、推倒重来"的基本策略。这是一种基于马克思主义价值立场的现代性,这种现代性的唯一价值立场就是人民群众的根本利益——"始终同人民在一起,为人民利益而奋斗,是马克思主义政党同其他政党的根本区别"[①]。中华人民共和国成立前的土改运动,极大冲击了中国传统社会的封建土地所有制关系,使农民阶级开始从封建价值关系的束缚中摆脱出来。如果说,帝国主义的入侵造成了近代中国农业自然经济解体的话,中华人民共和国成立以后农业领域的社会主义生产资料改造则进一步消解了封建价值关系对中国的现实影响。结合中华人民共和国成立后其他领域的生产资料社会主义改造,中国才能在一个真正统一的社会价值关系环境中进行社会主义建设。从这个层面上来看,在改革开放之前,社会主义中国已经在生产关系的层面上消灭了"封建势力"尤其是"封建政治势力",但是在价值观领域对封建价值立场的反思、批判乃至清算,客观上仍然需要一个相当漫长的社会历史过程。因为这并不是一个单纯的思想或价值观纠正的问题,而是整个社会主流价值观建构的问题——它只有在新的价值关系支撑和现代性价值交往原则的有效填充的情况下才会成为可能。

中国共产党领导的改革开放恰恰满足了这一条件。改革开放采取了一种真正马克思主义的态度认真审视和回答中国与西方资本主义文明的关系问题。中国通过建立、发展和完善社会主义市场经济体制,从根本上把对社会主义本质问题的回答贯穿到每一个人的社会生活中,改变着每一个价值观主体的现实社会关系,从微观和整体的层面全面提升社会主义的生产力,为社会主义在中国的生长奠定必要的生产力基础。这一过程同时也表现为基于社会主义价值立场的现代社会交往规则和价值观的确立过程。它不仅要造成封建价值观不断缩减的状态,也要把整个现代文明的进步成果纳入社会生产的体系之中并力求实现不断的超越。从这个意义上来看,改革开放本身就是一场中国共产党领导的、沿着社会主义道路继续前进的现代性启蒙。

[①] 习近平:《在纪念马克思诞辰200周年大会上的讲话》,北京,人民出版社,2018,第23页。

第三节　社会主义核心价值观必须上升为制度灵魂

社会主义优越性的一个重要表现就是制度的先进性——"改革开放40年的实践启示我们：制度是关系党和国家事业发展的根本性、全局性、稳定性、长期性问题"[①]。在培育和建设社会主义核心价值观的过程中，将其融入社会主义制度建设，全面体现在国家治理体系和治理能力建设的全过程，成为一个重要目标。将社会主义核心价值观融入国家治理体系和治理能力现代化建设，不仅意味着社会主义核心价值观要成为国家治理行为的价值立场、价值规范和价值目标，同时还意味着社会主义核心价值观必须成为中国特色社会主义制度的灵魂。

一、社会主义核心价值观必须上升为制度灵魂

从社会主义核心价值观提出至今，我们一直在强调从宏观上推动社会主义核心价值观融入国家治理领域，通过制度途径使社会主义核心价值观像空气一样无时不在、无时不有。在进行社会主义核心价值观的社会宣传时，大多数人实际上仍然保持着某种"观望"的态度。很多人将这种"观望"的态度归因于"老实人会吃亏"的价值观忧虑。要破解这一价值观忧虑，必须从价值观的角度搞清楚："老实人会吃亏"到底是一种什么样的价值观心态？"老实人"这种说法是从哪里来的？它在改革开放以来的语境中发生了什么样的变化以及面临着什么样的危机？

在建设社会主义核心价值观的过程中，我们提出要用中华优秀传统文化涵养社会主义核心价值观。"老实人"这一价值观称谓本身就植根于中国传统文化。例如在民间传说"牛郎织女"的故事中，牛郎就是一个"老实人"：他不仅在受到哥哥嫂子的各种为难时不予反抗，甚至连反抗的价值观动机都没有。在民间的语境中，"老实人"往往指的是"没有反抗意识的穷人"，它的对应词汇应该是"为富不仁的恶人"。直到今天，在中国一些还没有被"现代性"波及且受儒家文化传统影响的地区，人们评价一个人是"好人"的时候，往往首先认定他是一个"老实人"。特别是在深受这种文化影响的农村地区，这种"老实人"一般生活贫困（甚至悲惨），为人腼腆，靠传统式的务农或打零工糊口，一般不担任行政职务。这种人一

---

① 习近平：《在庆祝改革开放40周年大会上的讲话》，北京，人民出版社，2018，第28~29页。

般不会招致周围人的主动"欺负"或"挑衅",因为"挑衅"他们一般不会得到任何反应,"欺负"他们则会被周围人认为是违背"道德底线"或"人性"。简言之,这些"老实人"可以被理解为在"社会"面前高度"顺从"的人。这种提倡"顺从"的情况在中西传统价值观中很大程度上可以理解为是作为共性而存在的。例如,西方传统文化中的谚语里也有类似于"老实人"的劝诫功能——"谚语在中世纪的思想当中起着非常实际的作用。每个国家都有几百条谚语在通用,绝大多数是生动而简洁的,它们通常带有讽刺的调子,重点不离和善与顺从"[①]。

这种传统意义上的"老实人"并不是社会主义核心价值观意义上的"老实人"。当习近平总书记指出"老实做人、做老实人,是共产党员先进性的内在要求,是领导干部'官德'的外在表现,也是我们党的一贯主张"[②]的时候,这里的"老实人"实际上被提升到了"社会主义自觉性"的高度。"老实"是一种对社会主义的价值观坚定:严格按照社会主义的道德要求规范个人生活,严格按照社会主义价值立场行使国家权力,严格在"一切依靠人民、一切为了人民"的价值取向中主动工作、创新工作。在这种语境中,"老实"本身就带有强烈的社会主义核心价值观的色彩。即使在社会主义计划经济时代,这种"老实"的价值观形象在某种程度上也可以被称之为社会倡导的主流。问题在于,这种近乎完美的价值观形象为什么在某些人那里引起了"观望"的态度?是什么原因导致了这种态度的生成?

改革开放之初,整个社会在价值观层面上也经历了一个自我反思、批判乃至超越的过程。在任何一个社会剧烈转型的时代,必然同时贯穿着知识范式的转型和价值观范式的转型,二者共同构成社会精神风貌的剧烈转型。传统社会主义核心价值观在计划体制向市场体制转型的过程中,发生了关于"怎样建设社会主义"的"知识模型"的转向——从"以阶级斗争为纲"转向了"以经济建设为中心"。这种"知识模型"的转向并不仅仅是"平行对象"之间的转向,而是根本性的跨领域的转向。在这种跨领域转向中,传统社会主义社会中整体层面上的"阶级归属感"被"悬置"并逐步被"边缘化"了。与此同时,"先富带动后富"的步骤设定并没有被有效转变为社会公共价值规范,而是在随后的改革进程中把改变"后富者"处境的责任直接推给了"政府"。这种现象造成了两个后果,一是先富者群体与社会主义价值立场的疏远,二是后富者群体相对意义上的价值观独

[①] [荷]约翰·赫伊津哈:《中世纪的衰落》,刘军、舒炜等译,北京,北京大学出版社,2014,第198页。

[②] 郭金平:《做人要实,做对党忠诚的老实人》,载《光明日报》,2015-07-08(13)。

立性的式微。在这种情况下,整个社会的价值观关注点实际上并不在于制度的社会立场,而在于"资源分配的权力"——政治权力和物质利益。这种价值观特点在少数人那里直接被转变成了最粗暴的价值目标:存在的意义就在于"当官"和"有钱"。

在缺乏社会主义基本价值立场的情况下,某些社会个体极易对政治权力和物质利益形成非社会主义的价值定位,进而把二者共同作为自身的价值追求——"当官"和"有钱"兼得。这种价值观如果泛滥,就会引起严重的社会后果。一是容易使得国家权力机关中的某些人把"国家赋予某个职位的权力"误解为"某位领导赐予我的权力",在"权力私有化"的同时产生"政治小圈子"和"权钱交易"的腐败行为,严重威胁社会主义政治生态的安全。二是容易引起某些"先富者"的不满——不仅追求"有钱",而且追求"有权"。在这种价值定位中,个别先富者在致富后,并没有把关注点放在"后富者"群体上,而是集中全力"买官",或者收买政府官员为自己更大规模的"发大财"铺平道路,在社会主义市场经济中造成了"权钱交易"的价值观土壤。这两种行为相互交织,极易造成第三种严重后果,就是少数政府群体和少数先富者群体"对社会主义的价值观不满":因为没有达到他们"权钱统一"的价值追求,使得他们在全力追逐自身利益最大化的同时,把所有的相关制约力量都宣称为是"不合理"的,并把自身描绘为"弱势群体",进而认为改革开放不够"彻底"。每当这种情况发生,其所引起的社会价值观反响,就如同马克思在《共产党宣言》中所描绘的那样——"为了拉拢人民,贵族们把无产阶级的乞食袋当作旗帜来挥舞。但是,每当人民跟着他们走的时候,都发现他们的臀部带有旧的封建纹章,于是就哈哈大笑,一哄而散"①。

以上三个方面的价值观威胁,对于"后富者"群体产生了恶劣的价值观影响:作为新时代"老实人"基本标准的诚实劳动和合法经营很难"快速致富"。在这样的"致富途径"定位中,某些人群的社会主义价值立场乃至基本社会公德被抛之脑后,法律和道德的灰色地带成为他们致富路径的首选。正是在这样的价值观模式中,某些地区才整体沦落为制假售假的重灾区、色情服务业的泛滥区乃至毒品制造的"根据地"。这些地区的"沦落",并不仅仅是"少数犯罪分子"处心积虑就有能力实现的,而是这些地区的权力机关、先富者群体和后富者群体共同丧失了改革开放的社会主义基本立场的结果。这种情况在少数人那里被概括为一种"唯功利主义"

---

① 《马克思恩格斯选集》第1卷,北京,人民出版社,1995,第295~296页。

价值观：胆大，敢想，敢干，才会发财。

在这种"唯功利主义"的心态中，"老实人"的价值观形象丧失殆尽，整个社会的价值规范在少数人的社会行为中丧失殆尽。改革开放以来死灰复燃的色情服务业从根本上挑战着社会主义的基本伦理规则，在最微观的层面上不断消解着社会主义的公正良俗。包二奶、婚外情等现象在部分先富者群体里的"流行"，使得这部分"精英群体"中的家庭伦理规范距离"社会主义"愈加遥远，同时也造成了几乎所有被他们拉下水的贪腐官员基本上都有"个人生活作风问题"的连带后果。这些行为最终造成的可能价值观示范是：做"老实人"，非但不能致富，而且还会被"认为保守"。在这种价值观模式中，整个社会被置于一种价值观的负面评价模式之中，被某些人置于一种价值观的"对立物"的层面，从而产生了"要致富必须危害社会"的极端"反社会"和"反社会主义"行为。[①] 例如，在中国大规模污染环境的行为往往是以公司或者企业为主体进行的，这些公司或者企业的法人并非不知道破坏环境的后果，他们"绞尽脑汁"地进行环境破坏(夜间排放、隐蔽排放或直接收买国家工作人员)本身就是"反社会主义"和"反社会"的行为，本身就存在着对他人生命健康、环境安全的恶意侵害和极度蔑视。与之形成鲜明对比的是，对这种"主动犯罪"的惩罚力度直到今天仍然相对较轻。

在这种"反社会"的价值立场中，"富裕"已经不能满足"暴富"的价值渴望，社会主义层面的"致富"在少数人那里变成了无立场的"发财"——对财富的畸形渴望。正是在这种情况下，某些人才走上了"(使别人)断子绝孙"式的发财路径：破坏环境、涸泽而渔式的发财后，致富者携带财富远遁发达国家。对于某些正在"致富"路上的人而言，"富裕"被畸形为"虚无主义"的肉欲生活方式，勤俭节约成了"老土"，而"月光""小资"和"品味"成为一种生活追求和消费时尚。这不仅造成了对社会资源的恶意挥霍，更是在价值观上否认和蔑视社会主义先辈建设者们的付出和奉献。更加危险的趋势是，在这种反社会的价值观立场中，当每个人都只考虑自己的时候，"互助互济"就会成为一个口号，"互防互忌"随之就有可能演化成为一种现实状态——整个社会依靠相互伤害的方式获得利益，并把价值观不满的矛头统统对准政府。在这样的情况下，即使是政府的"合法执法"在个别人那里也受到了极端敌视。因为这些人已经形成了"按闹分配"的价值准则：小闹小得，大闹大得，不闹不得。在这样的价值观取

---

① 对于这些行为，我们往往从经济层面进行处罚，而忽视了这种行为的"反社会"本质。

向中,"老实人"成了一种被讽刺的对象。如果说,上述问题仅仅是个别领域的个别现象所造成的价值观负面后果的话,那么,在"求新""求奇""求个性"的市场文化中,"老实人"的形象则是在更加普遍的意义上被消解了。发展社会主义市场经济体制的过程中,我们需要注意到"需要的消费"和"自我确认的消费"的本质区别。在"自我确认的消费"中,对"消费身份"的认同始终贯穿着"奢侈"和"等级"的价值观炫耀,从而从市场的微观文化领域消解着"老实人"的价值认同感。

从总体上来看,改革开放以来,我们的社会主义建设取得了巨大的物质成果,政治体制建设也不断提升,如何通过"不断深化改革"的途径化解掉这些成果背后的"深层矛盾"特别是价值观矛盾,成为当前和今后相当长一段时期的一项艰巨任务。它不仅关系到社会主义执政党在新时期领导能力的提升,而且关系到新时期改革开放往何处去这一基本时代命题的解答。在这样的新背景下,中国共产党领导的"反腐倡廉"才具有了"社会主义"的意蕴:规训改革开放以来的财富取向和权力取向,使之符合社会主义的基本价值立场,使得改革开放成果全民共享。要实现这一目标,就要从根本层面上实现"守社会主义规则的老实人"形象的价值观重建,把这种要求通过核心价值观体现在社会主义的制度建设中,并上升为社会主义的制度灵魂。

二、核心价值观怎样才能真正成为制度灵魂

从价值关系的角度来看,改革开放以来中国社会关系的变革,总体上表现为社会主义市场经济体制的培育、发展和不断完善,以及在此基础上对传统价值体系、价值观念造成的冲击和进行的改造。在这种时代环境中,传统的马克思主义理论体系以及传统的社会主义观念体系,同样要面对改革开放以来这一崭新的社会价值体系。这种情况决定了我们不能仅仅局限于从理论和宣传领域去完全否定资本主义的价值关系,而更应该在此基础上关注如何在社会主义的社会环境中用社会主义的价值立场和价值目标实现对市场关系的"规训"。这种规训最根本和最主要的手段,并不是依靠宣传,而是依靠立法和执法,依靠制度建设——制度建设的最终目标就是确立党领导下的人民群众的国家主人翁地位,唤醒人民群众的主人翁意识。

社会主义核心价值观上升为制度建设的灵魂,最基本的途径并不是通过立法的手段去抽象规定所有"雇佣劳动者"的"合法权益",而是首先划定"资本对劳动力侵害"的红线,明确规定越界的"经济后果"和"刑事后

果"，特别是明确承担这些后果的相关"职位"及相关人员。从自我反思和批判的角度来看，改革开放以来，我国劳动者权益保护所面临的直接问题就是"被动保护"：首先发生相关企业对劳动者个人权益的侵害——双方协商未果的情况下——受侵害人寻求政府相关职能部门的保护——政府职能部门协调以及执法——处理结果。这样的逻辑进路并没有真正超越资本主义的执法路径，甚至也没有超越中国封建时代的执法路径。它与改革开放前中国传统社会主义最大的区别在于，作为"雇佣劳动者"的人民群众，真正地成为了弱势的一方。在这样的关系建构中，"政府职能部门"更倾向于选择"被动式执法"。因为它并不是真正地独立于二者之外的，而是隐性地受到"资本"的制约：政府面临着招商引资、发展经济的中心工作。如果过于"严格"地规定资本在当地的生长条件，在各地招商大战的背景中，资本便很容易转移到其他地区，从而损害GDP年度增长目标的实现和地方税收的增长。在这种地方政府和资本都"相互有求于对方"的情况下，很容易忽视、无视乃至粗暴对待人民群众的正当劳动权益，进而严重损害政群关系、党群关系，威胁当地政治生态的健康发展。

从正面的意义来看，传统社会主义社会的巨大优势在于其能够大规模地营造人民群众的主人翁意识，真正从价值观层面将劳动参与式的社会建设转变为主动奉献式的社会建设。① 改革开放以来社会主义市场经济体制的建设，同样要依赖于人民群众社会主义认同感和归属感的建立。只有在这样的价值观环境中，人民群众才会跟着党走，市场经济体制才能跟着社会主义走，从而避免其滑向纯粹市场化的价值观误区。在此，确保作为合法劳动者的人民群众的合法权益，必须首先从法律规章和制度层面确立人民群众的"社会主义主体地位"。这种确立，不能像资本主义法律那样在抽象的层面上简单地规定"人的权力"，而是应当首先规定对于损害劳动者权益的行为，违法者会承担什么样的严重后果。只有在这个层面上，人民群众才会从自我保护的角度主动"学习社会主义法律"。在此基础上，"人民群众"这一主体实际上也会变成"监督"的最高主体——"人民群众"中的每一个个体都将是"不折不扣"的监督者。

---

① 改革开放以来，出于打破旧观念的考虑，我们的宣传思想工作对传统社会主义仍然缺乏相对全面的评价。对传统计划体制近乎"一刀切"的评价方式，极容易使社会评价系统陷入否定社会主义传统的误区，从而混淆"否定文革"和"否定传统社会主义"的本质区别。这种混淆在当下的一个典型表现就是公众对待某汽车品牌的态度：它从中国汽车行业的骄傲演变成了体制滞后的象征。在这种情况下，这一品牌虽然遵循市场经济的方式进行广告宣传，但是前期"自我评价甚高"的产品定位并不被消费群体所认可。这种自我定位持续时间越长，公众（尤其是经济相对发达地区的年青一代）对其品牌的拒斥就会愈加强烈。

为了确保人民群众的"社会主义主体"地位，必须通过社会主义制度建设切断一切有可能形成"政商利益输送"的纽带，使他们不能在社会主义权力运作中"相互依赖"，而是在"各就其位"的前提下"相互监督和相互确认"。只有"各就其位"前提下的"相互监督和相互确认"，"不撒谎"才能真正成为一种被广泛接受和践行的社会美德。从宏观逻辑体系来看，社会主义核心价值观的一个重要特点就是在社会主义规则体系中，不同的社会主体"各就其位"。在改革开放以来国家大规模经济建设的过程中，一方面由于社会主义市场经济体制的相关法律法规确实经历了一个从无到有、从不完善到相对完善的发展过程，另一方面在经济建设中，政府部门和相关企业确实存在着"共同利益"。在法律法规不完善的社会环境中，这种"共同利益"极易使政府部门选择更加能够看得见、能够直接得到好处的一方，而轻视最根本层面上的"人民群众"这一社会主义价值主体。为此，要使社会主义核心价值观真正上升为中国特色社会主义制度的灵魂，就必须切断权力部门与危害社会主义价值立场的相关经济领域的灰色通道。在这其中，最直接的方法不仅仅是要提升政府公务人员的"反腐"和"拒腐"的力度，同样要更加严厉地从经济和刑事层面惩处"把政府官员拉下水"的相关群体。按照市场经济中的利益交往原则，如果"行贿罪"的惩处力度数倍于"受贿罪"，一定会形成极大的警示效应。

从市场经济的角度来看，几乎所有的资本所有者都向往一个良性竞争的公平环境。在市场经济体制已经初步完善的情况下，政府要逐步退出"牧羊人"的角色，而成为真正的"摩西"——严肃立法、严格执法，通过真正地规范经济交往行为，净化市场环境，提升社会主义市场体制中相关生产要素的竞争力，更好地服务于社会主义生产力的发展。为了实现这一目标，就需要真正剥离政府部门对某些特定行业的利益依赖和"绩效依赖"，使得受"扶持"的某些行业和部门逐步摆脱"政策扶持"或"经济扶持"，不能使其养成对"社会权力扶持"的依赖症。为了达到这一目的，政府的"公共权力"行使必须置于人民群众的社会监督之下。

在社会主义市场经济体制中，对"人民群众"主人翁地位的重视，与对"资本"的重视并不矛盾。前者是目的，后者是手段。社会主义核心价值观的主体实际上仍然是"人民群众"，是以人民为主体的社会主义国家的富强、民主、文明和和谐，是以人民为主体的社会主义社会中的自由、平等、公正和法治，是人民群众中的爱国、敬业、诚信和友善。社会主义核心价值观上升为制度建设的灵魂，从根本上回答了改革开放以来的市场经济是"谁的市场经济"的问题。"害怕群众""不相信群众""无视群众"乃至"蔑视群众"的价值立场,是社会主义制度建设的"首要敌人"。在很多情况下,我们只是强调了相关制度建设要与"国际接轨",实际上我们同样也要注意制度建设要与人民群众的"主人翁"身份接轨。只有这样,我们的道路才能叫作中国特色社会主义道路、中国特色社会主义模式,而不是泛称的中国道路、中国模式。在此基础上,我们才能真正地做到经济交流过程中的全方位"价值观输出",才能在与资本主义竞争的层面上真正确立起中国社会主义的制度优势。

三、核心价值观从制度到实践的逻辑切入点

社会主义本质的问题决定了只有中国共产党才能真正领导中国的价值观启蒙。中国价值观启蒙进步作用的全面发挥,必须坚持逻辑和历史相一致的原则——"思想理论是灵魂,制度建设是保障"[1]。中国现代化进程的社会主义性质,决定了启蒙的领导者不能有自身的特殊利益,必须能够始终代表最先进的生产力以及最广大人民群众的根本利益。在以维护和发展人民群众根本利益为执政目标的价值体系中,传统社会主义中国建立起了空前稳固的价值观系统。即使在传统社会主义建设中一度遭遇动荡和挫折,但是社会主义的价值观基础仍然牢不可破。改革开放以来,社会主义核心价值观融入制度建设并上升为制度灵魂,同样必须依靠中国共产党的先进性建设。相比较于传统的社会主义社会,新时期社会主义建设的一个重要特点在于制度建设和实践探索的辩证统一。这种辩证统一的时代进步意义在于价值立场、价值关系和价值追求的动态统一。从中国近现代历史发展的逻辑进程来看,真正能够从整体上改变中国社会价值关系的路径,可以被总结为以下两种:

第一种是"土改"的路径。在中国共产党的领导下,中国最广大的农村进行了彻底的社会生产关系和生活关系的改革,从根本上改变了中国传统的农业价值观,并使之立足于社会主义的价值立场、朝向社会主义的价值目标。这样的一种思路,在中国当下价值观启蒙的环境中很难施行,原因在于中国的农村也正在进行中国特色社会主义"现代性"的建设。这种环境并不同于中华人民共和国成立前农村革命根据地与国民党统治的大城市的精神风貌之间的鲜明对立。相反,中国农村的城镇化进程与中国城市建设的目标非但没有形成根本性的冲突,而且困扰现代文明的"城乡对立"问题也正在中国改革开放的过程中被逐步化解。在这种情况

---

[1] 习近平:《在全国组织工作会议上的讲话》,北京,人民出版社,2018,第4页。

下,通过制度的手段"率先"在农村地区进行社会主义核心价值观的建设,非但不能取得革命战争年代那样的意识形态效果,而极易引起城乡之间的价值观隔阂。

第二种是改革开放以来的"先富"路径。在不区别社会成员政治身份的情况下,鼓励一部分人率先践行,进而在全社会范围内形成示范和带动作用,最终实现社会主义核心价值观的全面践行。这种路径,在改革开放以来的社会道德模范和劳动模范的评选中得到了典型体现。这种路径的问题在于,它并不能从根本上打破"老实人会吃亏"的公共价值观顾虑,也无法真正依靠个别人的道德境界对资本和权力的越界问题形成有效约束。简言之,在谋利意识无孔不入的市场经济中,不从根本上约束相关主体的利益交往行为,就很难形成真正有效的社会共识。道德模范式的社会主义核心价值观践行方案,其"社会正能量"的示范作用虽然不容否定,但对市场行为的规训作用仍然非常有限,同时也不能完全符合从制度层面上大规模普及的硬性要求。这也就造成了改革开放以来社会主义精神文化领域道德模范年年有,但负面社会问题也同时存在的总体局面。

改革开放以来,几乎每一次党的重大指导思想的出台,对于全体党员来说都是一个思想的"整风",都是"要求全党树立革命理想高于天的理念,不断补钙壮骨、固本培元,重点用新时代中国特色社会主义思想武装头脑,自觉做共产主义远大理想和中国特色社会主义共同理想的坚定信仰者、忠实实践者"[①]。正是在这种党的先进性的教育和实践中,中国共产党才能始终保持着思想和实践上的先进性。党的十八大以来,党中央针对改革开放最新发展过程中出现的新问题,创造性地提出了"巡视组"的新思路。从效果上来看,这种思路在查找问题的同时无疑给各级党组织和政府在思想和工作领域打了一剂"强心针":在极大整肃社会风气的同时系统全面地提升了社会建设的总体质量。沿着这个思路,社会主义核心价值观从制度到实践的落实,可以延伸出第三种逻辑思路:依靠制度保障,由共产党员率先践行,进而推动社会主义核心价值观成为社会基本价值规范。这种思路也是与新时期党员干部的选拔导向根本一致的——"我们要在选人用人上体现讲担当、重担当的鲜明导向,把敢不敢扛事、愿不愿做事、能不能干事……作为选拔干部的根本依据,激励各

---

① 习近平:《在全国组织工作会议上的讲话》,北京,人民出版社,2018,第4~5页。

级干部撸起袖子加油干"①。

社会主义核心价值观融入制度建设，体现为制度灵魂，首先要体现在中国共产党的领导中，体现在中国共产党员的具体行为中——"改革开放40年的实践启示我们：中国共产党领导是中国特色社会主义最本质的特征，是中国特色社会主义制度的最大优势"②。中国政府是中国共产党领导下的人民政府，在各级政府机构中，大量共产党员奋斗在关键岗位上。社会主义核心价值观的制度化，首先要体现在对这些关键岗位的制度规定和权力规训上。改革开放以来，某些行业和领域的关键岗位之所以成为贪腐的"危险领域"，并不仅仅是因为相关人员的思想懈怠，同时也是因为缺乏制度的有力保护。社会主义核心观融入制度建设，就是要明确社会关键权力岗位的行为领域和准则，以明确的制度规定为社会治理保驾护航。在这样的思路中，通过制度化的规定，使社会主义核心价值观全面渗透到社会关键权力岗位中，形成党的先进性建设和政府社会主义立场建设的时代同步和有机互动。这不仅能够在制度上进一步增强共产党员的防腐拒腐能力，而且能够从根本上规训和改善社会主义市场环境，进一步巩固改革开放以来的社会建设成果。

如果进一步细化这种逻辑，我们也能够把传统社会主义的美德建设上升到党的建设层面，真正从制度规定的层面落实"共产党员始终在最前线"的社会主义优秀传统。改革开放以来，我们的很多优秀传统，比如见义勇为、学雷锋等，之所以在某些领域引起争论和一些人的疑虑，一个重要原因就在于我们只是关注了法律意义上的人的权利和义务，而没有从社会主义的立场角度强调社会主义成员面对反社会行为的基本价值责任。在这种情况下，见义勇为和学雷锋等道德行为的社会风险陡增，以至于产生了"老人摔倒不敢扶"以及"小悦悦"事件等严重的社会负面问题。实际上，虽然改革开放以来的中国法律建设取得了巨大成果，各种法律主体的权利和责任得到了愈加明确的界定和区分，但我们仍然面临着新的挑战——如何建立中国特色社会主义法律的话语体系和价值理念，以防止陷入西方资本主义抽象法权概念的价值观框架。在社会主义市场经济体制中，个人对自身权利和义务的功利性理解，同样需要社会主义价值立场的调节。

现实生活中，正是由于工具理性的思维模式左右了道德评价机制，

---

① 习近平：《在全国组织工作会议上的讲话》，北京，人民出版社，2018，第23页。
② 习近平：《在庆祝改革开放40周年大会上的讲话》，北京，人民出版社，2018，第22页。

才使得社会美德的践行陷入了极大的利益风险。这种利益风险的增加，使得相当一部分人由不敢践行美德逐步发展到批评社会公德的虚假性上。在相互提防的价值关系中，社会戾气会急剧膨胀，人与人之间的不信任和利益争夺会愈加凸显。为了有效地避免上述情况的发生，共产党员的先进性建设客观上需要深入到社会公德的领域。通过制度规定明确共产党员的责任，通过制度规定赋予共产党员抵制社会负面现象的权力。在很多情况下，我们的媒体在宣传见义勇为等行为时，首先要强调"先保护自己"，主张"先报警"。这种价值选择并不能适用于共产党员：如果执政党的成员都不能主动抵制反社会问题，那么反动分子和犯罪分子就会愈加获得自我认同感，整个社会的正义风气就会受到极大损害。为此，从制度上明确共产党员在维护社会公德领域中的义务和权力，对于社会主义核心价值观从制度规定到社会普及的转化极为重要。

总之，在中国特色社会主义建设的时代进程中，共产党员绝对不能在社会主义核心价值观的问题上陷入"尾巴主义"。从社会主义的发展史来看，社会主义运动和建设的成功进行，必须依靠每一位共产党员的无私付出。社会主义核心价值观的培育和践行，必须从制度建设的层面，全面提升每一位共产党员的价值观素养和行为操守。只有这样，我们的价值观建设才能从被动宣传进入主动践行。

结语:"价值观启蒙"并不意味着"无约束的价值观"

改革开放以来,我们不断强调"解放思想,实事求是"的重要性。从各个方面来看,"解放思想,实事求是"都是推动改革开放顺利进行的思想旗帜。问题在于,我们对"解放思想,实事求是"的解读往往脱离了它的具体语境,从而陷入了某种抽象解读的层面。甚至在某些群体那里,这种抽象定位某种程度上已经上升为"无所不能"的价值观:打破一切妨碍自身利益追求的社会约束和道德约束,无视一切社会利益和他人权益的"敢想""敢干"。

改革开放以来的"解放思想,实事求是"必须置身于"社会主义建设"的语境中,必须考察其现代思想来源:邓小平同志在1978年中共中央工作会议闭幕会上的讲话——《解放思想,实事求是,团结一致向前看》。在这个讲话中,"解放思想"被提升到了当时的"重大政治问题"[1]的高度。这里的"重大政治问题"是一种"面临什么"的"现实问题",而不是"重新建构社会主义的政治理想"。它是对"什么是社会主义,怎样建设社会主义"的开拓性理解,而不是"要不要社会主义"的价值观判断。作为手段的"解放思想,实事求是"要服从于"团结一致向前看"的价值目标——此处的"前"无疑仍然指向"社会主义",即是"社会主义初级阶段"。如果继续挖掘相关内容,我们还会发现,"解放思想"有着明确的"对象",它直接指向"假马克思主义""官僚主义""功过不清"和"小生产的习惯"[2]。这些内容,没有一个是真正属于"社会主义"的。

如果脱离了改革开放的具体语境,一味地从"无约束的价值观"的角度来强调"解放思想",强调"只要不危害他人即可"的社会交往原则,我们就根本无法达成基本价值共识——因为我们的传统文化尚未实现现代性转型。比如,20世纪以来,不断有学者呼吁"卖淫嫖娼合法化"并列举其种种"优点",甚至使其一度成为新闻焦点,广受瞩目,但是我们的主流意识形态对此却采取了回避的态度(虽然在执法层面上并未放松)。在

---

[1] 《邓小平文选》第2卷,北京,人民出版社,1994,第141页。
[2] 同上书,第140~153页。

很多情况下，我们必须去反思，改革开放以来的解放思想、实事求是，是不是追求一种"无害他人"层面上"怎么样都可以"的"无限多元生活方式"？其终极价值目标是不是最终仍要回落到"纵欲"式的消费观和生活观上？我们甚至可以这样去思考，市场经济何种程度上在社会主义体制中是"合理"的？它在何种程度上是需要社会主义制度"规训"的？即使是出于国情的现实限制，我们在某些领域上（比如食品安全）表现出了过度"宽容"，但在这些事关国计民生领域的焦点问题中，"社会主义"的价值定位必须出场，它至少要明确做出超越的价值表态并给出解决的具体方案。

从"解放思想，实事求是"的角度来看，能够担当领导者角色的，只有中国共产党。这一过程，也只有在中国价值观启蒙的大环境中才能真正实现——它始终坚持社会主义发展道路，它既吸收资本主义的精髓也注意用社会主义的价值立场规训资本主义的负面作用，同时还利用一切进步的现代资源去进行反封建斗争。从中国近代以来价值观启蒙的历程来看，之所以是"政党"而不是像西方那样的"知识分子精英群体"担任这种超越性理想的领导者角色，一个重要的文化现实在于，在中华文明从封建形态向现代形态被迫转型的过程中，我们一直没有产生出真正意义上的既立足于中国本土文化又能有效对抗西方启蒙文化思潮的知识分子精英群体。与此同时，我们更加缺乏具备现代基本素养的"启蒙听众"。面对这一问题，中国共产党另辟蹊径，依靠土地改革实现对整个落后社会价值关系的全面改造。

社会主义运动的发展史不断表明，资本一旦离开了规则束缚，便将无所不为，极大损害社会风气：它在东印度公司贩毒，它在美洲从事黑奴贸易，它在所有殖民地烧杀抢掠，无所不为。这些行为与相关公司在欧美等国循规蹈矩的姿态完全不同，其根源就在于缺乏必要的社会规则的束缚。在这种情况下，我们发展社会主义市场经济体制，引入资本活跃市场经济，并不是要动用"社会行政权力"去"关爱"资本，而是要从根本上创造一个资本良性运转的制度环境和社会环境。我们的"解放思想，实事求是"的最终目标是建成中国特色社会主义，而不是回到一个基于工具理性计算的纯市场状态。

在很多情况下，某些人基于某种逻辑，往往把"解放思想，实事求是"最终导向了西方发达资本主义的价值理念。这种观点没有看到中国在哪些方面存在着从根本上拒斥西方资本主义的价值土壤和价值传统。某个人有可能接受西方某个国家的价值观，通过合法手段变成西方某个国家的公民。然而，这种方式不可能适用于全体中国人。一个很重要的原因在于，无论是中国的传统文化，还是中国化了的马克思主义，在中国都存在着巨大的拥护者群体。针对某个事件的批评或许能够引起中国社会的共鸣，但是这种情况在价值领域并不适用——在中国的任何时候，即便是发出"全盘西化"的呼号，也会引起社会舆论铺天盖地的反对。没有了"社会主义"的"解放思想，实事求是"，最终将会滑落至对"资本主义"和"社会主义"的双重空想的价值观境地中去。这种空想虚构了一个无限完美的资本主义价值理念，同样也建构了一个存在着无穷问题的改革开放图景——它既没有真正了解西方文明的进程，又对本土的价值观现状不屑一顾，最终陷入了一种虚无主义价值观的境地。

有人将这种现象归结为我们国家多年意识形态教育的产物和结果，认为随着社会文明的进步，中国人一定会从"政治忠诚"的圈子里走出来，进行所谓的"独立思考"。这种"启蒙的幻想"实际上没有注意到这样一个事实：改革开放以来，社会个体的独立性空前提高，但是如果缺乏社会超越性理想，物质生活的丰富非但无法支撑起所谓的"个性"和"个体独立性"，反而会使相当一部分人陷入"价值观迷茫"。这从中国各大宗教近30年来迅速扩张的态势就能够体现出来。大量中国人在经济独立之后，非但没有进入西方启蒙者所谓的"理性思考"的阶段，反而选择了"回归宗教"（实际上，即使在西方，启蒙也没有"打败"宗教，在很大程度上，宗教从超越性价值观的层面起着社会稳定剂的作用——"宗教仍然是……个人内心最深处的那些信念的公认的居留处"[①]）。社会主义核心价值观培育和建设过程中的一个重要使命，就是在中国人继续努力实现"共同富裕"的过程中，基于新的时代条件重建关于社会主义的"政治信仰"。从这个意义上来看社会主义核心价值观的培育和建设，其最终的落脚点必然是：真正意义上建立起普及当代全体中国人的"政治信仰"。

[①] [英]约翰·西奥多·梅尔茨：《十九世纪欧洲思想史》第1卷，北京，商务印书馆，2016，第66页。

参考文献

1. 《马克思恩格斯选集》第1卷，北京，人民出版社，1995。
2. 《马克思恩格斯选集》第2卷，北京，人民出版社，1995。
3. 《马克思恩格斯全集》第3卷，北京，人民出版社，1960。
4. 《马克思恩格斯选集》第3卷，北京，人民出版社，1995。
5. 《马克思恩格斯选集》第1卷，北京，人民出版社，2012。
6. 《马克思恩格斯选集》第2卷，北京，人民出版社，2012。
7. 《马克思恩格斯全集》第1卷，北京，人民出版社，1956。
8. 《马克思恩格斯全集》第2卷，北京，人民出版社，1957。
9. 《马克思恩格斯选集》第3卷，北京，人民出版社，1995。
10. 《马克思恩格斯全集》第12卷，北京，人民出版社，1998。
11. 《马克思恩格斯全集》第23卷，北京，人民出版社，1972。
12. 《马克思恩格斯全集》第30卷，北京，人民出版社，1995。
13. 《马克思恩格斯全集》第33卷，北京，人民出版社，2004。
14. 《马克思恩格斯全集》第35卷，北京，人民出版社，2013。
15. 《马克思恩格斯全集》第42卷，北京，人民出版社，1979。
16. 《马克思恩格斯全集》第45卷，北京，人民出版社，1985。
17. 《马克思恩格斯全集》第46卷上，北京，人民出版社，1960。
18. 《马克思恩格斯文集》第1卷，北京，人民出版社，2009。
19. 《马克思恩格斯文集》第4卷，北京，人民出版社，2009。
20. 《马克思恩格斯文集》第5卷，北京，人民出版社，2009。
21. 《资本论》第1卷，北京，人民出版社，2004。
22. 《列宁全集》第4卷，北京，人民出版社，1984。
23. 《列宁选集》第1卷，北京，人民出版社，1995。
24. 《斯大林选集》下卷，北京，人民出版社，1979。
25. ［苏］斯大林：《辩证唯物主义与历史唯物主义》，北京，人民出版社，1949。
26. 《毛泽东选集》第3卷，北京，人民出版社，1967。
27. 《邓小平文选》第2卷，北京，人民出版社，1994。
28. 《邓小平文选》第3卷，北京，人民出版社，1993。
29. 《江泽民文选》第3卷，北京，人民出版社，2006。
30. 《邓小平年谱(1975—1997)》下，北京，中央文献出版社，2004。
31. 胡锦涛：《胡锦涛主席2011年对美国进行国事访问时的讲话》，北京，人民出版社，2011。

32. 习近平：《在党的群众路线教育实践活动总结大会上的讲话》，北京，人民出版社，2014。
33. 习近平：《在纪念邓小平同志诞辰110周年座谈会上的讲话》，北京，人民出版社，2014。
34. 习近平：《青年要自觉践行社会主义核心价值观——在北京大学师生座谈会上的讲话》，北京，人民出版社，2014。
35. 习近平：《在庆祝中国人民政治协商会议成立65周年大会上的讲话》，北京，人民出版社，2014。
36. 习近平：《在纪念孔子诞辰2565周年国际学术研讨会暨国际儒学联合会第五届会员大会开幕式上的讲话》，北京，人民出版社，2014。
37. 习近平：《弘扬和平共处五项原则 建设合作共赢美好世界——在和平共处五项原则发表60周年纪念大会上的讲话》，北京，人民出版社，2014。
38. 习近平：《习近平在联合国成立70周年系列峰会上的讲话》，北京，人民出版社，2015。
39. 习近平：《在纪念孙中山先生诞辰150周年大会上的讲话》，北京，人民出版社，2016。
40. 习近平：《在纪念红军长征胜利80周年大会上的讲话》，北京，人民出版社，2016。
41. 习近平：《共建创新包容的开放型世界经济——在首届中国国际进口博览会开幕式上的主旨演讲》，北京，人民出版社，2018。
42. 习近平：《在纪念马克思诞辰200周年大会上的讲话》，北京，人民出版社，2018。
43. 习近平：《在纪念刘少奇同志诞辰120周年座谈会上的讲话》，北京，人民出版社，2018。
44. 习近平：《在第十三届全国人民代表大会第一次会议上的讲话》，北京，人民出版社，2018。
45. 习近平：《携手共命运 同心促发展——在2018年中非合作论坛北京峰会开幕式上的主旨讲话》，北京，人民出版社，2018。
46. 习近平：《习近平主席在出席亚太经合组织第二十六次领导人非正式会议时的讲话》，北京，人民出版社，2018。
47. 习近平：《在全国组织工作会议上的讲话》，北京，人民出版社，2018。
48. 习近平：《在庆祝改革开放40周年大会上的讲话》，北京，人民出版社，2018。
49. 习近平：《为实现民族伟大复兴 推进祖国和平统一而共同奋斗——在〈告台湾同胞书〉发表40周年纪念会上的讲话》，北京，人民出版社，2019。
50. 《十二大以来重要文件选编》，北京，中央文献出版社，2011。
51. 王阳明：《传习录》，扬州，广陵书社，2016。
52. 费孝通：《乡土中国》，北京，人民出版社，2008。

53. 白寿彝:《中国交通史》,上海,上海书店出版社,1984。
54. 李德顺:《价值论》,北京,中国人民大学出版社,2007。
55. 吴向东:《重构现代性:当代社会主义价值观研究》,北京,北京师范大学出版社,2006。
56. 郭湛:《主体性哲学——人的存在及其意义》,北京,中国人民大学出版社,2011。
57. 张鸣:《北洋裂变:军阀与五四》,北京,东方出版社,2016。
58. 潘维、廉思:《中国社会价值观变迁30年》,北京,中国社会科学出版社,2008。
59. 张天勇:《社会符号化——马克思主义视阈中的鲍德里亚后期思想研究》,北京,人民出版社,2008。
60. 曹长盛等:《苏联演变进程中的意识形态研究》,北京,人民出版社,2004。
61. 《中国哲学年鉴(1983)》,北京,中国大百科全书出版社,1983。
62. 《中国哲学年鉴(1985)》,北京,中国大百科全书出版社,1985。
63. 《中国哲学年鉴(1986)》,北京,中国大百科全书出版社,1986。
64. 田忠辉:《探究隐秘世界的努力:中国当代文艺心理学研究反思》,北京,北京师范大学出版社,2019。
65. 肖明华:《作为学科的文学理论:当代中国文艺学科反思问题研究》,北京,北京师范大学出版社,2019。
66. [英]戴维·麦克莱伦:《马克思传》,王珍译,北京,中国人民大学出版社,2005。
67. 《亚里士多德全集》第9卷,苗力田主编,北京,中国人民大学出版社,1994。
68. 《康德著作全集》第8卷,北京,中国人民大学出版社,2010。
69. 《卢梭全集》第4卷,李平沤译,北京,商务印书馆,2013。
70. [德]黑格尔:《历史哲学》,王造时译,上海,上海书店出版社,2006。
71. [法]波德莱尔:《波德莱尔美学论文选》,郭宏安译,北京,人民文学出版社,1987。
72. [法]让·鲍德里亚:《符号政治经济学批判》,夏莹译,南京,南京大学出版社,2009。
73. [法]波德里亚:《消费社会》,南京,南京大学出版社,2000。
74. [英]约翰·西奥多·梅尔茨:《十九世纪欧洲思想史》第1卷,北京,商务印书馆,2016。
75. [荷]约翰·赫伊津哈:《中世纪的衰落》,刘军、舒炜等译,北京,北京大学出版社,2014。
76. [英]李约瑟:《文明的滴定》,张卜天译,北京,商务印书馆,2016。
77. [英]齐格蒙特·鲍曼:《工作、消费、新穷人》,仇子明、李兰译,长春,吉林出版集团责任有限公司,2010。
78. [德]马克斯·韦伯:《新教伦理与资本主义精神》,康乐、简惠美译,桂林,广西师范大学出版社，2010。
79. ［德］阿多诺：《美学理论》，王柯平译，成都，人民出版社，1998。
80. ［德］霍克海默、阿道尔诺：《启蒙辩证法——哲学断片》，上海，上海人民出版社，2006。
81. ［德］卡西尔：《启蒙哲学》，顾伟译，济南，山东人民出版社，2007。
82. ［英］劳埃德·斯宾塞：《启蒙运动》，盛韵译，北京，生活·读书·新知三联书店，2016。
83. ［英］安东尼·吉登斯：《政治学、社会学与社会理论：经典理论与当代思潮的碰撞》，何雪松、赵方杜译，上海，格致出版社、上海人民出版社，2014。
84. ［美］彼得·盖伊：《启蒙时代》，王皖强译，上海，上海人民出版社，2015。
85. ［美］魏斐德：《中华帝国的衰落》，梅静译，北京，民主与建设出版社，2016。
86. ［美］文森特·帕里罗等：《当代社会问题（第四版）》，周兵等译，北京，华夏出版社，2002。
87. ［荷］约翰·赫伊津哈：《中世纪的衰落》，刘军、舒炜等译，北京，北京大学出版社，2014。
88. ［印］阿马蒂亚·森：《正义的理念》，王磊、李航译，北京，中国人民大学出版社，2012。
89. 高建平：《新时期文艺学二十年学术讨论会综述》，载《文艺争鸣》，1998(4)。
90. 李德顺：《怎样理解我们的文化优势》，载《北京日报》，2013年10月28日。
91. 张小溪：《穆斯林移民如何融入西方社会》，载《中国社会科学报》，2016年1月3日。
92. 马俊峰：《价值认识、真理价值与真理阶级性》，载《哲学动态》，1985(4)。
93. 《坚持党性和人民性相统一》，载《人民日报》，2013年8月27日。
94. 郭金平：《做人要实，做对党忠诚的老实人》，载《光明日报》，2015年7月8日。
95. 李翔：《最后的挽歌：国民党军队覆灭之际的政治工作(1948—1949)》，载《江海学刊》，2014(4)。

后　记

本书是我2012年工作以来第三个国家社科基金后期资助项目。每次申请，我既有一种"交作业"的喜悦，同时也有越来越强烈的面向结果的焦虑。因为有些意见不仅要求极高，而且措辞严厉，以至每次拜读都让我深深体会到"汗颜"的真实语境。但我始终认为，这些修改意见不仅是对本书的建议，更是对我以后学术研究方法乃至治学态度的指导。在此，请允许我对相关匿名专家表示诚挚的感谢。

在接到修改意见以后的半年里，我有针对性地进行了相关资料的再学习和修改，对结构和内容都进行了相应调整，有些部分进行了重写。在这一过程中，我也愈发体会到，自己的研究还有很大的改进空间。也正是这种"改进空间"的存在，才能督促我不断写出小文章来。

即使是拿出这样一个在很多方面都有待改进的文本，我还是要特别向我的硕士生和博士生导师——吴向东老师表达我的敬意：没有您的严格要求和耐心指导，我连这样一个浅薄的成绩都不可能取得。感谢杨耕教授，您的《为马克思辩护》构成了我理论思考的不竭源泉。同时，我也要特别向王南湜老师和我的博士后合作导师郭湛老师表达我的敬意：你们的鼓励和指导，让我进一步坚定了学术研究的决心。在学术的起点上，我还要感谢引领我进入哲学之门的万光侠老师。以上诸位先生，既然语言无法表达我的感激之情，唯有日后努力工作，力争不负曾经的信任与付出。

在此，我再次感受到了马克思关于"人的本质是一切社会关系的总和"这一论断的深刻性——我还要继续这个名单，因为需要感谢的人太多了。我要感谢我的父母，他们无私的付出是我前进的坚强动力；我要感谢我的爱人温泉女士，我们彼此的理解和鼓励始终伴随着我们的共同努力。

每次写后记，我都会"重复"上述两段。因为上述感激是终生的，不因时间的推移而改变。另外，本书在出版的过程中，北京师范大学出版社的郭珍编辑进行了大力支持，确保了书稿的顺利出版。我的学生王亚宁、郑豪杰、赵璇、王欣元、荣雨、刘心然和宁晓宇对书稿进行了文字核对。在此，一并表示衷心的感谢。

郑　伟
2020 年 5 月